CAPITALISMO CONSCIENTE

CAPITALISMO CONSCIENTE

COMO LIBERTAR O ESPÍRITO HEROICO DOS NEGÓCIOS

JOHN MACKEY
Co-CEO do Whole Foods Market

RAJ SISODIA

ALTA BOOKS
EDITORA
Rio de Janeiro, 2018

Copyright © 2018. Starlin Alta Editora e Consultoria Eireli

Copyright original © Harvard Business School Publishing Corporation

Título original: *Conscious capitalism: liberating the heroic spirit of business*
Publicado mediante acordo com Harvard Business Review Press

Conscious Capitalism é uma marca registrada da organização sem fins lucrativos Conscious Capitalism Inc.

Tradução: Rosemarie Ziegelmaier
Preparação: Sílvio Fudissaku
Revisão: Ana Maria Barbosa e Marcia T. Courtouké Menin
Adaptação do projeto original e paginação: Douglas Watanabe
Produção Editorial: HSM Editora - CNPJ: 01.619.385/0001-32

Todos os direitos estão reservados e protegidos por Lei. Nenhuma parte deste livro, sem autorização prévia por escrito da editora, poderá ser reproduzida ou transmitida. A violação dos Direitos Autorais é crime estabelecido na Lei nº 9.610/98 e com punição de acordo com o artigo 184 do Código Penal.

Erratas e arquivos de apoio: No site da editora relatamos, com a devida correção, qualquer erro encontrado em nossos livros, bem como disponibilizamos arquivos de apoio se aplicáveis à obra em questão.

Acesse o site www.altabooks.com.br e procure pelo título do livro desejado para ter acesso às erratas, aos arquivos de apoio e/ou a outros conteúdos aplicáveis à obra.

Suporte Técnico: A obra é comercializada na forma em que está, sem direito a suporte técnico ou orientação pessoal/exclusiva ao leitor.

A editora não se responsabiliza pela manutenção, atualização e idioma dos sites referidos pelos autores nesta obra.

ISBN 978-85-508-0417-0

Dados Internacionais de Catalogação na Publicação (CIP)
(Câmara Brasileira do Livro, SP, Brasil)

Mackey, John
    Capitalismo consciente : como libertar o espírito heroico dos negócios / John Mackey, Raj Sisodia ; [tradução Rosemarie Ziegelmaier]. – Rio de Janeiro: Alta Books, 2018.

    Título original: Conscious capitalism : liberating the heroic spirit of business.
    Bibliografia.

    1. Capitalismo – Aspectos morais e éticos 2. Empresas – Aspectos morais e éticos 3. Ética empresarial 4. Responsabilidade social dos negócios
I. Sisodia, Raj. II. Título.

13-10862   CDD-174.4

Índices para catálogo sistemático:
1. Ética nos negócios 174.4

Rua Viúva Cláudio, 291 — Bairro Industrial do Jacaré
CEP: 20970-031 — Rio de Janeiro - RJ
Tels.: (21) 3278-8069 / 3278-8419
www.altabooks.com.br — altabooks@altabooks.com.br
www.facebook.com/altabooks

A meu pai, Bill Mackey, e a minha esposa, Deborah Morin – as duas pessoas que mais me ensinaram na vida.

John Mackey

A meus filhos, Alok, Priya e Maya, e a meus sobrinhos Shiva e Krishna: não temam o futuro, mas o recebam com alegria, coragem e otimismo.

Raj Sisodia

SUMÁRIO

Prefácio da edição brasileira, por Flávio Rocha — ix

Prefácio: O capitalismo de volta aos trilhos, por Bill George — xiii

    Introdução: Descobertas — 1

1   Maravilhoso, incompreendido e difamado — 11

2   Capitalismo consciente e o espírito heroico dos negócios — 27

PARTE 1
O primeiro princípio: Propósito maior — 45

3   Propósito: a empresa na busca de significado — 49

4   Propósito: descoberta e crescimento — 63

PARTE 2
O segundo princípio: Integração de *stakeholders* — 75

5   Clientes: lealdade e confiança — 81

6   A paixão e a inspiração da equipe — 91

7   Os perseverantes investidores — 107

8   Fornecedores inovadores e colaborativos — 119

9	Comunidades prósperas e acolhedoras	131
10	Um ambiente saudável e vibrante	149
11	O círculo externo de *stakeholders*	165
12	A interdependência dos *stakeholders*	179

PARTE 3
O terceiro princípio: Liderança consciente — 189

13	Qualidades de um líder consciente	195
14	A construção do líder consciente	209

PARTE 4
O quarto princípio: Cultura e gestão conscientes — 231

15	Culturas conscientes	233
16	Gestão consciente	253
17	Como se tornar uma empresa consciente	269
18	O poder e a beleza do capitalismo consciente	283
	Bases do capitalismo consciente	293

Apêndice A: A realidade prática	*295*
Apêndice B: O capitalismo consciente e as ideias afins	*311*
Apêndice C: Conceitos errados e imprecisos	*319*
Notas	*327*
Agradecimentos	*343*
Sobre os autores	*347*

PREFÁCIO DA EDIÇÃO BRASILEIRA

Conta-se que dois trabalhadores, lado a lado, carregavam tijolos em uma construção. Um deles tinha o cenho franzido, a rigidez no corpo e o azedume na alma. "Esse meu emprego é um verdadeiro martírio", queixava-se. O sol escaldante, os tijolos pesados, as mãos doloridas e a longa jornada de trabalho o derrotavam. Submetido aos mesmos rigores, o outro trabalhador retinha um largo sorriso nos lábios. Feliz, festejava: "Estou construindo a catedral de minha cidade".

Ao ler este livro me veio à memória a velha fábula – que meus colaboradores da Riachuelo, temo dizer, já ouviram ao limite da exaustão. Mas é esse exemplo que de novo me assoma, fictício porém simbólico, quando deparo com a ideia central que fundamenta as apaixonantes reflexões do livro *Capitalismo consciente: como libertar o espírito heroico dos negócios*: a ideia do propósito.

Se a natureza humana faculta emoções divergentes, eventualmente contraditórias, à frente de um mesmo desafio, como acontece na fábula dos construtores de catedrais, também as empresas podem depender, em seu sucesso ou em seu fracasso, do ânimo, do afinco, do talento e – por que não? – da alegria com que se comportam na relação com o amplo espectro de seus públicos, interno e externo.

O propósito, mostra este livro, é um conceito tão poderoso que os autores afirmam: o dia mais importante de nossa vida não é aquele em que nascemos, ou em que damos os primeiros passos, ou em que chegamos à puberdade, ou o do diploma universitário, ou o do casamento. É o dia em que, finalmente, intuímos o motivo pelo qual nascemos. Dia fundador: quando entendemos por que e para que estamos vivos, na descoberta que dá sentido a nossa existência.

Infelizmente, existem aqueles indivíduos – e aquelas empresas – que passam a vida sem se dar conta de sua missão. O propósito, na moldura da livre-iniciativa, não configura uma aventura individual e tende a ser um vetor de convergências de interesses que, à primeira vista, até podem parecer inconciliáveis. Mas focar acionistas, executivos, funcionários, fornecedores, consumidores, comunidade e meio ambiente em um mesmo propósito, juntar líderes e liderados em um pacto presente com perspectiva de futuro é, mostra este livro, um processo viável, possível e natural. As pessoas buscam significado com mais afinco do que dinheiro ou realizações materiais. Assim como na história da catedral, as pessoas têm diferentes níveis de envolvimento com sua atividade profissional. Algumas a veem como um emprego, um ganha-pão. Outras, com uma visão de mais longo prazo, veem uma perspectiva de carreira. Apenas alguns realmente privilegiados ouviram o chamamento de seu propósito e estão realizados, engajados e em paz com o sentido de sua vida.

O capitalismo vive, é verdade, uma crise de imagem – e *Capitalismo consciente* é uma janela que descortina a paisagem capaz de desanuviar essa crise. A linhagem de pensamento de Milton Friedman e da Escola de Chicago propagou a crença de que a única finalidade de uma empresa está no lucro. "A responsabilidade social da empresa é maximizar o lucro", pregava o economista. Isso soou como música aos ouvidos de um mercado financeiro que só entende a linguagem do imediatismo. O universo do capitalismo acabou por se revelar, porém, muito mais complexo e bem mais desafiador.

PREFÁCIO DA EDIÇÃO BRASILEIRA

Perseguir o lucro como objetivo primeiro e singular significaria buscar toda vantagem possível no corpo a corpo com clientes, fornecedores, trabalhadores, contra o meio ambiente e contra a sociedade. Uma infatigável guerra por migalhas. A consequência dessa atitude é que o capitalismo passou a ser identificado com a ganância, o egoísmo e a exploração.

Acreditar que uma empresa existe somente para lucrar é como afirmar que todo o objetivo do ser humano se limita a comer. As pessoas se alimentam para sobreviver e, então, perseguir seus verdadeiros objetivos. O mesmo vale para as empresas: lucrar é preciso, sim, e primordial, mas a empresa responsável e dona de um propósito gera lucro para viver – não vive para gerar lucro.

A escravidão do lucro é como um enredo de uma nota só: empobrece as possibilidades polifônicas de um sistema que valoriza a requintada arte da negociação – qualidade que diferencia o ser humano dos outros animais – e confere à dinâmica dos conflitos, tão natural à vida econômica e social, um certificado de nobreza.

Embebido em uma visão humanista que, no entanto, procede de duas trajetórias diferentes – a empresarial, no caso de John Mackey, e a acadêmica, por parte de Raj Sisodia –, *Capitalismo consciente* me fez paradoxalmente remeter a um profissional das ciências exatas irrestritamente cartesiano: Eli Goldratt, formulador da teoria das restrições (em inglês, *theory of constraints*, TOC). Goldratt percebeu nas relações humanas que, diante das "nuvens de conflitos", a tentação é fatiar a realidade de maneira a diminuir a dimensão das dificuldades a enfrentar. Mas existe uma armadilha aí para o desempenho de uma empresa. O "ótimo local" – na linguagem de Goldratt – geralmente compromete o "ótimo global". Estreitar o olhar para ambições e interesses localizados pode levar, em uma instituição, a uma sucessão de conflitos paralisantes, pulverizando-se o objetivo maior em uma parafernália de futricas paroquiais. O "ótimo" global consiste, a considerar o que diz o estudioso, em perseguir um propósito a partir de um patamar mais elevado, mais grandioso e mais panorâmico.

"Um empreendimento capitalista é bom porque cria valor", pregam os autores ao explicar as bases do capitalismo consciente; "é ético porque se baseia na troca voluntária; é nobre porque pode dar significado a nossa existência; e é heroico porque tira as pessoas da pobreza e cria prosperidade". Não há, portanto, quem, em qualquer nível da cadeia produtiva capitalista, não se beneficie com um sistema como esse.

CAPITALISMO CONSCIENTE

Forjador de convergências e de consensos, no compreensível entrechoque de contradições, o capitalismo consciente engaja a todos, mas não pode prescindir de líderes. Cabe a eles antecipar-se à complexidade de um mundo em vertiginosa transformação, buscando nos enigmas da economia, da sociedade e do meio ambiente um propósito tonificado pelos valores nos quais eles próprios, o líderes, acreditem.

Somos, na Riachuelo, um grupo extremamente heterogêneo, com 40 mil colaboradores em empresas muito diferentes – tecelagem, confecção, logística, financeira, varejo. Vocês podem adivinhar: era uma usina de conflitos. Os elos que tolhiam hoje libertam. Contamos com uma organização integrada porque temos um propósito: o de tornar mais larga a porta de entrada da moda para milhões e milhões de pessoas. Democratizar o sonho, como se fosse o espelho da Cinderela ou o toque mágico de uma fada madrinha. É o que nos move e verdadeiramente nos comove.

Um livro como *Capitalismo consciente* reforça nossas convicções. Digo a meus colaboradores: o objetivo não é cativar pessoas que precisam do que você tem e produz, mas pessoas que acreditem no que você acredita. Um daqueles construtores de catedral a que me referi no início – o que sorria carregando pedras – conhecia o valor de um sonho compartilhado.

Flávio Rocha

Flávio Rocha é CEO das Lojas Riachuelo e presidente do Instituto pelo Desenvolvimento do Varejo.

PREFÁCIO

O capitalismo de volta aos trilhos

Este é o livro que eu sempre quis escrever. Na condição de capitalista convicto, tenho me preocupado bastante ao ver como o sistema saiu dos trilhos no último quarto de século a ponto de ganhar uma conotação tão negativa, em parte merecida. Nesta obra, John Mackey e Raj Sisodia promovem o reencontro do capitalismo com suas raízes. Fazem uma convincente defesa do modelo como o maior mecanismo gerador de riqueza que o mundo já conheceu e, nas páginas a seguir, apresentam sua concepção de capitalismo consciente. Em minha opinião, é apenas "capitalismo", pois trata-se da única forma autêntica que existe. Outras maneiras de fazer negócios, entre elas o "capitalismo entre amigos", são versões desonestas da proposta original. Como o mundo pôde ver durante a crise econômica mundial de 2008 e a Grande Recessão que se seguiu, essas falsas versões do capitalismo não se sustentam e estão condenadas ao fracasso a longo prazo.

Conheci as teorias de John Mackey quando li o debate que ele travou em 2005 com o economista e vencedor do Prêmio Nobel Milton Friedman sobre o funcionamento do sistema capitalista. Pouco antes da morte de Friedman,

Mackey contestou a abordagem do estudioso, que defendia que a *única* responsabilidade da empresa é para com seus acionistas, o que está sendo traduzido pelos mercados financeiros no preço dos títulos de curto prazo. Em seu frequentemente citado estudo publicado em 1970 na *New York Times Magazine*, "The social responsibility of business is to increase its profits", Friedman condena os líderes corporativos preocupados com os colaboradores, a comunidade e o meio ambiente: "Os executivos que levam a sério suas responsabilidades de gerar emprego, eliminar a discriminação e conter a poluição [...] estão defendendo o puro e simples socialismo".

Mackey desafiou esse ponto de vista, algo que tentei fazer durante muitos anos. Nós compartilhamos uma visão bem mais ampla sobre o papel da empresa na sociedade – que, afinal, é quem outorga às empresas de responsabilidade limitada e às companhias estabelecidas o direito de funcionar. A violação desse direito pode resultar em perda de liberdade, seja por meio da revogação da atividade, seja pela restrição por intermédio de medidas de regulamentação e de leis que limitam a livre ação.

Quando comandava o Whole Foods Market, John Mackey tornou-se um modelo para os partidários do capitalismo consciente, algo que eu e meus colegas da Medtronic desejávamos ser. Com base em nossa experiência diária nas "trincheiras" – Mackey em suas lojas; eu nos hospitais, com médicos e pacientes –, ambos sabíamos que o capitalismo autêntico é a única estrutura que permite a construção de uma empresa capaz de beneficiar clientes, colaboradores, investidores, comunidades, fornecedores e meio ambiente.

Mackey e Sisodia demonstram de forma clara que a liderança faz a diferença. Apontam o caminho para nos tornarmos *líderes conscientes*, uma noção bastante próxima de meu conceito de liderança autêntica. Reconhecem a importância de que os líderes integrem coração e mente por meio do desenvolvimento da autoconsciência e da inteligência emocional, ao mesmo tempo que capacitem outras pessoas a fazer o mesmo. Como lembra um ditado norte-americano, "a viagem mais longa que as pessoas devem fazer percorre os 45 centímetros que separam a cabeça do coração". Com a enorme perda de confiança em nossas lideranças ocorrida na última década, o desenvolvimento de líderes conscientes é a melhor maneira de recuperar o bom conceito da função e das instituições capitalistas, garantindo que estejam no rumo do norte verdadeiro.

PREFÁCIO

Gostaria de compartilhar a trajetória que percorri até chegar a essas convicções. Em 1964, quando me formei pela Georgia Tech em engenharia industrial e de sistemas, tinha o desejo de me transformar em um líder baseado em valores à frente de uma grande empresa que contribuísse para o bem-estar da sociedade. Essa paixão nasceu quando eu tinha por volta de 8 anos e ouvia meu pai falar sobre como as companhias deveriam funcionar. O sentimento prosseguiu durante minha adolescência a partir dos relatos que eu escutava de empresários enquanto trabalhava como *caddy* e, mais tarde, nos empregos de verão em empresas como Procter & Gamble e IBM.

Escolhi o mundo da administração porque acredito que empresas bem administradas e realmente preocupadas com valores podem contribuir para a humanidade de forma mais tangível do que qualquer outro tipo de organização. O MBA na Harvard Business School me colocou em contato com grandes líderes empresariais, abriu meus olhos para o funcionamento corporativo global e reforçou meu desejo de fazer a diferença por meio da livre-iniciativa. Nos 23 anos que passei no Departamento de Defesa dos Estados Unidos, nas Litton Industries e na Honeywell, testemunhei maneiras boas, ruins e feias de atuar no mundo dos negócios.

Em 1989, quando ingressei na Medtronic, identifiquei a oportunidade de criar valor duradouro para todos os *stakeholders*, sem prejuízo para o sucesso da empresa. Meus 13 anos na Medtronic consolidaram a plataforma, já bem estabelecida pelo fundador Earl Bakken, que transformou esse conceito em realidade. Alguns citam o aumento do valor para os acionistas da Medtronic – de US$ 1,1 bilhão para US$ 60 bilhões – como prova do sucesso, mas acredito que uma conquista bem maior é o crescimento do número de pacientes que, a cada ano, retomam uma vida mais plena e saudável – de 300 mil em 1989 para 10 milhões hoje. A recuperação dessas pessoas constitui a verdadeira recompensa para os funcionários, médicos, enfermeiros, técnicos, fornecedores, investidores e comunidades que compõem a família Medtronic.

Desde que me aposentei da Medtronic, em 2002, tenho dado aulas em importantes instituições, com destaque para os últimos nove anos na Harvard Business School. Esses anos me permitiram desenvolver e consolidar ideias ao lado de estudiosos de talento e de grandes líderes empresariais, além de discuti-las em sala de aula com alunos e executivos notáveis, e escrever cinco livros e numerosos artigos sobre elas.

Enquanto isso, a sociedade vivia uma histórica perda de confiança nos líderes empresariais. Entender o que havia acontecido para minar o capitalismo consciente daquela maneira exige um retorno às teorias de Friedman, que exerceram uma influência imensa sobre gerações de economistas e presidentes de organizações, os quais, querendo ou não, seguiram a filosofia do teórico do liberalismo. A influência cresceu conforme o mercado de ações se tornava cada dia mais atrelado ao curto prazo e à medida que o período médio de retenção dos títulos caía de oito anos para seis meses.

O que talvez seja mais lamentável é que a opção pelos ganhos de curto prazo causou a destruição de grandes empresas, como General Motors e Sears, e a falência de outras, como Enron, WorldCom, Kmart e Kodak, sem contar as mais de cem de mesmo porte que em 2003-2004 foram forçadas a revisar a contabilidade questionável de seus relatórios financeiros. Esses problemas parecem tímidos na comparação com a falência em 2008 de respeitadas instituições financeiras, como Fannie Mae, Bear Stearns, Lehman Brothers, Countrywide, Citigroup e dezenas de outras, enquanto organizações superalavancadas caíam ao tentar maximizar o valor para o acionista. Em consequência, a pressão de Wall Street para que as companhias aumentassem os preços das ações a curto prazo teve um efeito bumerangue, atingindo muitas daquelas mesmas instituições financeiras.

John Mackey desafiou as ideias de Friedman – a quem considerava "um de seus heróis" – em 2005, pouco antes da morte do premiado economista. A seu crédito, vale lembrar que Friedman tentou incorporar muitas das ideias de Mackey em sua teoria sobre a criação de valor para o acionista, mas o autor deste livro reagiu: "Enquanto Friedman acredita que cuidar de clientes e funcionários e da atuação social são meios para aumentar os lucros dos investidores, eu defendo o ponto de vista contrário: gerar lucros elevados é o caminho para cumprir a missão essencial do Whole Foods. Queremos melhorar a saúde e o bem-estar de todos no planeta por meio de alimentos de alta qualidade e de uma nutrição melhor, e só conseguiremos atingir esse objetivo se formos rentáveis. Da mesma forma como as pessoas não podem viver sem comer, uma empresa não sobrevive sem lucros. Mas a

PREFÁCIO

maioria das pessoas não vive apenas para comer, nem as organizações devem existir apenas para lucrar".[1]

Costumo fazer um paralelo semelhante ao explicar a missão da Medtronic na "restauração das pessoas a uma vida mais plena e mais saudável". Em meu primeiro livro, *Liderança autêntica*, defendi a tese de que as organizações devem utilizar seu objetivo e seus valores para inspirar os funcionários a inovar e a oferecer um serviço superior, ao mesmo tempo que geram aumentos sustentáveis nas receitas e nos lucros. Essa abordagem constitui a base para o investimento constante na empresa, ao mesmo tempo que cria valor duradouro para os acionistas e *stakeholders*, gerando um círculo virtuoso. A filosofia não constitui uma exclusividade do Whole Foods e da Medtronic, mas é amplamente praticada em companhias como IBM, Starbucks, Apple, Novartis, Wells Fargo e General Mills, todas com grande sucesso durante várias décadas.

Em *Capitalismo consciente*, John Mackey e Raj Sisodia conduzem o leitor através de todas as instâncias das empresas, inclusive organismos como sindicatos e entidades de defesa de direitos do consumidor, em geral considerados hostis aos interesses corporativos. Os autores demonstram como e por que essas organizações merecem atenção e respeito, mesmo diante de divergências.

Para os economistas, o cálculo de valor para o acionista defendido por Friedman é muito mais fácil de contabilizar e medir, mas não considera os elementos mais importantes a longo prazo para a saúde empresarial, como a consistência da estratégia, os critérios dos investimentos, a satisfação dos clientes e o compromisso e o envolvimento dos colaboradores. Esses fatores exercem um impacto muito maior sobre os valores sustentáveis a longo prazo do que a flutuação a curto prazo dos preços das ações. Outros estudiosos respeitados, como meu colega na Harvard Business School Robert Kaplan, propuseram uma forma mais consistente e precisa para aferir o desempenho da empresa a longo prazo com o *balanced scorecard*.

Como uma clara demonstração de como isso funciona, vejamos o caso da Hewlett-Packard e da IBM e as diferentes abordagens de liderança assumidas na última década pelos CEOs Mark Hurd e Sam Palmisano. Antes de ser forçado a se demitir da HP por má gestão, Hurd, que tinha vindo da NCR Corporation, assumiu após a passagem fracassada de Carly Fiorina e, aparentemente, recolocou a empresa nos trilhos, elevando a receita e os lucros e mais do que dobrando o valor das ações. Porém esses "ganhos" surgiram em decorrência de drásticos cortes nos gastos com pesquisa e desenvolvimento (de 6% para 3%, sendo que o percentual histórico era de 10%) e do foco nos resultados rápidos, que impediram o investimento em estratégias viáveis a longo prazo. Depois da saída do executivo, em 2010, as ações da HP caíram em cerca de US$ 60 bilhões, ou 55%.

Sob a liderança firme de Palmisano, a IBM se concentrou em atender seus clientes por meio de uma "empresa globalmente integrada" e baseada em valores. Essa mudança de cultura a longo prazo consumiu a maior parte dos dez anos do executivo à frente da IBM, mas resultou em um aumento no valor para os acionistas de mais de US$ 100 bilhões, ou 84%, nos últimos três anos. Virginia Rometty, sucessora de Palmisano, tem todas as condições de sustentar esse sucesso, enquanto os executivos apontados para suceder Hurd, Leo Apotheker e Meg Whitman, continuam em busca de uma estratégia viável.

Sou profundamente grato a John Mackey e a Raj Sisodia por apresentarem este inestimável estudo sobre como integrar todas as esferas de atuação de uma organização para o benefício a longo prazo de criar estruturas sustentáveis, capazes de servir aos interesses da sociedade ao mesmo tempo que atingem as próprias metas. Os autores definem o capitalismo como uma "força heroica" disposta a enfrentar os maiores desafios de nosso tempo. Nesse sentido, suas ideias se encaixam perfeitamente com as de Michael Porter, meu colega na Harvard Business School e pioneiro da estratégia empresarial moderna, autor de uma convocação para que os líderes corporativos contribuam para a sociedade por meio da "criação de valor compartilhado".

É meu ardente desejo ver essas ideias ganharem aceitação e serem adotadas como modelo de gestão das corporações no futuro, permitindo que o capitalismo floresça nas próximas décadas como força dominante para a construção de uma sociedade próspera.

Bill George

Bill George é professor de administração na Harvard Business School e atuou como presidente-executivo da Medtronic. Escreveu quatro *best-sellers*, entre eles *Liderança autêntica*, *True north* e o recente *True north groups*. Faz parte do conselho de administração da ExxonMobil, do Goldman Sachs e da Mayo Clinic.

INTRODUÇÃO

Descobertas

JOHN MACKEY

Antes de fundar o Whole Foods Market, frequentei duas universidades, nas quais assisti a cerca de 120 horas de aulas eletivas – sobretudo de filosofia, religião, história, literatura e outras disciplinas da área de humanidades. Só cursava as matérias que me interessavam e, se um curso me entediasse, eu o abandonava rapidamente. Não preciso dizer que, com uma estratégia educacional tão autogerida, aprendi muitas coisas valiosas e interessantes, mas não me formei em nada. Nunca na vida assisti a uma aula de administração, porém, para falar a verdade, acho que ao longo do tempo isso se transformou em uma vantagem: quando resolvi empreender, sem nada para desaprender, tive inúmeras possibilidades para inovar. Passei a adolescência e o início da idade adulta tentando descobrir o significado e o objetivo de minha vida. Essa busca me conduziu ao movimento de contracultura que florescia no final da década de 1960 e início da de 1970. Na época, aprendi filosofia oriental e religião e passei a praticar ioga e meditação. Fui estudar ecologia, virei vegetariano (fui *vegan* por dez anos) e morei em uma comunidade em

Austin, no Texas, durante dois anos. Deixei o cabelo e a barba crescerem. Sob o aspecto político, assumi uma postura progressista (liberal ou social-democrata) e comunguei da ideologia de que empresas e corporações eram essencialmente más porque só queriam saber de lucrar. Em contraste com esses empreendimentos "malignos", acreditava que as organizações sem fins lucrativos e governamentais eram "boas" porque, de fato, visavam o interesse público e não se voltavam apenas para os ganhos.

Em 1978, toda essa trajetória fazia de mim um sujeito não exatamente "preparado" para abrir uma empresa. Nossa iniciativa original – uma loja de produtos naturais chamada Safer Way, que abri com minha namorada, Renee Lawson – tinha menos de 280 metros quadrados e ficava em uma casa velha. Tínhamos um investimento inicial de US$ 45 mil, reunido de amigos e familiares. Éramos muito jovens (eu tinha 25 anos e Renee, 21) e idealistas: criamos o negócio porque queríamos vender comida saudável, ter uma vida decente e nos divertir fazendo as duas coisas.

Apesar da jornada de mais de 80 horas de trabalho semanais, Renee e eu tirávamos um salário de cerca de US$ 200 por mês e morávamos no escritório da sobreloja. Não havia chuveiro, e "tomávamos banho" na máquina de lavar louça Hobart da loja (certamente infringimos algumas leis de saúde municipais). Depois de comandar a Safer Way por dois anos, em 1980 decidimos mudar para um lugar maior e nos unir a outra pequena loja de alimentos naturais. Mudamos o nome para Whole Foods Market.

Primeira descoberta: criação de um negócio e conversão "capitalista"

Quando começamos a Safer Way, a filosofia política progressista que eu seguia ensinava que tanto as empresas como o capitalismo baseavam-se fundamentalmente na ganância, no egoísmo e na exploração de consumidores, funcionários, sociedade e meio ambiente, com o objetivo de lucrar ao máximo. Eu acreditava no lucro como um mal necessário, na melhor das hipóteses, mas nunca como meta desejável para a sociedade. Antes da Safer Way, eu vivera uma experiência com o movimento cooperativo de Austin: além de morar

INTRODUÇÃO

em comunidade durante dois anos, também fiz parte de três cooperativas de alimento distintas, em momentos diferentes. Durante anos, julguei que o modelo era a melhor maneira de reformar o capitalismo, uma vez que se baseava na cooperação, e não na competição. Se uma loja pertencia aos clientes, e não a investidores sedentos de ganhos, seria tanto mais barata como socialmente mais justa. Eu concordava com o *slogan* dos cooperados – "comida para as pessoas, não para o lucro". Porém finalmente me desiludi com o movimento porque parecia haver pouco espaço para a criatividade empresarial; praticamente todas as decisões eram de cunho político. Os membros mais politicamente ativos impunham à cooperativa suas agendas pessoais, e havia bem mais energia voltada para decidir quais empresas boicotar do que para melhorar a qualidade dos produtos e serviços. Achei que poderia abrir uma loja melhor do que qualquer uma dessas cooperativas conhecidas e decidi me tornar um empreendedor para provar a tese.

Tomar essa decisão e fundar a empresa mudou minha vida. Ficou claro que quase tudo em que acreditava estava errado. A lição mais importante aprendida no primeiro ano da Safer Way foi que as empresas não se baseiam em exploração ou coerção, mas em cooperação e trocas voluntárias. As pessoas fazem negócios voluntariamente, a fim de obter ganho mútuo. Ninguém é forçado a fazer transações com uma empresa. Os consumidores têm outras opções no mercado, os funcionários contam com alternativas de emprego, os investidores estão diante de inúmeras possibilidades de investir seu capital e os fornecedores dispõem de vários clientes para seus produtos e serviços. Investidores, trabalhadores, executivos, fornecedores – todos precisam cooperar para criar valor para os clientes. Se fizerem isso, o valor criado é dividido de forma justa entre aqueles que o geraram, por meio de competitivos processos de mercado, baseados aproximadamente na contribuição geral de cada *stakeholder*. Em outras palavras, não se trata de um jogo perde-ganha, mas de uma situação em que todos ganham, e eu realmente gosto disso.

Também descobri que, apesar de minhas boas intenções e do desejo de criar uma boa empresa, não faltavam desafios. Como éramos pequenos, os clientes consideravam nossos preços altos demais, os funcionários reivindicavam salários melhores e os fornecedores não ofereciam bons descontos. As organizações sem fins lucrativos de Austin viviam nos pedindo doações, enquanto as várias esferas governamentais nos açoitavam com taxas, licenças, multas e uma pesada tributação.

Não saber como operar um negócio custou caro em nosso primeiro ano, uma vez que conseguimos perder mais de 50% do capital investido – ou US$ 23 mil. Descobrimos que não era fácil criar uma empresa e ter sucesso. Apesar do prejuízo, ainda fomos acusados de explorar os clientes com preços altos e de abusar dos colaboradores com salários baixos. A despeito de minhas boas intenções, eu aparentemente me tornara um empresário egoísta e ganancioso e, para meus colegas das cooperativas, tinha migrado para o lado "do mal". No entanto, eu sabia que não era verdade. Ainda tinha idealismo e queria fazer do mundo um lugar melhor, por meio de uma loja que vendia comida saudável e gerava bons empregos.

Depois que percebi isso, gradualmente comecei a abandonar a filosofia social-democrata de minha juventude, porque ela não explicava de forma adequada o real funcionamento do mundo. Procurei alternativas a fim de achar sentido para as coisas.

Enquanto devorava dezenas e dezenas de livros de negócios para tentar ajudar a Safer Way a dar certo, tropecei na leitura de inúmeros economistas defensores da livre-iniciativa, como Friedrich Hayek, Ludwig von Mises, Milton Friedman, Jude Wanniski, Henry Hazlitt, Robert Heinlein, Murray Rothbard e Thomas Sowell, entre outros. Pensei: "Uau, isso faz sentido! É assim que as coisas funcionam". Minha visão de mundo passou por uma grande mudança.

Aprendi que a troca voluntária voltada para o benefício mútuo gerou uma prosperidade inédita para a humanidade. Como veremos no capítulo 1, foi imenso o progresso que beneficiou os seres humanos coletivamente nos últimos dois séculos. Descobri que a livre-iniciativa – combinada com os direitos de propriedade, a inovação, o estado de direito e governos democráticos constitucionalmente limitados – resulta em sociedades que maximizam a prosperidade e criam condições para promover a felicidade e o bem-estar, não apenas para os ricos, mas para a sociedade em geral, incluindo os pobres.

Eu não só me tornava empresário e capitalista, como também descobria que, embora o mundo dos negócios e o capitalismo não fossem perfeitos, eram fundamentalmente bons e éticos.

INTRODUÇÃO

Segunda descoberta: a importância dos *stakeholders* e o poder do amor

Um dos eventos decisivos da história do Whole Foods aconteceu há mais de 30 anos, no Memorial Day de 1981, quando existia apenas uma loja. Estávamos em funcionamento com o novo formato e sob a nova marca havia apenas oito meses. Nossa loja rapidamente tornou-se um grande sucesso. Os clientes adoravam fazer compras lá e os colaboradores gostavam de trabalhar e acreditavam no que estávamos fazendo, ao mesmo tempo que tinham uma grande dose de liberdade para expressar sua individualidade. Os colegas de equipe se gostavam e atendiam bem os clientes. Naquele dia, porém, a cidade de Austin sofreu a pior inundação em 70 anos. Treze pessoas morreram e a catástrofe deixou mais de US$ 35 milhões de danos (o equivalente hoje a cerca de US$ 100 milhões). A água subiu 2,4 metros dentro de nossa loja. Perdemos o estoque inteiro e todos os equipamentos, em um prejuízo que chegou a cerca de US$ 400 mil. A inundação levou praticamente tudo o que tínhamos. Não possuíamos reservas de dinheiro, seguros ou estoques guardados em outro lugar. Sem maneira de nos reerguer com os próprios recursos, estávamos falidos.

No dia seguinte à enchente, quando nós, fundadores e integrantes da equipe, vimos o estrago, muitos ficaram com os olhos marejados. Para os colaboradores, parecia o fim do melhor emprego que já tiveram, enquanto os fundadores se viam diante do término de um sonho maravilhoso, mas que infelizmente durara pouco. Enquanto tentávamos desoladamente salvar o que fosse possível, algo inesperado aconteceu: dezenas de clientes e vizinhos apareceram na loja. Como era feriado, muitos estavam de folga e vieram com roupas de trabalho, trazendo baldes, esfregões e tudo o mais que julgassem útil. Eles chegavam animados: "Vamos lá, pessoal. Mãos à obra. Vamos arrumar tudo e deixar isso aqui perfeito. Não vamos deixar a loja morrer. Chega de lamentação e vamos trabalhar!".

Você pode imaginar o efeito que essa iniciativa exerceu sobre nós. De repente, encontramos novas energias e sentimos um lampejo de esperança de que talvez nem tudo estivesse perdido. Mas não foi só isso: nas semanas seguintes, dezenas e dezenas de clientes continuaram vindo para ajudar a limpar e consertar a loja. Quando perguntamos por que faziam aquilo, eles respondiam coisas como "O Whole Foods é muito importante para mim. Não tenho certeza se ia querer viver em Austin se não fosse essa loja ou se ela desaparecesse. Ela fez uma diferença enorme em minha vida". É difícil estimar o impacto de tudo isso, pois nos sentimos tão queridos por nossos clientes que decidimos começar de novo. Pensamos: "Esses clientes nos amam tanto e nos ajudaram com tanta dedicação que temos o dever de fazer o possível para reabrir e atendê-los da melhor forma possível".

Não foram apenas nossos clientes que nos ajudaram. Houve uma avalanche de apoio de outros integrantes da comunidade, que se prontificaram a nos socorrer. A empresa faliu com a enchente, e não tínhamos como pagar as pessoas. Muitos de nossos colaboradores, então, trabalharam sem receber. É claro que acertamos tudo quando a atividade recomeçou, mas não tínhamos como garantir que a retomada daria certo. Dezenas de fornecedores se ofereceram para nos reabastecer com base no crédito, porque queriam que a loja voltasse a funcionar e apostavam que conseguiríamos pagar as contas. Tudo isso criou um compromisso de lealdade entre a empresa e os fornecedores, e alguns deles ainda trabalham conosco depois de mais de três décadas. Nossos investidores acreditavam no Whole Foods e colocaram a mão no bolso para fazer novos aportes. O banco concedeu um empréstimo que nos permitiu reabastecer a loja. Na verdade, todos os principais *stakeholders* (clientes, colaboradores, fornecedores e investidores) se manifestaram após a tragédia, para se certificar de que o Whole Foods Market não morreria e que seríamos capazes de reabrir. E foi o que fizemos, 28 dias depois da inundação.

A experiência com a enchente do Memorial Day de 1981 unificou nossa jovem empresa. O fato nos mostrou que todos os nossos *stakeholders* tinham potencial para estabelecer uma relação estreita conosco, envolvendo cuidado e compromisso. Nossa equipe se aproximou e nosso compromisso com os clientes ganhou profundidade. Percebemos que estávamos realmente fazendo diferença na vida das pessoas.

Hoje, parece até humilhante pensar no que teria acontecido se todos os *stakeholders* não se importassem conosco naquela época. Sem dúvida, o Whole Foods Market teria deixado de existir. A empresa, atualmente com vendas anuais de mais de US$ 11 bilhões, teria desaparecido no primeiro ano

INTRODUÇÃO

de vida se as partes interessadas não estivessem envolvidas e preocupadas, se não aprovassem o tipo de negócio que oferecíamos. Quantas empresas "convencionais" conseguiriam reunir um exército voluntário de clientes e fornecedores para ajudar na hora da necessidade? Essa é uma das razões pelas quais entendemos tão bem a importância dos *stakeholders* e o poder do amor nos negócios, pois tivemos a chance de testemunhar sua contribuição para nosso sucesso. Sem isso, não teríamos sequer sobrevivido. Nunca mais precisei de provas adicionais de que as partes interessadas fazem a diferença, de que encarnam o coração, a alma e a força vital de uma empresa.

Mais descobertas

As empresas podem ser uma fonte maravilhosa para o aprendizado e o crescimento pessoal e organizacional. Fiz muitas outras descobertas nas últimas três décadas, conforme o Whole Foods Market evoluiu, algumas delas reveladas neste livro. O que é mais importante: aprendi que a vida é curta e que estamos aqui de passagem. Ninguém vai ficar para sempre. Portanto, é essencial encontrar parâmetros nos quais possamos confiar e que nos ajudem a identificar e a realizar nossos objetivos mais elevados na vida – antes que seja tarde demais.

Quando eu tinha 20 e poucos anos, tomei uma decisão que se revelou acertada: decidi seguir meu coração aonde quer que ele me levasse. O resultado foi uma maravilhosa viagem de aventura, significado, criatividade, crescimento e amor. Compreendi que é possível viver neste mundo com o coração aberto. Aprendi que podemos canalizar nossos impulsos criativos mais profundos a fim de atingir nossos propósitos mais elevados, ajudando a transformar o mundo em um lugar melhor.

Decidimos colocar na abertura deste livro o testemunho dessas descobertas pessoais como uma metáfora para a jornada de ampliação de consciência em minha vida e minha obra. Esse percurso me ajudou a acessar algumas verdades fundamentais sobre o mundo dos negócios até então fora de meu alcance. Pude constatar o poder dessa sabedoria tanto em minha empresa como em outras e concluí que o mundo precisa urgentemente de uma filosofia mais rica, mais holística e mais humanista do que a que encontramos nos livros de economia, nos ensinamentos das escolas de administração e até nas palavras e decisões de vários líderes empresariais respeitados.

Por que escrevemos este livro

Meu processo de descobertas em direção a níveis de consciência mais elevados ocorreu em paralelo com a evolução do Whole Foods rumo a uma compreensão mais profunda acerca de seu propósito e de seu potencial de impacto social. Olhando para além de nossa empresa, vejo que grande parte do capitalismo e da lógica dos negócios que por tanto tempo permaneceu inconsciente agora começa a aflorar no nível da consciência. A mudança mais interessante (embora não alardeada) em nossa sociedade pode ser decorrente de um despertar coletivo que está apenas no começo, o qual consiste em uma condução mais consciente do capitalismo e da filosofia da gestão empresarial.

Meu coautor, Raj Sisodia, viveu a própria jornada em busca de verdades mais profundas ao longo de seus 28 anos como professor, autor e consultor de empresas. Chegou a descobertas semelhantes às minhas depois de analisar diversas organizações (entre elas, o Whole Foods Market), amadas por todas as suas partes interessadas e, consequentemente, bem-sucedidas na criação de riqueza e bem-estar. No livro *Firms of endearment: how world-class companies profit from passion and purpose*, lançado em 2007, Raj analisa e descreve o que torna essas empresas especiais.

Nos últimos cinco anos, ao lado de várias empresas e de estudiosos importantes, Raj e eu perseguimos nosso objetivo de mudar o pensamento predominante sobre as organizações por meio do projeto chamado Capitalismo Consciente. Em 2009, Raj foi um dos fundadores da Conscious Capitalism (www.consciouscapitalism.org), organização sem fins lucrativos na qual atuamos hoje. Nossa paixão comum pelo extraordinário potencial que existe em uma forma mais consciente do capitalismo nos levou a escrever este livro a quatro mãos.

Nosso objetivo principal é inspirar a criação de um número maior de empresas conscientes: organizações envolvidas em propósitos elevados, que sirvam

INTRODUÇÃO

e contemplem os interesses de todos os *stakeholders*. Queremos empresas com líderes conscientes e comprometidos com os objetivos do negócio, com as pessoas com as quais lidam e com o planeta. Ansiamos por companhias com cultura de dedicação e resiliência, capazes de transformar o trabalho em fonte de grande alegria e de satisfação. Realmente acreditamos que isso resultará em um mundo melhor para todos nós. Juntos, os líderes empresariais podem liberar o extraordinário poder das empresas e do capitalismo para criar uma sociedade na qual todos vivam com propósito, amor e criatividade. Um mundo de compaixão, liberdade e prosperidade. É assim que definimos nossa abordagem de um capitalismo consciente.

Estrutura do livro

No capítulo 1, traçamos uma precisa perspectiva histórica sobre o capitalismo de livre-iniciativa: o que é, quanto contribuiu para transformar nosso mundo para melhor e quais os desafios enfrentados hoje. Também apresentamos um apelo à aventura, para que o leitor participe ativamente da mudança da abordagem do capitalismo. No capítulo 2, aprofundamos a ideia do capitalismo consciente, uma forma mais evoluída de administrar empresas e obter lucros, levando em conta os desafios contemporâneos e oferecendo a promessa de um futuro melhor.

As quatro partes seguintes do livro desvendam os quatro princípios do capitalismo consciente. A parte 1 (capítulos 3 e 4) aborda a questão do propósito: esclarecemos por que ele é tão importante, explicamos alguns tipos genéricos e descrevemos como cada empresa pode investigar suas reais finalidades. Em seguida, falamos sobre os *stakeholders*. Na parte 2, que abrange os capítulos 5 a 12, discutimos como empresas conscientes pensam sobre as partes interessadas principais e secundárias. Discutimos, também, como podem aproveitar as relações de interdependência entre *stakeholders* – na verdade, a essência da filosofia do capitalismo consciente. Na parte 3 (capítulos 13 e 14), refletimos sobre a questão crucial da liderança consciente: o que significa e como atingi-la. Na parte 4 (capítulos 15 e 16), discutimos o quarto princípio: cultura e gestão conscientes. Os capítulos 15 e 16 descrevem os elementos-chave de uma cultura consciente, sobretudo a dedicação e o cuidado, assim como uma compatível abordagem de gestão, capaz de aproveitar os pontos fortes desse modo de ser. No capítulo 17, formulamos sugestões sobre como iniciar um negócio consciente ou como conduzir uma empresa já estabelecida rumo a uma consciência mais elevada. O capítulo 18 conclui o livro questionando como disseminar o capitalismo consciente de forma mais ampla e rápida e apresenta um resumo dessa filosofia.

Este volume inclui três apêndices. O apêndice A descreve como e por que empresas conscientes têm desempenho superior ao das companhias convencionais ao longo do tempo. O apêndice B compara o capitalismo consciente com alternativas recentemente propostas – capitalismo natural, capitalismo criativo, capitalismo do valor compartilhado, B Corp (*benefit corporation*) e *triple bottom line*. O apêndice C dedica-se a esclarecer algumas dúvidas e equívocos mais comuns sobre o capitalismo consciente.

Nota estilística: embora esta introdução esteja bastante associada a minha experiência, o resto do livro resulta de um esforço conjunto. Nós, os autores, falamos em uníssono mesmo quando os exemplos abordam aspectos do Whole Foods Market. Em alguns trechos, porém, retomo a narrativa em primeira pessoa para descrever passagens de minha trajetória pessoal.

CAPÍTULO 1

Maravilhoso, incompreendido e difamado

Ao longo da história, nenhuma criação humana exerceu maior impacto positivo sobre tantas pessoas e com tamanha velocidade como o capitalismo de livre-iniciativa. Sem dúvida, trata-se do maior sistema de inovação e de cooperação social já criado, pois proporcionou a bilhões de pessoas a oportunidade de participar da grande experiência de ganhar o próprio sustento e encontrar sentido existencial por meio da criação de valor para os outros. Em apenas dois séculos, as empresas e o sistema capitalista transformaram o planeta e a vida diária da maioria de nós. As extraordinárias inovações deflagradas pelo sistema libertaram parte da humanidade de trabalhos penosos e irracionais, comuns no passado, e nos permitiram uma existência mais vibrante e satisfatória. Tecnologias maravilhosas encurtaram o tempo e a distância, formando um único tecido transparente a cobrir a humanidade, estendendo-se aos redutos mais remotos do planeta.

Tudo isso já foi feito, mas ainda há espaço para novas conquistas. A promessa desse maravilhoso sistema de cooperação humana está longe de ser totalmente cumprida. Boa parte do mundo ainda não adotou os princípios essenciais do capitalismo de livre-iniciativa e, em consequência, a prosperidade e a satisfação coletivas ainda estão aquém do que poderiam.

Grande parte do século 20 pode ser visto como uma guerra intelectual travada entre duas filosofias sociais e econômicas opostas: o capitalismo de livre-iniciativa, baseado em mercados e pessoas livres, e o comunismo, marcado pela ditadura e pelo controle econômico pelo Estado. Por todos os indicadores mensuráveis, o capitalismo ganhou a batalha. Social e economicamente, os Estados Unidos evoluíram bem mais do que a União Soviética, principal rival comunista. O mesmo aconteceu entre as duas Alemanhas, as duas Coreias, e com Taiwan, Hong Kong e Cingapura em relação à China. Com a queda do Muro de Berlim, em 1989, vários países começaram a se voltar para a liberalização política e econômica nas décadas de 1990 e 2000, conforme ficaram mais conhecidos os sombrios resultados das experiências socialistas do século 20. À medida que essa transição para maior liberdade ganhava força, muitas nações viveram um rápido crescimento econômico, e centenas de milhões de pessoas conseguiram escapar da pobreza.

Grande parte do mundo ocidental tem se beneficiado dos frutos do capitalismo de livre-iniciativa há cerca de dois séculos. O sucesso do sistema em melhorar a qualidade de vida sob diversos aspectos é uma das histórias mais extraordinárias, porém pouco compreendidas, dos últimos 200 anos, uma vez que permitiu o progresso em ritmo inédito. Vejamos os fatos:

- Há apenas 200 anos, 85% da população mundial vivia em extrema pobreza (definida como renda de menos de US$ 1 por dia), e hoje esse índice está em 16%.[1] O capitalismo de livre-iniciativa criou prosperidade não apenas para alguns, mas para bilhões de pessoas, em todos os lugares.

- Como mostra a figura 1-1, desde 1800 a renda média *per capita* mundial aumentou 1.000%.[2] Nos países desenvolvidos, a cifra chegou a 1.600%. A renda *per capita* do Japão cresceu 3.500% desde 1700. Levando em consideração as melhorias de acessibilidade e qualidade, o padrão de vida do norte-americano comum elevou-se 10.000% desde 1800.[3] Talvez o dado mais surpreendente: o PIB da

MARAVILHOSO, INCOMPREENDIDO E DIFAMADO

FIGURA 1-1

População mundial e produto interno bruto (PIB) *per capita*

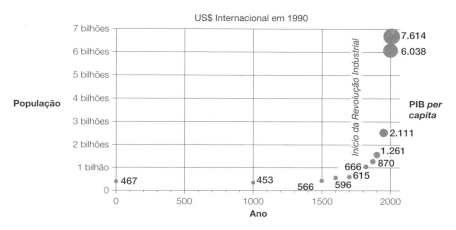

Fonte: Angus Maddison, "Statistics on world population, GDP and per capita GDP, 1–2008 AD", site do Groningen Growth & Development Centre, março de 2010, www.ggdc.net/MADDISON/oriindex.htm.

Coreia do Sul aumentou 260 vezes desde 1960, transformando um dos países mais pobres do mundo em uma das nações mais ricas e avançadas.[4]

- Ao longo de dezenas de milhares de anos, a população humana cresceu muito lentamente e caiu dizimada por grandes epidemias, como a peste e alguns surtos de gripe, que eliminaram milhões de vidas. O planeta passou a ter 1 bilhão de habitantes por volta de 1804 e rapidamente superou o marco dos 7 bilhões, sobretudo graças a progressos no saneamento, na medicina e na produtividade agrícola.[5]

- Nos últimos 200 anos, a expectativa média de vida em todo o mundo passou para 68 anos, após uma longa média histórica de 30 anos ou menos.[6]

- Nos últimos 40 anos, o percentual de pessoas subnutridas em todo o mundo caiu de 26% para 13%.[7] Mantidas as atuais tendências, a fome deve ser praticamente erradicada ainda no século 21.

- Em poucas centenas de anos, passamos de uma população quase totalmente analfabeta para um total de quase 84% dos adultos capacitados a ler.[8]
- Com o crescimento da liberdade econômica, 53% das pessoas vivem em países com governos democraticamente eleitos por voto universal. Há apenas 120 anos, até as democracias negavam o direito de voto a mulheres ou minorias (ou ambos).[9]
- Nos países prósperos, as pessoas são mais satisfeitas com a vida. A autodeterminação associada aos mercados livres, ao lado da bonança, gera mais felicidade. Em 25% dos mais ricos entre os países economicamente livres, o índice de satisfação da população atingiu nota 7,5 em uma escala de 0 a 10, em comparação a 4,7 entre os 25% das nações menos prósperas desse mesmo grupo.[10]

Empreendedores: os heróis do capitalismo de livre-iniciativa

No livro *Bourgeoisie dignity*, Deirdre McCloskey, economista da University of Illinois, em Chicago, defende que os fatores mais importantes para o sucesso do capitalismo de livre-iniciativa são o empreendedorismo e a inovação, combinados com a liberdade e a dignidade para quem atua no mundo dos negócios.[11] As invenções que mudaram o mundo (automóvel, telefone, gasolina, internet, antibiótico, computador, avião) não surgiram espontaneamente ou por decreto; elas exigiram enormes esforços de inovação. A criatividade humana, em parte individual, mas sobretudo de caráter colaborativo e cumulativo, está na raiz de todo progresso econômico.

Os empreendedores são os verdadeiros heróis de uma economia de livre-iniciativa, uma vez que comandam o progresso dos negócios, da sociedade e do planeta. Solucionam problemas ao imaginar novas formas de como o mundo poderia ser e funcionar. Com sua imaginação, criatividade, paixão e energia, são os maiores indutores de mudança no mundo. Conseguem descobrir possibilidades e enriquecer a vida dos outros ao realizar coisas que jamais existiram.

A pedagoga Candace Allen, esposa do vencedor do Prêmio Nobel de Economia Vernon Smith, escreveu sobre a necessidade de "heróis empreendedores" na sociedade e sobre seu impacto na vida das pessoas. "Em última análise, o herói é o representante do novo – o fundador de uma nova era, religião ou cidade; o pioneiro de um inédito modo de vida ou maneira de proteger a comunidade contra o mal; o inventor de revolucionários processos ou produtos que trazem melhorias para as pessoas em suas comunidades e para o mundo. O que vou afirmar aqui é que, no mundo moderno, os criadores de riqueza – os empreendedores – de fato abrem caminhos e são tão corajosos e ousados quanto os heróis que enfrentaram dragões ou derrotaram o mal."[12]

Por que o capitalismo está sob ataque

Apesar de permitir a prosperidade generalizada, o capitalismo de livre-iniciativa conquistou pouco respeito entre os intelectuais e quase nenhum afeto das massas. Mas por que o sistema é tão odiado por tantas pessoas? Será que precisa mudar? Será que temos de modificar nossa forma de pensar?

Em vez de serem vistos pelo que realmente são – os heróis da história –, com grande frequência o capitalismo e os negócios carregam a fama de vilões e levam a culpa por quase tudo o que os críticos pós-modernos desaprovam no mundo. O capitalismo é acusado de explorar trabalhadores, ludibriar consumidores, promover desigualdades ao beneficiar ricos em detrimento de pobres, homogeneizar a sociedade, fragmentar comunidades e destruir o meio ambiente. Empreendedores e outros personagens ligados aos negócios são deplorados como pessoas motivadas basicamente por egoísmo e ganância. Enquanto isso, os defensores do capitalismo muitas vezes discursam em um jargão que, em vez de rebater as acusações, reforça nas pessoas a crítica ética de que capitalistas só se preocupam com dinheiro e lucros e de que as empresas só podem se redimir por meio de "boas obras" – o que é uma visão fundamentalmente equivocada.

Acreditamos que o capitalismo encontra-se sob ataque por várias razões:

1. Os homens de negócios permitiram que a base ética do capitalismo de livre-iniciativa fosse intelectualmente sequestrada por economistas

e críticos que atribuíram ao sistema uma identidade estreita, egoísta e imprecisa, desprovida de embasamento ético coerente. O capitalismo precisa tanto de uma nova narrativa como de um novo fundamento ético, que reflitam com precisão seus aspectos positivos intrínsecos.

2. Muitas empresas funcionam com baixo nível de consciência quanto a seu verdadeiro propósito e ao impacto que exercem no mundo. A tendência a pensar em termos de *trade-offs* gerou involuntariamente muitas consequências prejudiciais para as pessoas, a sociedade e o planeta, resultando em uma compreensível reação negativa.

3. Nos últimos anos, o mito de que as empresas devem se concentrar na maximização dos lucros se enraizou na academia e entre as organizações líderes. Um dos efeitos disso, em muitas organizações, foi a perda da capacidade de envolvimento e conexão com as pessoas em seus níveis mais profundos.

4. A regulamentação, o tamanho e o alcance dos governos cresceram muito, criando condições para a expansão de um "capitalismo entre amigos", com a livre-concorrência perdendo espaço para o favorecimento baseado em relações políticas – o que definitivamente não é o capitalismo verdadeiro, embora seja essa a percepção de muitas pessoas.

Trata-se de desafios significativos, mas que devem ser superados se quisermos espalhar a liberdade, a dignidade e as conquistas da sociedade moderna para os bilhões de habitantes do planeta que ainda enfrentam necessidades extremas.

O sequestro intelectual do capitalismo

A percepção inicial do capitalismo foi construída quase exclusivamente com base na teoria de que as pessoas abrem empresas para satisfazer os próprios interesses. Os economistas, críticos sociais e líderes empresariais muitas vezes desconsideram outro aspecto – com frequência, muito mais forte – da natureza humana: o desejo e a necessidade de cuidar dos outros e de promover causas que estão acima dos interesses individuais.

MARAVILHOSO, INCOMPREENDIDO E DIFAMADO

Adam Smith, fundador do capitalismo moderno, identificou todas essas poderosas motivações. Em seu livro *A teoria dos sentimentos morais* – escrito 17 anos antes do título que lhe deu fama, *A riqueza das nações* –, Smith esboçou uma ética baseada na capacidade do ser humano de se solidarizar com o outro e de se preocupar com suas opiniões. Com nossa capacidade de empatia, somos capazes de nos colocar no lugar de outras pessoas, de modo a entender como elas se sentem.

Smith estava muito à frente de seu tempo, tanto no que se refere à teoria econômica como ao sistema ético. Se os pensadores do século 19 tivessem entendido e adotado suas filosofias econômicas e éticas, teriam sido evitados lutas e sofrimentos extraordinários ao longo dos séculos 19 e 20, derivados da disputa entre sistemas ideológicos rivais.

Infelizmente, não foi isso o que aconteceu. A abordagem de Adam Smith sobre a ética foi ignorada, e o capitalismo se desenvolveu de forma incompleta, desprovido da metade mais humana de sua identidade. Como resultado, criaram-se condições para a emergência dos grandes conflitos éticos do capitalismo, que não tardaram. Karl Marx atacou o sistema, definindo-o como inerentemente explorador dos trabalhadores. Outros teóricos chegaram a recorrer à teoria darwiniana como analogia para descrever a crueldade dos mercados. Assim como a natureza era vista tal qual um cenário selvagem em que o predador aterroriza a presa, os negócios eram retratados como um ambiente frio, duro e desumanizado. Essas descrições ignoravam o elevado grau de aspirações e capacidades humanas que o capitalismo de livre-iniciativa potencialmente pode proporcionar.

Outro fator que alimentou a desconfiança em relação ao capitalismo foi o fracasso em diferenciar a ideia mercantilista do bolo fixo, ou do jogo de soma zero, do conceito capitalista de bolo em expansão. Grande parte da atual animosidade ante o capitalismo decorre do ponto de vista equivocado de que a riqueza é um patrimônio estanque a ser compartilhado por todos de forma equitativa e justa – quando, na realidade, esse patrimônio é expansível por meio da hábil combinação de recursos, trabalho e inovação. Com isso, a prosperidade de um não necessariamente implica o empobrecimento do outro. Ao contrário: se o bolo cresce, sobram fatias para mais pessoas. Essa ideia está no cerne do capitalismo e sua única e extraordinária capacidade de gerar riqueza.

CAPITALISMO CONSCIENTE

Consequências não intencionais da falta de consciência

Quando operam com baixo nível de consciência sobre o propósito e o impacto de seus negócios, os empresários se envolvem com uma filosofia de *trade-offs* que resulta em muitas consequências nocivas e não intencionais. Essas empresas veem seu propósito como a maximização do lucro e tratam todos os participantes do sistema como meios para esse fim. Tal abordagem pode ter sucesso na criação de prosperidade material em curto prazo, mas o preço resultante de problemas sistêmicos em longo prazo é cada vez mais inaceitável e insustentável. Muitas empresas não conseguem reconhecer seus impactos significativos sobre o meio ambiente, sobre outras criaturas que habitam o planeta (como animais selvagens e gado) e sobre a saúde física e psíquica de seus colaboradores e clientes. Outras oferecem condições de trabalho estressantes e frustrantes ou fomentam comportamentos de consumo insalubres ou viciantes. E há ainda aquelas que tendem a tratar isso como externalidades, fora do âmbito de suas preocupações.

Os sintomas de disfunção e desafeto abundam no mundo corporativo. Nos Estados Unidos, o nível médio de engajamento que os colaboradores mantêm com o trabalho ficou em 30% ou menos nos últimos dez anos, e quase a maioria dessas pessoas é hostil em relação a seus empregadores.[13] Altos executivos muito bem empregados têm manipulado o jogo para enriquecer à custa das corporações que comandam e seus *stakeholders*. Enquanto as médias salariais seguem estagnadas há décadas nos Estados Unidos, as remunerações dos executivos têm disparado, extinguindo a solidariedade nos locais de trabalho. De acordo com o Institute for Policy Studies (IPS), organização baseada em Washington D.C., a relação entre a remuneração do cargo de CEO e o salário médio era de 42:1 em 1980, saltou para 107:1 em 1990 e chegou ao pico de 525:1 em 2000. Nos últimos anos, tem flutuado, registrando 325:1 em 2010.[14]

Diante disso, não é de estranhar que a reputação do mundo dos negócios tenha sido prejudicada. As corporações são amplamente vistas como gananciosas, egoístas, exploradoras e indignas de confiança. As grandes empresas, em particular, têm uma imagem terrível. O Gallup identificou uma constante queda da confiança dos norte-americanos nas corporações – de cerca de 34%

em 1975 para um mínimo histórico de 16% em 2009, com ligeira recuperação para 19% em 2011.[15]

O mito da maximização do lucro

O renitente mito de que o propósito das empresas sempre é maximizar os lucros para os investidores provavelmente surgiu com os primeiros economistas da Revolução Industrial. Mas como ele se originou? Tudo indica que de duas fontes: de uma visão estreita da natureza humana e de uma inadequada explicação das causas do sucesso nos negócios.

No intuito de formular elegantes modelos matemáticos dos sistemas econômicos, acadêmicos e economistas adotaram a visão restritiva de que nós, seres humanos, somos maximizadores dos próprios interesses econômicos, em detrimento de todo o resto. Por extensão lógica, as empresas também foram classificadas como meras maximizadoras de lucro. Essas suposições simplistas habilitaram os estudiosos a criar modelos que tentavam elucidar alguns dos mecanismos de funcionamento da economia.

Os economistas clássicos também formularam suas teorias por meio da observação e da descrição do comportamento de vários empresários e seus negócios. Perceberam corretamente que as organizações bem-sucedidas eram sempre rentáveis e que, de fato, os empreendedores responsáveis por operar tais negócios sempre buscavam a lucratividade. Empresas que não eram rentáveis não sobreviviam por muito tempo em um mercado competitivo, uma vez que os lucros são essenciais para a sobrevivência a longo prazo e o florescimento de todos os negócios. Sem lucros, os empresários não podem fazer os investimentos necessários para renovar ou trocar seus depreciados edifícios e equipamentos ou para se adaptar às evoluções do cenário competitivo. Em uma saudável economia de mercado, todas as empresas precisam buscar o lucro.

Infelizmente, os pioneiros economistas não se ativeram a descrever que os empresários sempre buscam o lucro como um importante objetivo, mas entenderam que a maximização dos lucros seria o único objetivo importante dos negócios. Logo adiante, foram ainda mais longe, asseverando que maximizar a lucratividade seria o único objetivo a ser perseguido pelas empresas. Além disso, os economistas clássicos passaram a prescrever o comportamento que observaram nos empreendedores bem-sucedidos à frente de suas operações como um modelo infalível a ser adotado por todos os empresários, todo o tempo. Como chegaram a essa conclusão?

Nos Estados Unidos, com frequência recorremos aos recursos de grandes investidores para obter o dinheiro necessário à abertura de um novo negócio – há mais de 250 anos nossa economia conta com essas reservas de capital. Não era assim, no entanto, no início da Revolução Industrial, quando não se dispunha de muito capital. Os lucros acumulados pelas empresas de sucesso da época passaram a ser a fonte de recursos à qual empresários e investidores recorriam para aplicar em novas e promissoras oportunidades, em níveis sem precedentes. Como era de esperar, os economistas encantaram-se com esse papel relevante do lucro, até então historicamente raro e que se tornou essencial para o progresso contínuo da sociedade.

O princípio da maximização do lucro ainda seria codificado em norma corporativa, com a definição na prática da responsabilidade fiduciária. Economistas e, depois, estudiosos dos negócios integraram essas ideias em seus livros, moldando o pensamento de praticamente todos os estudantes que cursaram o ensino superior nos períodos subsequentes.

Os opositores do capitalismo se valem de tais equívocos para criticar a base ética do sistema, com grande efeito. No entanto, salvo poucas exceções, os empreendedores de sucesso nunca começam seus negócios pensando em maximizar os lucros. Claro que querem ganhar dinheiro, mas não é isso que impulsiona a maioria deles. Empreendedores são inspirados a fazer algo porque acreditam que aquilo precisa ser feito. A história heroica do capitalismo de livre-iniciativa foi escrita por gente que usou o sonho e a paixão como combustível para criar valor para clientes, membros da equipe, fornecedores, sociedade e investidores.

Essa narrativa é muito diferente daquela que se vê apenas pela lente da maximização dos lucros. Bill Gates não abriu a Microsoft planejando ser o homem mais rico do mundo. Ele apenas vislumbrou o potencial dos computadores para transformar nossa vida e se entusiasmou com a chance de criar um *software* que, de tão útil, acabaria se tornando indispensável para a maioria de nós. Gates seguiu sua paixão e acabou como o homem mais rico do mundo – mas esse foi o resultado do processo, e não seu objetivo ou propósito.

MARAVILHOSO, INCOMPREENDIDO E DIFAMADO

O mito de que a maximização dos lucros é o único objetivo da empresa manchou a reputação do capitalismo e da legitimidade dos negócios. Precisamos recontar essa narrativa e restaurá-la a sua verdadeira essência: a de que o propósito da empresa é melhorar nossa vida gerando valor para as partes interessadas.

Os males do "capitalismo entre amigos"

O verdadeiro capitalismo de livre-iniciativa impõe às empresas uma responsabilidade clara e uma disciplina intensa. Por mais de um século, a economia dos Estados Unidos demonstrou para o mundo que esse sistema pode oferecer grandes benefícios para toda a humanidade. Deve-se a ele a criação de uma ampla e próspera classe média, o que desmente a crença imprecisa de que o capitalismo de livre-iniciativa necessariamente concentra a riqueza nas mãos de pouco privilegiados, em detrimento dos demais.

No entanto, com o aumento do tamanho do governo, uma variação mutante do capitalismo também se desenvolveu, estimulada por organizações e indivíduos incapazes de competir no mercado por meio da criação de valor real e da conquista do carinho e da fidelidade dos *stakeholders*. Em vez disso, esses elementos prosperam manipulando o poder do governo em benefício do próprio enriquecimento. No "capitalismo entre amigos", empresários e representantes da esfera pública estabelecem uma relação de compadrio movida a interesses particulares, em detrimento do bem-estar de muitos. Utilizam o poder político coercitivo para assegurar vantagens exclusivas, por meio de regulamentos que lhes são favoráveis e que prejudicam seus concorrentes, de leis que impedem o ingresso de novas empresas em determinados setores ou de cartéis sancionados pelo poder público.[16]

Enquanto o capitalismo de livre-iniciativa é inerentemente virtuoso e essencialmente necessário para a democracia e a prosperidade, o capitalismo de compadrio é antiético por definição e constitui grave ameaça à liberdade e ao bem-estar. É uma pena que o atual sistema político-econômico esteja corrompendo muitos empresários honrados, que ingressam relutantes na lógica do "capitalismo entre amigos" por uma questão de sobrevivência.

CAPITALISMO CONSCIENTE

Rumo a um patamar mais elevado

Isto é o que sabemos ser verdadeiro: um empreendimento capitalista é bom porque cria valor; é ético porque se baseia na troca voluntária; é nobre porque pode dar significado a nossa existência; e é heroico porque tira as pessoas da pobreza e cria prosperidade. O capitalismo de livre-iniciativa é uma das mais poderosas ideias que o ser humano já teve. Entretanto, podemos aspirar a ainda mais. Basta não ter medo de subir mais alto.

Sandy Cutler, presidente e CEO da Eaton Corporation – empresa global de gerenciamento de energia com receita de mais de US$ 16 bilhões –, diz com propriedade:

> Em um tempo em que surgem tantas perguntas e dúvidas sobre as principais instituições da sociedade, as empresas não têm feito particularmente um bom trabalho ao narrar a própria história – não se trata de contar vantagem, mas de realmente tentar ajudar as pessoas a compreender o papel da formação do capital, como ele é importante no fornecimento dos meios de subsistência para as famílias, o que os negócios fazem pelas comunidades e por instituições como escolas e universidades, e sua contribuição para o enfrentamento de muitos problemas sociais. Essa não é a maneira como muitas pessoas encaram hoje os negócios, vistos, ao contrário, como fonte de problemas da sociedade. Em sua grande maioria, porém, as empresas estão envolvidas em um trabalho excitante, por meio do qual as pessoas desenvolvem vívidas e compensadoras carreiras, tirando o sustento de sua família e fazendo a diferença em suas comunidades. E essa é uma história que vale a pena ser contada.[17]

Longe de ser um mal necessário (como muitas vezes é retratado), o capitalismo de livre-iniciativa é um sistema extremamente eficaz para despertar, direcionar e multiplicar o engenho humano e industrial no sentido de gerar valor. Merece, portanto, ser defendido não apenas pelos lucros que movimenta, mas sobretudo por sua moralidade fundamental. O capitalismo de livre--iniciativa tem de estar enraizado em um sistema ético baseado na criação de valor para todos os *stakeholders*. O dinheiro constitui uma medida de valor, mas certamente não é a única.

MARAVILHOSO, INCOMPREENDIDO E DIFAMADO

Marc Gafni é cofundador e diretor do Center for World Spirituality, organização sem fins lucrativos de São Francisco. Reconhecendo o tremendo impacto do capitalismo e dos negócios sobre o bem-estar humano, ele diz:

> O capitalismo tirou mais pessoas da pobreza do que qualquer outra força na história, e o fez por meio de trocas voluntárias. O comunismo tentou tirar as pessoas da pobreza pela coerção, mas acabou matando milhões. O que significa tirar as pessoas da pobreza? Significa bebês sobrevivendo, bocas tendo o que comer, meninas indo à escola e se educando. Significa reagir à escravidão de uma forma nunca vista no mundo. Significa todos os valores das grandes tradições (espirituais) legitimando-se em dois níveis: pelo fim da opressão física da pobreza e pela abertura de uma porta para o ser humano se capacitar para seu crescimento emocional, moral, espiritual e social.
>
> Tirar as pessoas da pobreza nunca foi a intenção consciente das empresas, mas tornou-se, sim, o subproduto dos negócios bem fundamentados. Agora, as organizações despertam para si mesmas e tornam-se conscientes. Isso equivale a se reconhecer como força com enormes poderes e responsabilidades. A conscientização nos habilita a fazer muito melhor o que já fazemos – pode despertar mais coletivismo, mais reciprocidade e, paradoxalmente, mais lucro, por engajar todos no mesmo sistema.[18]

Correção da narrativa

De certa forma, os adeptos do capitalismo caíram na própria armadilha. Aceitaram como verdade uma conceituação estreita dos negócios e, em seguida, a transformaram em prática, moldando assim uma profecia autorrealizável. Caso rejeitassem essa versão caricaturizada e abraçassem a definição mais rica e complexa de capitalismo, muita coisa teria sido diferente. Um dos primeiros a teorizar sobre o papel dos *stakeholders*, Ed Freeman, com alguns colegas, escreveu: "Negócios não têm a ver com fazer o máximo dinheiro possível. Têm a ver com a criação de valor para as partes interessadas.

É importante dizer isso para permitir que os homens de negócios legitimem sua história. Temos de apoiar as numerosas empresas, grandes e pequenas, que estão lá fora tentando fazer a coisa certa para seus *stakeholders*, seguindo o verdadeiro paradigma dos negócios, e não exemplos profundamente deteriorados como o da Enron".[19]

Precisamos descobrir como resgatar aquilo que o capitalismo de livre-iniciativa sempre foi: o mais poderoso e criativo sistema de cooperação social e progresso humano jamais concebido. Depois, temos de repensar por que e como nos envolvemos em negócios, a fim de identificar em que fase da jornada humana nos encontramos e qual o estado do mundo em que vivemos. Necessitamos de uma narrativa mais rica e eticamente convincente, capaz de revelar aos céticos a verdade, beleza, bondade e heroísmo do capitalismo de livre-iniciativa, aposentando de vez os velhos e surrados clichês do interesse próprio e da maximização dos lucros. Caso contrário, corremos os riscos do crescimento contínuo de governos cada vez mais coercitivos, da cooptação das empresas ao "capitalismo entre amigos" e do consequente prejuízo que isso causa à liberdade e à prosperidade.

Aqueles que reconhecem e abraçam o poder afirmativo do capitalismo de livre-iniciativa devem resgatar seu alto patamar intelectual e moral. Gafni é eloquente sobre a necessidade de uma nova narrativa para o capitalismo:

> Narrativas são histórias que infundem significado em nossas vidas. A narrativa acerca dos negócios importa muito, não só para a comunidade empresarial, mas para cada ser humano vivo. A maioria das pessoas no planeta trabalha em algum tipo de negócio, mas a narrativa dominante diz que empresas são gananciosas, exploradoras, manipuladoras e corruptas. Em sua maioria, então, os seres humanos no planeta veem-se a si mesmos como partícipes da ganância, da exploração, da manipulação e da corrupção. Quando se enxergam dessa forma, as pessoas realmente começam a se tornar assim. Mas a verdadeira narrativa é que, como participantes do mundo dos negócios, elas geram prosperidade e tiram os indivíduos da pobreza; estabelecem condições estáveis para famílias inteiras se formarem; ajudam a construir comunidades que disponham de escolas; geram espaços para elas mesmas trocarem valor, encontrarem

sentido nas coisas, consolidarem relacionamentos e experimentarem intimidade e confiança. Quando se percebem como parte da maior força de transformação social positiva da história, as pessoas têm sua autopercepção alterada.[20]

No próximo capítulo, apresentamos os princípios fundamentais do capitalismo consciente, uma abordagem para a reflexão e a prática dos negócios que acena com a rica promessa de elevar a narrativa acerca das empresas, de forma a refletir com precisão seu enorme potencial para gerar o bem.

CAPÍTULO 2

Capitalismo consciente e o espírito heroico dos negócios

O que significa tornar-se mais consciente como indivíduo e como empresa? Considere um dos muitos pequenos milagres da natureza: a lagarta transformando-se em borboleta pelo processo aparentemente mágico da metamorfose. Em sua breve existência, a lagarta faz pouco mais do que comer, o que parece ser seu único propósito. Algumas comem tanto que multiplicam em até cem vezes seu tamanho original. Em algum momento, porém, inicia-se o processo surpreendente da metamorfose. Quando chega a hora certa, a ativação de determinadas células da lagarta as leva à fase de casulo, do qual emerge, algumas semanas mais tarde, irreconhecível, uma criatura de beleza encantadora, que desempenha uma função valiosa na natureza por meio de seu papel na polinização vegetal – e, portanto, na produção de alimentos para outros seres.

A analogia da borboleta vale para o ser humano, bem como para as instituições que criamos a nossa própria imagem – as corporações. Como pessoas, podemos optar por uma existência de lagarta, consumindo o máximo que pudermos do mundo e devolvendo quase nada em troca. Mas também somos capazes de evoluir de modo tão formidável quanto a lagarta que se converte em borboleta, transformando-nos em seres que criam valor para os outros e ajudam a tornar o mundo mais bonito. O mesmo vale para as corporações. Elas podem ser como lagartas, dedicadas apenas a maximizar os próprios lucros, extraindo recursos da natureza e dos seres humanos para atingir esse objetivo. Ou podem se reinventar como agentes de criação e colaboração, tornando-se entidades capazes de promover uma magnífica polinização cruzada de potenciais humanos – contribuindo, dessa maneira, para a criação de múltiplos tipos de valor em tudo o que fazem.

A diferença está na intenção. Ao contrário de lagartas, não podemos esperar a natureza desencadear nossa evolução para uma consciência mais elevada. Em vez disso, devemos trabalhar para ampliar a própria consciência e fazer escolhas deliberadas que deflagrem nosso crescimento e desenvolvimento como pessoas e organizações.

Novo capítulo na história da humanidade

Nós, seres humanos, não paramos de evoluir quando nos tornamos *Homo sapiens*. Nossa evolução prosseguiu, mas focada mais nos aspectos internos e culturais. Os avanços mais evidentes se revelaram no aumento de diferentes tipos de inteligência e na ampliação da consciência.

Pode não parecer óbvio à primeira vista, porém estamos ficando mais inteligentes como espécie. O efeito Flynn mostra que a inteligência analítica humana, em geral, tem aumentado a uma taxa média de cerca de 4% a cada dez anos ao longo das últimas décadas.[1] Em outras palavras, uma pessoa com QI médio de 100 pontos há 60 anos hoje teria cerca de 130.

Em todo o mundo, as pessoas também recebem uma educação melhor. As taxas de alfabetização têm aumentado rapidamente, mas as maiores conquistas referem-se ao acesso ao ensino superior. Em 1910, 9% dos norte-americanos tinham diploma do ensino médio; hoje, são cerca de 85%, e mais de 40% das pessoas com idade superior a 25 anos têm diploma universitário. Combinado com uma inteligência coletiva mais elevada, isso significa que um número cada vez maior de pessoas é capaz de compreender e agir em níveis de complexidade mais elevados do que nunca.

Vamos discutir o aumento da consciência oportunamente; primeiro, vale recapitular um recente e significativo ponto de virada em nossa história.

1989 : O mundo muda

Uma extraordinária coincidência histórica ocorreu quando o livro *A riqueza das nações*, de Adam Smith, foi publicado em 1776, ano em que os Estados Unidos fizeram sua Declaração de Independência. O mundo logo testemunharia o incrível poder criado por pessoas livres unindo-se a mercados livres, especialmente nos Estados Unidos. Tratou-se de algo sem precedentes na história humana. Pela primeira vez, gente comum se tornava dona do próprio destino por uma questão de direito, podendo, por meio da dedicação e do empreendedorismo, ascender do nada para as grandes alturas da prosperidade material e do prestígio social.

Mais recentemente, outro ano de grande impacto histórico marcou várias mudanças capitais na sociedade e na tecnologia. Vamos relembrar três eventos importantes acontecidos em 1989.

Queda do Muro de Berlim

Precedida pelo dramático porém frustrado levante chinês da Praça da Paz Celestial, ocorrido em junho, a queda do Muro de Berlim, em 9 de novembro de 1989, desencadeou o colapso dos regimes comunistas em toda a Europa, algo impensável poucos anos antes. Sem que um único tiro fosse disparado, o embate entre sistemas ideológicos que atravessou o século 20, de repente, acabou.

O capitalismo e a democracia saíram vencedores da batalha épica. Permaneceram apenas os debates acerca dos tipos de democracia e do grau de liberdade econômica mais apropriados.

O nascimento da web

Trabalhando no CERN (sigla em inglês da Organização Europeia para a Pesquisa Nuclear), na Suíça, o físico britânico Tim Berners-Lee inventou a World Wide Web em 1989.[2] Sua criação rapidamente mudou o mundo, de inúmeras maneiras – não é absurdo alegar que Berners-Lee fez mais individualmente para transformar o mundo do que qualquer outra personalidade dos últimos cem anos, incluindo Churchill, Roosevelt, Gandhi e Einstein. Sua invenção causou uma reviravolta tão drástica na cultura quanto a desencadeada pela imprensa de Gutenberg mais de cinco séculos atrás. Em um tempo extraordinariamente curto, a web evoluiu para se tornar o sistema nervoso comum de grande parte da humanidade. Agora, desfrutamos de um nível sem precedentes de igualitarismo informativo: qualquer pessoa tem acesso à informação praticamente ilimitada sobre qualquer assunto, de qualquer tempo, em qualquer lugar, de imediato, e a custo quase zero.[3] Vinte anos atrás, nem o maior bilionário do planeta detinha esse privilégio. Adentramos uma era de extraordinária transparência, em que as políticas e ações da maioria dos governos e empresas podem facilmente cair em domínio público, em especial quando controversas. Estamos, enfim, muito mais conectados pela web (principalmente por meio de mídias sociais, como o Facebook, com mais de 1 bilhão de membros em todo o mundo) e pelas tecnologias móveis. Hoje existem no mundo mais conexões telefônicas do que pessoas – saltamos de 2 bilhões delas em 2001 para mais de 7 bilhões na atualidade.[4]

Os Estados Unidos entram na meia-idade

A idade média dos adultos se eleva rapidamente na maioria dos países, enquanto as taxas de natalidade caem e a expectativa de vida cresce. Para os Estados Unidos, o ano de 1989 marcou um dado demográfico importante: pela primeira vez, pessoas com mais de 40 anos se tornaram maioria em sua população adulta.[5] O "centro de gravidade psicológico" para a sociedade como um todo foi deslocado para a meia-idade e além.[6] Essa passagem silenciosa pontuou uma gradual mas significativa transformação do *zeitgeist* para valores da meia-idade, como cuidado e compaixão, maior aspiração por significado e propósito, e preocupação com a própria comunidade e legado. Mesmo os jovens começaram a exibir tais características; de muitas maneiras, a geração do milênio (recorte geracional que engloba os nascidos aproximadamente entre 1980 e 2000) se mostra como a mais social e ambientalmente consciente que já conhecemos. A idade média dos adultos continua a subir praticamente em todo o mundo. Na atualidade, é de 44 anos nos Estados Unidos, final dos 40 em toda a Europa e 50 no Japão.[7] Os valores da meia-idade estão em ascensão e, em breve, se tornarão dominantes em grande parte do mundo.

Esses fatores têm mudado drasticamente a sociedade, criando um cenário transformado para os negócios. Nós nos preocupamos com muitas coisas diferentes porque nosso sistema de valores vem mudando, dispomos de muito mais informações e estamos mais bem equipados intelectualmente para processá-las, e podemos nos conectar de modo rápido com outros que têm inclinações semelhantes às nossas para organizarmos uma ação compartilhada.

Como as pessoas se preocupam com coisas diferentes e têm mais informação, educação e capacidade de conexão do que no passado recente, suas expectativas também vêm se transformando rapidamente em relação aos negócios e aos papéis que desempenham (cliente, integrante da equipe, fornecedor, investidor, membro da comunidade). Em sua maioria, contudo, as empresas não evoluíram para acompanhar tamanhas mudanças e ainda fazem negócios orientadas por mentalidades e práticas apropriadas para épocas passadas e mundos muito diferentes do atual. É hora de mudar isso.

Consciência ascendente

Talvez a maior mudança vivida hoje por nós, seres humanos, seja a elevação de nossa consciência. Ser consciente significa estar totalmente desperto e lúcido para enxergar a realidade com clareza e para entender todas as consequências de nossas ações, em curto e longo prazos. Isso significa estarmos atentos ao que se passa dentro de nós mesmos e na realidade externa, bem como aos impactos disso tudo sobre o mundo. Significa, também, ter um forte compromisso com a verdade e agir do modo mais responsável, de acordo com o que entendemos ser verdadeiro.

Um indicativo de nossa consciência ascendente é o fato de hoje considerarmos impensáveis algumas práticas amplamente disseminadas no passado. Até 150 anos atrás, a escravatura constituía apenas um dado da realidade para um grande número de pessoas em todo o mundo, tendo *status* de direito consuetudinário em muitos países. Cem anos atrás, a maioria das populações (incluindo mulheres) via como normal a proibição ao voto feminino. Há 75 anos, o colonialismo era generalizado e em geral aceito. Meio século atrás, grande parte das pessoas acatava a segregação racial como um modo de vida. Uma ínfima minoria conhecia e se preocupava com questões ambientais há quatro décadas, e, 25 anos atrás, muitos ainda viam o comunismo como um caminho viável para organizar nossa vida política e econômica.[8]

O declínio da violência é um indicador-chave da elevação da consciência coletiva. Como Steven Pinker documentou em um livro recente, o tempo presente é "menos violento, menos cruel e mais pacífico" do que qualquer outro período da história humana. Há menos violência nas famílias, nos bairros e entre países. A probabilidade de morte violenta – por meio da guerra, do terrorismo, de ataques de animais ou do assassinato – é a menor de todos os tempos. As pessoas também são menos propensas do que no passado a vivenciar a crueldade pelas mãos de outros.[9] Valores como cuidado, cultivo de relacionamentos e compaixão estão em alta em toda a sociedade. Bilhões de nós temos conscientemente expandido nossos círculos de interesse, incluindo aqueles por quem sentimos empatia.

É claro que ainda temos muito espaço para melhorar. Daqui a algumas décadas, sem dúvida, as pessoas vão olhar para o passado e se espantar, incrédulas, com muitas práticas comuns da atualidade – como o tratamento dispensado ao gado, por exemplo. Nessa jornada de constante crescimento e evolução da consciência, o alcance de nossas preocupações se amplifica e, ao mesmo tempo, se torna mais simples. Gradualmente, nossa forma de pensar fica mais cuidadosa, holística e focada no longo prazo. Muitos de nós já vimos e sentimos a interdependência essencial de todos os povos e de todos os seres vivos. Reconhecemos que estamos todos no mesmo barco e que temos de atuar individual e coletivamente para tapar os muitos vazamentos do casco dessa embarcação compartilhada. Trata-se de uma jornada sem fim: vamos continuar a nos desenvolver dessa maneira porque ela é um imperativo evolutivo para nós, como seres mais sencientes da Terra. O futuro da vida no planeta e o destino das próximas gerações serão fortemente afetados pelas escolhas feitas hoje.

Em época e contexto muito diferentes, Abraham Lincoln disse: "Os dogmas de um passado tranquilo são inadequados para um presente tempestuoso. A ocasião apresenta dificuldades muito elevadas, e nós temos de estar à altura delas. Como nosso caso é novo, devemos pensar e agir de um modo novo".[10] Os desafios e mudanças contemporâneos trazem grandes oportunidades de negócios, mas não podem ser tratados com eficácia se recorrermos a modelos mentais do passado. "Negociar como de costume" não funciona mais. Precisamos de um novo paradigma para os negócios, de uma nova filosofia pela qual possamos nos orientar e trabalhar.

Imagine...

Imagine uma empresa nascida do sonho de como o mundo poderia e deveria ser. Seus fundadores estão ávidos por criar algo com relevância, ressonância e permanência – um negócio que vai sobreviver a eles, entregando valor real de múltiplas maneiras a todos que puder alcançar. Eles querem construir um negócio do qual seus pais e filhos se orgulharão, que vise muito mais do que ganhar dinheiro, que contribua para melhorar a saúde e o bem-estar da sociedade. Eles sonham com a consolidação de um negócio que, por sua simples existência, enriqueça o mundo e proporcione alegria, satisfação e senso de significado para todos os que estão a sua volta.

Imagine um negócio construído sobre o amor e o cuidado (e não sobre o estresse e o medo), tocado por uma equipe cujos membros são apaixonados e comprometidos com o trabalho e cuja rotina transcorra em clima de intensidade focada, colaboração e camaradagem. Em vez de esgotados e tensos, esses trabalhadores se encontram no final do dia reenergizados com a inspiração e o compromisso que os atraíram para o negócio desde o início – a oportunidade de se sentirem como parte de algo maior do que eles mesmos, de fazer a diferença, de agregar um propósito à forma como se ganha a vida.

Pense em uma empresa que se preocupa profundamente com o bem-estar de seus clientes, encarando-os não como consumidores, mas como seres humanos de carne e osso a quem tem o privilégio de servir. Isso significaria não mais enganar, maltratar ou ignorar seus clientes, mas dedicar a eles o cuidado que qualquer pessoa daria a seus entes queridos. A equipe da empresa, assim, experimentaria a alegria de servir, de enriquecer a vida dos outros.

Visualize um negócio que envolva também as pessoas de fora da empresa, inserindo-as de verdade no círculo íntimo de relacionamentos e tratando-as com o mesmo amor e o mesmo cuidado dispensados aos clientes e à equipe. Imagine uma empresa comprometida com os valores da cidadania em todas as comunidades em que atua, elevando e contribuindo de várias maneiras para o aperfeiçoamento da vida cívica. Imagine uma empresa que vê seus concorrentes não como inimigos a ser derrotados, mas como professores com quem se pode aprender muito e companheiros de viagem na jornada rumo à excelência. Projete um negócio realmente preocupado com o planeta e com todos os seres sencientes que nele habitam – uma empresa que celebre as glórias da natureza, que vá além do carbono neutro para tornar-se uma força de cura capaz de devolver a vitalidade sustentada à ecosfera.

Imagine uma empresa extremamente cuidadosa com as pessoas que contrata, uma companhia na qual todos desejam entrar e da qual ninguém quer sair. Imagine um negócio com pouquíssimos gerentes, que não precisam olhar por cima dos ombros das pessoas para se certificar de que estão trabalhando ou sabem o que fazer. Um negócio autogerido, automotivado, auto-organizado e autocurável, como qualquer ser senciente evoluído.

Enxergue em sua mente um negócio que escolha e promova líderes pela sabedoria, pela capacidade de amar e cuidar de seus comandados, por orientar e inspirar as pessoas, e não por iludi-las ou puni-las. Esses líderes têm um vivo entusiasmo pela equipe e pelo propósito do negócio, importando-se menos com poder ou enriquecimento pessoal.

Imagine uma empresa na qual exista um ciclo virtuoso de criação multifacetada de valor, gerando impacto social, intelectual, emocional, espiritual, cultural e físico, além de riqueza ecológica e bem-estar para todos, ao mesmo tempo que obtém resultados superiores ano após ano, década após década. Pense em uma empresa que, embora reconheça a limitação dos recursos do planeta, saiba que a criatividade humana é ilimitada, promovendo continuamente condições para as pessoas explorarem seu extraordinário, quase milagroso, potencial.

Tais empresas – impregnadas com propósitos elevados, fermentadas em autêntica solidariedade, influentes e inspiradoras, igualitárias e comprometidas com a excelência, confiáveis e transparentes, admiradas e imitadas, amadas e respeitadas – não são entidades imaginárias nem vêm de alguma utopia ficcional. Elas existem no mundo real – hoje, há algumas dezenas delas, mas em breve serão centenas, talvez milhares. Entre elas, incluem-se nomes como Whole Foods Market, The Container Store, Patagonia, Eaton, Grupo Tata, Google, Panera Bread, Southwest Airlines, Bright Horizons, Starbucks, UPS, Costco, Wegmans, REI, Twitter, Posco e muitos outros. Nas próximas décadas, companhias como essas vão transformar o mundo e elevar a humanidade a novos patamares de bem-estar espiritual e emocional, vitalidade física e abundância material.

Bem-vindo ao novo mundo heroico do capitalismo consciente.

Princípios do capitalismo consciente

O capitalismo consciente é um paradigma em desenvolvimento para os negócios que simultaneamente cria vários tipos de valor e bem-estar para todas as partes interessadas: financeiro, intelectual, físico, ecológico, social, cultural, emocional, ético e até mesmo espiritual. Esse novo sistema operacional é muito mais harmônico com o *ethos* de nosso tempo e a essência de nosso ser em evolução.

A prática do capitalismo consciente não se resume a ser virtuoso ou a trabalhar bem para fazer o bem. Trata-se de uma forma de pensar o negócio com muito mais consciência de seu propósito maior, de seus impactos sobre o mundo e de suas relações com os diversos públicos e *stakeholders*. Reflete uma noção mais profunda sobre a razão da existência das empresas e como elas podem criar mais valor.

O capitalismo consciente tem quatro princípios: propósito maior; integração de *stakeholders*; liderança consciente; e cultura e gestão conscientes (figura 2-1). Todos estão interligados e se reforçam mutuamente. Nós nos referimos a eles como princípios porque são fundamentais; não se trata de táticas ou estratégias. Eles representam os elementos essenciais de uma filosofia empresarial integrada, que tem de ser entendida holisticamente para poder efetivamente se manifestar.

FIGURA 2-1

Os quatro princípios do capitalismo consciente

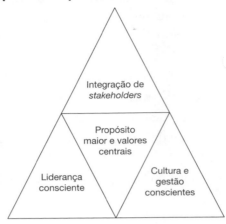

Propósito maior

As empresas produzem um impacto positivo muito maior quando se baseiam em um propósito maior, que vai além de gerar lucro e criar valor para os acionistas. Propósito é a razão da existência de uma empresa. O senso de propósito maior é mobilizador: cria um extraordinário grau de engajamento entre todos os públicos de interesse e catalisa a criatividade, a inovação e o comprometimento organizacional.[11]

Empresas com propósito vivem se questionando. Por que nosso negócio existe? Por que precisa existir? Quais valores centrais movem a empresa e unem todos os nossos *stakeholders*? Ter um propósito maior e valores centrais compartilhados ajudam a unificar a empresa e a elevar, ao mesmo tempo, seus níveis de motivação, desempenho e compromisso ético. Como mostra a figura, propósito e valores formam o núcleo de uma empresa consciente – os outros princípios conectam-se em torno desses conceitos fundamentais.

Integração de stakeholders

Stakeholders são todas as entidades que impactam ou são impactadas por uma organização. Empresas conscientes reconhecem que cada um de seus atores é importante – todos estão conectados e são interdependentes, e o negócio deve otimizar a criação de valor para essa rede. Todos os *stakeholders* de uma empresa consciente são motivados por um senso de propósito e por valores centrais compartilhados. Quando surgem conflitos e potenciais *trade-offs* entre as principais partes interessadas, as companhias conscientes recorrem ao poder ilimitado da criatividade humana para criar soluções "ganha-ganha--ganha-ganha-ganha-ganha" (às quais passaremos a nos referir como Win^6), que transcendem essas questões e estabelecem a harmonia de interesses na rede interdependente de *stakeholders*.

Liderança consciente

Não existe negócio consciente sem líderes conscientes. Estes são motivados principalmente pela oportunidade de servir ao propósito maior da empresa e de criar valor para todos os *stakeholders*. Tal tipo de liderança rejeita a visão de negócios orientada para *trade-offs* ou como jogo de soma zero – ela busca criativas e sinérgicas abordagens Win^6, que gerem múltiplos valores, simultaneamente.

Além de altos níveis de inteligência analítica, emocional e espiritual, os líderes de empresas conscientes possuem uma inteligência sistêmica mais apurada, que compreende as relações entre todos os *stakeholders* interdependentes. Seu modo fundamentalmente mais sofisticado e complexo de refletir sobre o negócio transcende as limitações da mente puramente analítica, focada em diferenças, conflitos e *trade-offs*.

Cultura e gestão conscientes

A cultura da empresa consciente garante força e estabilidade para a organização como um todo, ao assegurar que seu propósito e seus valores centrais sobreviverão ao longo do tempo e às transições de liderança. Culturas conscientes evoluem naturalmente a partir do compromisso da empresa com um propósito maior, com a interdependência dos *stakeholders* e com a liderança consciente. Embora possam variar de uma para outra, tais culturas usualmente compartilham muitas características, como confiança, responsabilidade, transparência, integridade, lealdade, igualitarismo, justiça e crescimento pessoal, além de amor e cuidado.

Empresas conscientes utilizam uma abordagem de gestão compatível com sua cultura, baseando-se na descentralização, na autonomia e na colaboração. Isso amplia a capacidade interna de inovação contínua e cria vários tipos de valores para os *stakeholders*.

Ao adotar os princípios do capitalismo consciente, as empresas entram em sintonia com os interesses da sociedade como um todo e alinham-se com as mudanças evolutivas que o ser humano vem experimentando. O capitalismo consciente impõe um fundamento ético essencial, mas que tem sido amplamente negligenciado nos negócios. Acreditamos que as empresas devem liderar o caminho para elevar a consciência do mundo. Quanto maior a empresa, maior sua pegada sobre o planeta e, portanto, maior sua responsabilidade para com o mundo. Kip Tindell, cofundador e CEO da The Container Store, refere-se a isso como o "poder da vigília".[12] Assim como um navio deixa atrás de si um grande corpo de águas turbulentas, também os indivíduos e empresas deixam um rastro por onde passam. No entanto, em geral estamos tão focados em nosso destino que nunca olhamos ao redor para observar o impacto que causamos sobre o mundo.

Desempenho financeiro dos negócios conscientes

As empresas conscientes, como todas as outras, estão sujeitas à disciplina do mercado e precisam conquistar bons resultados financeiros. O apêndice A aborda em detalhes a importante questão do desempenho dessas companhias, mas vale, aqui, antecipar um pouco do assunto. Além de criar valor social, cultural, intelectual, físico, ecológico, espiritual e emocional para os *stakeholders*, as organizações conscientes também se empenham em obter desempenho financeiro excepcional no longo prazo. Uma amostra representativa delas, por exemplo, superou o mercado global de ações (em uma relação de 10,5:1) em um período de 15 anos, oferecendo mais de 1.600% de retorno total, enquanto a média de mercado no mesmo período foi de pouco mais de 150%.

Ex-CEO da Medtronic e uma das principais lideranças conscientes de nosso tempo, Bill George comenta: "Algumas pessoas interpretam o capitalismo consciente como algo *soft*. Mas não tem nada de *soft*. É árduo, é desafiador – e você tem de lidar com esses aspectos. Tem de executar, mas executar com um propósito. É como um time: você realmente se importa em trabalhar coletivamente, como uma equipe, mas nunca deixa de querer ganhar no final do jogo".[13] As empresas conscientes jogam para ganhar, mas o fazem de uma forma muito mais rica e multifacetada do que a definição tradicional de vitória, segundo a qual alguém só triunfa mediante a derrota dos outros.

Fazer o certo porque é certo

Uma crença simples, porém poderosa, move os negócios conscientes: ações corretas empreendidas pelas razões certas geralmente levam a bons resultados ao longo do tempo. Se ficarmos muito ligados ao que Buda chamou de "resultado desejado", aumenta nossa tendência ao envolvimento com ações aparentemente eficazes no curto prazo, mas que podem ter consequências prejudiciais mais tarde. Empresas conscientes fazem o que é certo simplesmente porque acreditam que é certo.[14] Tratam bem todos os *stakeholders* porque é a coisa correta, humana e digna a fazer, e não apenas porque isso constitui uma inteligente prática de negócios. Operam com um senso de propósito maior porque isso é o que entusiasma as pessoas a se dedicarem ao trabalho. Os líderes dos negócios conscientes se preocupam em servir aos outros porque é esse, afinal, o caminho para a própria realização e para a criação de valor.

Nós nunca controlamos totalmente os resultados em nossa vida, mas, no mundo dos negócios, criou-se a ilusão profunda de que somos capazes disso. No entanto, na verdade, tudo o que podemos fazer é aprender a controlar nossas ações e reações. Empresas tradicionais impõem a seus gestores metas inflexíveis baseadas em métricas, como participação de mercado e margem de lucro. Tais indicadores confundem causa e efeito. Para alcançar esses números, que não passam de abstrações, gestores muitas vezes empreendem deliberadamente atos prejudiciais para os *stakeholders*, incluindo, em última instância, os acionistas. Atos como pressionar ao máximo as pessoas da equipe ou fornecedores podem até trazer os resultados desejados do próximo trimestre, mas também espalham as sementes de problemas bem maiores no futuro. Foi o que aconteceu com a Toyota há alguns anos, quando a companhia passou a definir metas numéricas para o crescimento das vendas e da participação de mercado. Gestores de toda a organização logo mudaram seu foco para os números, afastando-se do propósito de criar carros seguros e confiáveis. Resultado: uma série de problemas de qualidade e segurança que mancharam a reputação duramente conquistada pela empresa.

A lição que fica nos recomenda a concentração naquilo que podemos controlar – ou seja, nossas ações e reações –, bem como a confiança de que as ações corretas levarão a resultados positivos, nem sempre imediatos, mas em longo prazo. Tais conquistas podem não ser exatamente iguais às que tínhamos em mente. Dependendo da qualidade de nossas ações e de fatores externos, elas podem ser bem diferentes, até mesmo muito melhores.

Capitalismo consciente não é responsabilidade social corporativa

Um bom negócio não precisa ter nada de especial para ser socialmente responsável. Criar valor para os principais interessados já é, em si, uma forma de ação de responsabilidade social. Coletivamente, as trocas comerciais comuns configuram-se como as maiores criadoras de valor em todo o mundo. A geração do valor, na verdade, é o mais importante aspecto da chamada responsabilidade social empresarial.

Toda ideia de responsabilidade social corporativa (RSC) baseia-se na falácia de que a estrutura básica do negócio é por princípio contaminada ou, na melhor das hipóteses, eticamente neutra. Não é o caso. Como mostramos no capítulo 1, o livre empreendedorismo capitalista tem ajudado a melhorar o mundo de várias maneiras.

Embora não precisem se redimir espalhando boas obras pelo mundo, não há nada de errado quando as empresas focam sua atenção em desafios sociais e ambientais. Organizações conscientes acreditam que a criação de valor para todos os *stakeholders* é intrínseca ao sucesso dos negócios, e entre as chamadas partes interessadas estão, sem dúvida, tanto a sociedade como o meio ambiente – gerar valor nessas duas frentes, portanto, é algo organicamente relacionado à filosofia e ao modelo de funcionamento de qualquer empresa consciente.

CAPITALISMO CONSCIENTE E O ESPÍRITO HEROICO DOS NEGÓCIOS

Por contraste, companhias prioritariamente orientadas para o lucro tendem a enxertar programas sociais e ambientais em seu modelo de negócio tradicional, de maximização dos ganhos financeiros, no intuito de melhorar sua reputação ou defender-se das críticas contra seu modo de atuar. Muitos desses esforços não passam de ações de relações públicas, que são justamente denunciadas como "lavagem verde". O que se faz necessário é uma abordagem holística, que contemple o comportamento responsável ante *todas* as partes interessadas como elemento central da filosofia e da estratégia da empresa. Em vez de ser artificialmente implantada em uma mentalidade de RSC, a orientação para a cidadania e a comunidade precisa estar alicerçada no coração do negócio.[15] O quadro 2-1 sintetiza as diferenças entre capitalismo consciente e RSC.

QUADRO 2-1

Diferenças entre capitalismo consciente e responsabilidade social corporativa

Responsabilidade social corporativa	Capitalismo consciente
Acionistas devem se sacrificar pela sociedade	Integra os interesses de todos os *stakeholders*
Independe da finalidade ou cultura corporativa	Incorpora um propósito maior e uma cultura de cuidado
Adiciona uma carga ética aos objetivos do negócio	Reconcilia cuidado e lucratividade por meio de sinergias superiores
Reflete uma visão mecanicista do negócio	Visualiza o negócio como um complexo sistema adaptativo
Com frequência, é enxertada no modelo de negócio tradicional, em geral como departamento autônomo ou atrelado às relações públicas	Responsabilidade social no cerne do negócio, que é movido por um propósito maior e que inclui a comunidade e o meio ambiente entre as principais partes interessadas
Vê sobreposição limitada entre empresa e sociedade, bem como entre empresa e planeta	Reconhece que o negócio é um subconjunto da sociedade e que esta é um subconjunto do planeta
Facilmente confundida com gesto de caridade; muitas vezes vista como "lavagem verde"	Requer transformação genuína por meio do compromisso com os quatro princípios
Assume todas as boas ações como desejáveis	Exige que as boas ações sejam sinérgicas com o objetivo principal da empresa e com a criação de valor para todo o sistema
Implicações pouco claras para o desempenho dos negócios	Supera de modo significativo o modelo de negócio tradicional sob vários critérios, inclusive o financeiro
Compatível com a liderança tradicional	Requer liderança consciente

CAPITALISMO CONSCIENTE
Um caminho a seguir

Todo ser humano nasce relativamente pouco desenvolvido, mas tem potencial praticamente ilimitado de crescimento pessoal. Da mesma forma, as empresas e o livre empreendedorismo capitalista também podem evoluir para propósitos mais enriquecedores e para impactos extraordinariamente positivos. O capitalismo consciente desencadeia uma rápida evolução de consciência, bem como o profundo apreço pelos princípios fundamentais que animam o capitalismo. É um sistema que nos disponibiliza um grande potencial de cooperação social, cujo aproveitamento pode mudar nossa vida para melhor e abrir oportunidades para bilhões de pessoas que ainda convivem com a pobreza e a privação.

Nos primeiros anos do século 21, despertou-se a aguda consciência de que nossos recursos naturais são finitos. No entanto, também estamos começando a perceber que não há limite para a criatividade empreendedora. Quando aprendermos a manifestar nossa criatividade em uma escala de massa, quando a maioria entre os 7 bilhões dos habitantes da Terra estiver pronta para florescer e capacitada para criar, descobriremos que não há problema no mundo que não saibamos resolver nem obstáculo que não possamos superar.

Assim como a divisão do átomo desencadeou o incrível poder oculto dentro de uma partícula aparentemente desimportante, o capitalismo consciente oferece a promessa de desenvolver o potencial humano de uma forma que poucas empresas têm sido capazes de fazer. As organizações têm de ver as pessoas não como recursos, mas como fontes.[16] Recurso é como o pedaço de carvão que você queima e se extingue. Fonte é como a energia inesgotável do sol gerando continuamente luz e calor. Não há fonte de energia criativa mais poderosa no mundo do que o ser humano. Uma empresa consciente energiza e capacita as pessoas, canalizando suas melhores contribuições em prol dos mais nobres propósitos. Ao fazer isso, a empresa estabelece uma rede de impactos profundamente positivos no mundo.

Acreditamos que o caminho para a humanidade é liberar o heroico espírito dos negócios e nossa criatividade empreendedora coletiva, para que ambos possam confrontar os muitos desafios assustadores que enfrentamos. No mundo não faltam oportunidades. De um lado, existem milhares de pessoas cujas necessidades básicas não são adequadamente atendidas. De outro, temos de repensar como atender as sociedades mais prósperas de maneira mais sustentável. As empresas que reconhecerem os desafios contemporâneos e desbloquearem o espírito criativo natural do ser humano para aproveitar as oportunidades vão florescer durante longo tempo.

Essa jornada começa com a descoberta do propósito maior único da empresa, um conceito que vamos explorar nos próximos dois capítulos.

PARTE 1

O PRIMEIRO PRINCÍPIO

Propósito maior

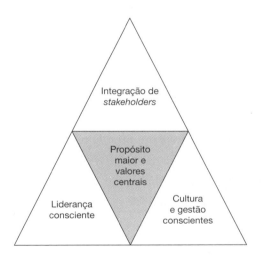

uais são os dois dias mais importantes de sua vida? O autor Richard Leider faz essa pergunta a cada público com o qual interage. A data do nascimento é uma primeira resposta óbvia. Mas e a segunda? O dia da morte, o fim da história, não pode ser considerado um

O PRIMEIRO PRINCÍPIO: PROPÓSITO MAIOR

ponto alto. O dia da formatura, do casamento ou do nascimento de um filho, embora significativos, também não constituem marcos de definição da vida da maioria das pessoas. Leider arrisca uma resposta: é o dia em que o indivíduo percebe *por que* nasceu.

Nem todos experimentam esse dia especial, e muitos nem sequer se questionam a respeito. Para aqueles que fazem essa descoberta, porém, esse dia se torna essencial. Nada continua igual depois que você compreende seu verdadeiro propósito, sua vocação profunda. As cores do cotidiano pessoal e profissional mudam. Você se torna capaz de extrair energia e inspiração de reservatórios internos que nem sequer imaginava que existissem. O trabalho torna-se gratificante, uma fonte de satisfação e de alegria.

Um dos livros de maior sucesso já publicados é *Uma vida com propósitos*, de Rick Warren, um pastor protestante do Arizona. Desde sua publicação, em 2002, o título vendeu dezenas de milhões de cópias. A fantástica aceitação da obra se deve ao fato de que ela tocou em algo muito profundo nas pessoas: o anseio espiritual por significado, uma fome de propósito em sua vida. Significado e propósito sempre foram relevantes, mas na atualidade ganharam ressonância de urgência entre a maioria de nós, e devem continuar a somar importância conforme a sociedade amadurece e nos tornamos coletivamente mais conscientes.

Para as empresas, propósito é importante como fonte de energia e meio de transcender os anseios particulares de *stakeholders* individuais. Quando todas as partes interessadas estão alinhadas em torno de um propósito comum e mais elevado, diminui a tendência de se preocuparem apenas com os objetivos imediatos. Ter um propósito maior é o ponto de partida para um negócio consciente: reconhecer o que faz com que a empresa seja verdadeiramente única e descobrir a melhor maneira pela qual ela pode servir ao mundo são frutos da autoconsciência. Um propósito convincente pode mobilizar a organização a lutar pela grandeza. Jeff Bezos, fundador e CEO da Amazon.com, ensina: "Escolha uma missão que seja maior do que a empresa. Ao determinar o rumo de sua companhia, o fundador da Sony ajudou a tornar o Japão conhecido pela qualidade".[1]

Walter Robb, co-CEO do Whole Foods Market, é eloquente ao descrever o propósito da empresa: "Não somos varejistas com uma missão; somos

O PRIMEIRO PRINCÍPIO: PROPÓSITO MAIOR

missionários atuando no varejo. As lojas são uma tela sobre a qual pintamos nosso propósito mais profundo de trazer alimentos integrais e mais saúde para o mundo".

Os valores centrais constituem os princípios orientadores para a empresa realizar seu propósito. No Whole Foods Market, eles expressam de modo sucinto as finalidades do negócio, que incluem realizar lucros, mas sobretudo criar valor para todos os principais públicos. O negócio expressa e reafirma nossos valores, os quais compartilhamos com todas as partes interessadas, convidando-as a dialogar conosco. Nossos valores centrais são: venda de produtos naturais e orgânicos da mais alta qualidade; satisfação e encantamento de nossos clientes; felicidade e excelência de nossa equipe; criação de riqueza por meio do lucro e do crescimento, cuidando de nossas comunidades e do meio ambiente; cultivo de parcerias do tipo "ganha-ganha" com nossos fornecedores; e promoção da saúde de nossos *stakeholders* por meio da educação alimentar saudável.

CAPÍTULO 3

Propósito: a empresa na busca de significado

A troca voluntária de benefício mútuo cria o fundamento ético do negócio, o que, em última análise, justifica a plena existência legal das empresas dentro de uma sociedade. Mas qual é seu propósito? Earl Bakken, cofundador da Medtronic, companhia de tecnologia médica, tem sido um incansável defensor da razão da existência de seu negócio. "A história da Medtronic é a de homens e mulheres que dedicaram sua vida e carreira a ajudar pessoas a superar a dor e a incapacidade de levar uma vida mais normal e feliz. É uma história que nunca me canso de ouvir ou de contar", diz. Bill George foi CEO da Medtronic por dez anos, período em que a capitalização de mercado da companhia passou de US$ 1,1 bilhão para US$ 60 bilhões. Uma de suas primeiras iniciativas foi trazer o inspirador Earl Bakken de volta à empresa. Em uma conversa conosco, George lembrou o poder de redescobrir o propósito da empresa:

> Earl costumava falar aos funcionários sobre a missão durante eventos que eram maravilhosos. Ele palestrava por uma hora e, em seguida,

O PRIMEIRO PRINCÍPIO: PROPÓSITO MAIOR

presenteava os colaboradores com um medalhão de bronze com o símbolo da empresa – um paciente levantando-se da mesa de cirurgia e seguindo para uma vida plena. Sob Earl, a filosofia da Medtronic não era instalar um marca-passo no corpo de alguém, e sim restaurar a vida e a saúde daquela pessoa. Ao distribuir o medalhão, ele dizia a cada um: "Seu trabalho aqui não é só ganhar dinheiro para a empresa; é recuperar as pessoas para a vida plena e a saúde". Nas festas de fim de ano, sempre ouvíamos seis pacientes contarem como um desfibrilador, um *stent* ou uma cirurgia vertebral com estimulador da Medtronic tinham sido decisivos para mudar sua vida. Era para isso que trabalhávamos – essa era a espinha dorsal e o coração da companhia.[1]

O que é propósito?

Toda empresa consciente tem um propósito maior, que aborda uma série de questões fundamentais. Por que existimos? Por que precisamos existir? Qual contribuição queremos dar? O mundo fica melhor com nossa presença? Sentirá nossa falta se deixarmos de existir? O propósito é a cola que mantém a empresa unida, o líquido amniótico que nutre de vida a força organizacional. Você também pode pensar no propósito como o ímã que atrai as pessoas certas – membros da equipe, clientes, fornecedores e investidores – para o negócio, mantendo-as alinhadas. Qualquer que seja sua intenção específica (veja o quadro "Exemplos de propósito maior"), um propósito convincente reduz atritos dentro da organização e em seu ecossistema, porque faz todos seguirem a mesma direção em um harmônico movimento coletivo.

EXEMPLOS DE PROPÓSITO MAIOR

- Disney: a imaginação a serviço da felicidade de milhões de pessoas.
- Johnson & Johnson: alívio da dor e do sofrimento.
- Southwest Airlines: dar às pessoas a liberdade de voar.

PROPÓSITO: A EMPRESA NA BUSCA DE SIGNIFICADO

- Pivot Leadership: melhores líderes = mundo melhor.
- Charles Schwab: um aliado incansável para o investidor individual.
- BMW: oferecer às pessoas a experiência da alegria de dirigir.
- Humane Society US: celebrar os animais, confrontar a crueldade.
- Cruz Vermelha Norte-americana: mobilizar os norte-americanos para atos extraordinários diante de situações de emergência.

Um excelente guia para descobrir ou redescobrir seu propósito maior é *It's not what you sell, it's what you stand for*, livro dos cofundadores do Purpose Institute, Roy Spence e Haley Rushing. Os autores questionam: "O que é um propósito? Simplificando, é uma declaração definitiva sobre a diferença que você está tentando fazer. Se você tem um propósito e pode articulá-lo com clareza e paixão, tudo faz sentido, tudo flui. Você se sente bem com o que está fazendo e tem noção de como chegar lá. Quanto mais partes interessadas houver, maior a importância de ter um propósito simples e claramente definido, que todos entendam, e um conjunto de valores fundamentais que anime a forma como as pessoas interagem umas com as outras".[2]

O propósito é mais poderoso quando contém uma "verdade humana universal", ou, em outras palavras, quando está totalmente alinhado com os aspectos mais elevados do que significa ser humano – ou com "os melhores anjos de nossa natureza", conforme Abraham Lincoln elegantemente colocou. Um propósito assim tem qualidade moral edificante, apela para mais altos ideais e motivações das pessoas e transcende a estreiteza das questões individuais.[3]

É claro que o propósito vem antes da formulação de uma estratégia. Isso parece óbvio, mas nem sempre foi assim. Acadêmicos e executivos há muito tempo compraram a ideia de que o propósito de todo negócio é maximizar os lucros e o valor para os acionistas. Na verdade, em sua maioria, os cursos superiores voltados para a formação em estratégia de negócios dificilmente mencionam o termo "propósito" em qualquer outro contexto.

"Propósito", "missão" e "visão" são frequentemente usados como sinônimos. No entanto, é importante sublinhar a diferença entre as três palavras.

O PRIMEIRO PRINCÍPIO: PROPÓSITO MAIOR

Propósito refere-se à diferença que você está tentando fazer no mundo. Missão é a estratégia central a ser realizada para cumprir o propósito. Visão significa a vívida e imaginativa concepção de como o mundo vai olhar para o negócio quando seu propósito for em grande parte realizado.[4]

A importância do propósito

O propósito fornece energia e relevância para a empresa e sua marca. O Google, por exemplo, nasceu com o propósito original de organizar a informação do mundo e torná-la facilmente acessível e útil. "Como não ficar animado com isso?", perguntam os fundadores da companhia, Larry Page e Sergey Brin.[5] Por sua vez, o propósito da REI é reconectar as pessoas com a natureza, enquanto a The Container Store ajuda as pessoas a se organizarem para que possam se sentir mais felizes.

Considere o caso da Southwest Airlines, talvez a companhia aérea mais bem-sucedida de todos os tempos. O sedutor propósito da empresa, desde o primeiro dia, foi democratizar os céus, isto é, tornar o transporte aéreo acessível para o público médio. Quando a Southwest surgiu, no início de 1970, apenas 15% dos norte-americanos tinham viajado de avião; hoje, mais de 85% já voaram, em grande parte graças aos esforços pioneiros da Southwest para baixar tarifas e levar o serviço aéreo a mercados menores, comercializando-o de maneira divertida. A empresa tem sido consistentemente rentável desde que iniciou suas operações. Seus voos proporcionam uma grande experiência para os clientes, e os membros da equipe adoram seus empregos. A Southwest se baseia em se divertir e irradiar amor: não por acaso, a sigla da companhia na bolsa de valores é LUV (cuja pronúncia em inglês é igual à de "*love*").

O Whole Foods Market é apaixonado por ajudar as pessoas a comer bem, a fim de que melhorem sua qualidade de vida e sua longevidade. Nosso objetivo é ensinar que tudo o que ingerimos faz diferença, não só para a saúde do próprio corpo e para quem produz e nos fornece o alimento, mas também para o planeta como um todo. Desde o início, ainda como Safer Way, em 1978, o Whole Foods Market tem promovido o sistema de produção agrícola e os

PROPÓSITO: A EMPRESA NA BUSCA DE SIGNIFICADO

alimentos orgânicos. Além de contribuir para desenvolver mercados, clientes, redes de distribuição e até mesmo as normas nacionais para rotulagem de itens orgânicos, o Whole Foods também promove os benefícios ambientais consequentes do aumento do número de fazendas e laticínios orgânicos e da disseminação das práticas sustentáveis no campo. Cultivos orgânicos, por exemplo, não levam fertilizantes nem pesticidas sintéticos, o que reduz o uso de combustíveis fósseis e diminui a contaminação química dos alimentos e das reservas de água.

Propósito e significado estão agora sendo adotados por grandes empresas tradicionais, como Unilever, PepsiCo e Procter & Gamble, que estão presentes na vida de bilhões. O CEO da PepsiCo, Indra Nooyi, tem enfatizado o lema "performance com propósito", investindo pesadamente em bebidas e produtos alimentícios mais saudáveis para os clientes. Na P&G, o CEO e presidente, Robert McDonald, busca o "crescimento inspirado no propósito". Para tanto, articula o propósito corporativo de "tocar e melhorar mais vidas, em mais partes do mundo, mais completamente".[6] O CEO da Unilever, Paul Polman, reconhece a importância de conectar a empresa a um propósito acima dos lucros e do crescimento. "Ter um propósito mais profundo para o que fazemos como pessoas torna nossa vida mais completa, o que é uma tremenda força motivadora. O que cada um de nós quer na vida é obter reconhecimento, crescer e saber que fez a diferença. Essa diferença pode vir de várias formas – por meio da sensibilização de alguém, da ajuda ao próximo, da criação de algo inédito. Trabalhar em uma organização na qual você pode influenciar tudo isso e ser visto fazendo a diferença é gratificante."[7]

Propósito é algo que nunca podemos dar como conquistado – no momento em que fazemos isso, ele começa a ser esquecido e logo se extingue. O tempo todo, o propósito tem de estar literalmente na vanguarda da consciência (e, portanto, da tomada de decisão). Quando ele é claro, as lideranças tomam decisões mais rápidas e melhores. A clareza de propósito também leva a escolhas mais ousadas. Em vez de se ajustarem de acordo com os ventos da opinião pública ou com as mudanças no ambiente competitivo, as decisões em uma empresa com propósito levam essas influências em consideração, mas ao mesmo tempo também são moldadas por algo mais nobre e vigoroso.

O PRIMEIRO PRINCÍPIO: PROPÓSITO MAIOR

Isso leva a um desempenho global superior. A tomada de decisão assim alicerçada é um ponto de conexão crítico entre clareza de propósito e desempenho superior, inclusive financeiro.[8]

Perda do senso de propósito

Toda grande profissão tem um propósito maior que sua razão de ser. Isso é verdade para a medicina, que trata da cura. Também é verdade para a arquitetura, a engenharia, a educação e o direito. Cada carreira é animada pela oportunidade de servir a um propósito maior, alinhado com as necessidades da sociedade e que confere legitimidade à profissão e cria valor aos olhos dos outros. Cada trabalho, é claro, também tem a ver com ganhar a vida. No entanto, quando o dinheiro se torna prioridade, a profissão começa a perder sua verdadeira identidade, e seus interesses passam a divergir daquilo que é bom para a sociedade como um todo. Como prova de que a perda do propósito maior nunca foi algo incomum, Einstein já dizia: "A perfeição dos meios e a confusão dos fins parecem caracterizar nossa época".

Vale lembrar que, ultimamente, alguns setores têm visto seu prestígio cair perante a sociedade. A queda da indústria farmacêutica na estima popular, por exemplo, foi drástica. Antes muito admirada, tinha um claro senso de propósito mais elevado – as empresas do ramo investiam pesadamente para desenvolver drogas que salvaram, melhoraram e prolongaram vidas, bem como vacinas que evitaram o desenvolvimento de males devastadores, como poliomielite e cólera. Ainda muito recentemente, em 1997, 80% dos norte-americanos tinham uma visão positiva do setor, índice que desmoronou para menos de 40% até 2004.[9] As companhias farmacêuticas continuam extremamente rentáveis, mas a obsessão implacável por receitas e lucros cada vez mais elevados obscureceu o propósito essencial de prevenir, curar e conter doenças. A negligência com esse propósito coincidiu com o declínio da reputação e o aumento de deslizes éticos no setor. Nos últimos anos, muitas empresas da área têm investido cada vez mais em publicidade, frequentemente enganosa, e cada vez menos em pesquisa e desenvolvimento orientados para as mais graves doenças que afligem a humanidade.

PROPÓSITO: A EMPRESA NA BUSCA DE SIGNIFICADO

O setor financeiro também tem um propósito inerente claro: proporcionar às pessoas alternativas atraentes para poupar e aplicar seu dinheiro, investindo-o em ideias e projetos que maximizem os benefícios para a sociedade. Cada alternativa de financiamento tem sua função e finalidade: capital de risco para impulsionar empresas em estágio inicial; capital de terceiros para atender às necessidades de capital de giro e para impedir a diluição de propriedade; capital próprio para financiar em longo prazo o crescimento e a expansão, e assim diante. Nos últimos anos, porém, o setor financeiro tornou-se obcecado pelo lucro e pela orientação de curto prazo. Os níveis de remuneração subiram a alturas ridículas como incentivos financeiros para alimentar a fogueira do lucro imediato, diminuindo a criação de valor real. Muitos bancos começaram a negociar em suas próprias contas, a fim de gerar mais lucros. Isso os levou a muitos empreendimentos de alto risco, além de comprometer sua integridade como consultores financeiros. Não admira que a reputação do setor esteja em frangalhos.

Quando abraçam a ideia de que seu propósito primário, se não único, é ganhar dinheiro, as empresas sacrificam o grande poder derivado de ter um propósito maior. Metas dignas e transcendentes conduzem a maiores graus de criatividade, colaboração, diligência, lealdade e paixão de todos os *stakeholders*.

A felicidade não pode ser perseguida...

O grande psicólogo austríaco Viktor Frankl nos deu um presente de inestimável sabedoria mais de 60 anos atrás, o qual continua altamente relevante hoje. Como psiquiatra em Viena, antes da Segunda Guerra Mundial, passou quase duas décadas tratando milhares de pessoas deprimidas e propensas ao suicídio. Sua missão era não só tirar os pacientes da depressão, mas capacitá-los para serem verdadeiramente felizes. Por fim, Frankl desenvolveu uma teoria abrangente da felicidade humana, firmemente enraizada em seu trabalho clínico. Em seu clássico livro *Um sentido para vida* (citado pela Biblioteca do Congresso dos Estados Unidos como uma das dez obras mais importantes já escritas), ele escreveu que a felicidade não pode ser perseguida, mas resulta de uma vida com significado e propósito.[10] Quanto mais diretamente você buscar a felicidade, menor a probabilidade de alcançá-la. O máximo que se pode obter é o prazer hedonista de curto prazo, que não leva à autêntica e satisfatória felicidade da alma – ela só vem de uma existência vivida com significado e propósito.

Frankl ensinou que as pessoas podem descobrir significado e propósito em sua vida de três maneiras: fazendo um trabalho que importa, amando os outros incondicionalmente ou encontrando sentido no próprio sofrimento.

O terceiro modo talvez contenha o mais profundo ensinamento de Frankl. Todos estamos condenados a experimentar a perda e a tristeza em nossa vida, mas podemos escolher como responder a esse sofrimento. Como Frankl colocou, a última das liberdades que nos resta sob as mais adversas circunstâncias é a liberdade de escolher como reagir.[11]

Essa elaborada ideia é traduzida em uma equação simples:

Desespero = Sofrimento – Significado

Quando não conseguimos extrair significado de nosso sofrimento, acreditando que se trata de um evento aleatório ou resultado de má sorte, experimentamos um grande desespero. No limite, isso pode levar uma pessoa a dar fim à própria vida. Porém, quando encontramos sentido na dor, o desespero diminui e, conforme a magnitude do significado encontrado, pode desaparecer completamente.[12]

Aprisionado pelos nazistas em 1942, Frankl teve de testar sua teoria (chamada logoterapia, nome derivado de *logos*, "significado" em grego) no cadinho do Holocausto. Passou cerca de três anos em Auschwitz e vários outros campos de concentração.[13] Mais de 95% daqueles que passaram por esse martírio sucumbiram. Frankl não só sobreviveu à provação, como ajudou muitos outros a fazer o mesmo, uma vez que acreditava que sua vida tinha um propósito: ajudar as pessoas a descobrir os próprios propósitos e, assim, a felicidade. O único manuscrito de seu primeiro livro foi queimado por seus captores assim que ele foi preso pela primeira vez. Mais tarde, Frankl escreveria 39 volumes e receberia 29 títulos de doutorado honorário. Morreu em 1997, aos 92 anos de idade.[14] Seu trabalho transformou a vida de milhões de pessoas ao redor do mundo.

PROPÓSITO: A EMPRESA NA BUSCA DE SIGNIFICADO

... nem os lucros

O lucro é um resultado essencial e desejável para as empresas. Na verdade, é socialmente irresponsável tocar um negócio que não gere lucros de forma consistente. Companhias rentáveis crescem e, assim, podem continuar a cumprir seus propósitos mais elevados, alimentando o desenvolvimento e o progresso da sociedade. Por meio dos impostos, a lucratividade das organizações abastece os fundos governamentais e ajuda todos aqueles que dependem dos serviços públicos.

Assim como a felicidade nunca é alcançada por quem a persegue de maneira direta, os lucros costumam ser conquistados com mais facilidade por quem não os tem como objetivo principal. Afloram quando a empresa faz negócios com um senso de propósito maior, construindo o empreendimento com base no amor e no cuidado (e não no medo e no estresse) e crescendo diante da adversidade – os princípios de Frankl reinterpretados para o capitalismo. Como a felicidade, paradoxalmente os lucros ficam mais perto de quem não os persegue como objetivo de vida.

Se uma empresa busca maximizar seus ganhos apenas para garantir o valor do acionista e não comprometer a saúde de todo o sistema, os lucros de curto prazo podem funcionar bem, talvez até por muitos anos, dependendo da competência com que ela lida com o ambiente competitivo. No entanto, a negligência a outras partes interessadas desse sistema interdependente tende a gerar *feedbacks* negativos que acabam prejudicando os objetivos de longo prazo dos investidores e acionistas, o que resulta em subotimização de todo o sistema. Sem o consistente retorno em forma de satisfação do cliente, felicidade e comprometimento da equipe e apoio da comunidade, os lucros de curto prazo se revelam insustentáveis ao longo do tempo.

A objeção mais comum ao argumento acima é que muitas empresas são altamente rentáveis mesmo quando não ativamente voltadas para a otimização do valor para todos os *stakeholders* – em vez disso, elas priorizam os interesses de seus investidores. Tal fato abala nossa argumentação? Nem um pouco. Em sua maioria, as companhias competem com organizações similares, criadas e geridas sob os mesmos valores globais e com a mesma meta de maximizar os lucros. A verdadeira questão é: como um negócio tradicional focado em lucratividade se comporta quando compete com um negócio centrado no valor para os *stakeholders*? Conforme detalhamos no apêndice A, há evidências convincentes de que, no longo prazo, as empresas conscientes superam de modo significativo as companhias tradicionais.

Quando se conscientizam de que seu negócio não é uma máquina, mas faz parte de um sistema complexo e interdependente, envolvendo diversos públicos, as lideranças passam a compreender que o lucro é um objetivo importante, porém não o único. Elas também começam a vislumbrar que a melhor maneira de maximizar os lucros no longo prazo consiste em criar valor para todas as partes do sistema interdependente. Quando um número suficiente de líderes empresariais entender e adotar esse novo paradigma de negócios, o capitalismo consciente vai decolar – e a atual hostilidade geral contra as empresas tenderá a se dissipar.

Trabalho e propósito

Todo mundo anseia por significado e propósito na vida, e alguns os descobrem no trabalho. O estudioso da história oral Studs Terkel fez uma descrição comovente sobre trabalhadores norte-americanos que lutam para ganhar seu sustento e deixar um legado de vida: "É sobre a busca, também, de significado cotidiano, bem como do pão de cada dia, de reconhecimento, bem como de dinheiro, de admiração em vez de torpor, em suma, de um tipo de vida que não seja a espécie de morte que dura de segunda a sexta-feira".[15]

George Bernard Shaw assim escreveu sobre a alegria de um trabalho significativo: "Esta é a verdadeira alegria na vida: ser usado para um propósito reconhecido por si mesmo como poderoso; ser completamente exaurido antes de ser jogado na pilha de sucata; ser uma força da natureza em vez de um torrão febril e egoísta, feito de dores e lamentos, a se queixar de que o mundo não se dedica a fazê-lo feliz".[16]

Infelizmente, hoje o nível de envolvimento pessoal e emocional do indivíduo com o trabalho remunerado é extremamente baixo. A ausência de propósito resulta em uma labuta desprovida de significado e que, portanto, não acessa nossas capacidades humanas superiores. Os colaboradores

PROPÓSITO: A EMPRESA NA BUSCA DE SIGNIFICADO

sentem-se desconectados de suas tarefas, às quais se dedicam com indiferença. O Gallup faz anualmente pesquisas de engajamento das pessoas com o trabalho e tem verificado um grau de envolvimento chocantemente baixo nos últimos dez anos. Em 2010, apenas 28% dos assalariados se declararam envolvidos com (ou emocionalmente ligados a) seu cotidiano laboral. Cerca de 53% eram indiferentes e 19% se revelaram francamente hostis.[17] O resultado reflete um terrível, quase trágico, desperdício de potencial humano. É enorme a diferença da felicidade pessoal e do impacto nos negócios de um funcionário inspirado, apaixonado e comprometido, na comparação com outro que só está de olho no salário. A culpa não é do profissional supostamente "preguiçoso e desmotivado", e sim das empresas que não conseguem criar postos de trabalho dos quais as pessoas tenham a oportunidade de extrair significado, propósito e felicidade para sua própria vida ao contribuir para o desenvolvimento da empresa. Para nós, isso representa a "vergonha da gestão", no mesmo sentido que Peter Drucker se refere à ascensão dos movimentos de defesa do consumidor como a vergonha do marketing.

Enquanto as empresas enfrentam o problema do envolvimento extremamente baixo de seus assalariados, tem crescido de maneira dramática o engajamento de trabalhadores voluntários e remunerados nas organizações sem fins lucrativos. No livro *Blessed unrest*, Paul Hawken estimou que havia cerca de 2 milhões de organizações não governamentais (ONGs) no mundo e mostrou que o número cresce rapidamente.[18] As pessoas investem enorme quantidade de tempo, esforço e dinheiro em causas que em geral nada têm a ver com seu próprio interesse definido. Elas fazem isso porque tal atividade as alimenta e inspira de um modo que simplesmente não acontece com o trabalho remunerado na maioria das empresas.

Se quiserem acessar esse profundo manancial de motivação humana, as companhias têm de mudar seu foco, da maximização dos lucros para a maximização do propósito.[19] Ao reconhecer e responder à fome de sentido – que é uma condição humana por excelência –, as empresas podem fazer jorrar vastas fontes de paixão, comprometimento, criatividade e energia, as quais, hoje, se encontram em grande parte dormentes nos colaboradores e outros *stakeholders*.

O PRIMEIRO PRINCÍPIO: PROPÓSITO MAIOR

Quando despertada por um propósito, a motivação é *intrínseca* ao negócio, revelando-se muito mais eficaz e poderosa do que incentivos financeiros extrínsecos. Empresas que motivam seus colaboradores com dinheiro logo descobrem que a prática é uma faca de dois gumes. Pode até funcionar razoavelmente bem se o desempenho financeiro da companhia é excelente. Porém, se essa performance piora, inevitavelmente o moral da empresa experimenta uma crise. Para as organizações de capital aberto, a cotação das ações torna-se um barômetro da motivação de colaboradores e executivos. Recuperar-se das quedas é bem mais árduo, uma vez que falta dinheiro para levantar o moral da equipe. Em um negócio com motivação intrínseca, a retomada costuma ser rápida: em tempos difíceis, a existência de um propósito mantém a fidelidade dos colaboradores; na bonança, fortalece ainda mais o comprometimento da força de trabalho com a empresa.[20]

Paixões individuais e propósito empresarial

As pessoas são mais satisfeitas e felizes quando seu trabalho se alinha com suas paixões íntimas. Paixão pessoal, propósito corporativo e desempenho empresarial caminham juntos. Para um amante da culinária, trabalhar na Wegmans, no Trader Joe's ou no Whole Foods Market tende a ser gratificante. Gente que adora atividades ao ar livre provavelmente acharia maravilhoso ser contratado pela Patagonia, pela REI ou pela LLBean. Em tais situações, o trabalho é muito mais do que um emprego e pode, também, representar mais do que ter uma carreira satisfatória. Torna-se quase um chamado, algo que nascemos para fazer.

Para uma empresa consciente, portanto, é fundamental contratar, em todos os níveis hierárquicos, pessoas fortemente identificadas com o propósito corporativo. De nada adianta trazer para o negócio profissionais que desprezam ou acham irrelevante nosso propósito maior, pois eles não vão mudar de opinião com o tempo. A boa notícia é que, quando tem um propósito forte e sabe comunicá-lo com clareza e consistência, a organização atrai naturalmente as pessoas certas.

Contar com um senso de propósito e com o prazer extraído do trabalho ajuda as empresas a superar obstáculos em sua trajetória, bem como objeções

PROPÓSITO: A EMPRESA NA BUSCA DE SIGNIFICADO

de opositores. Biz Stone, cofundador do Twitter, recorda: "Quando o Twitter estava começando, nosso maior desafio foram os amigos e colegas dizendo: 'Isso não é útil'. Só superamos essa fase porque encontramos alegria em nosso trabalho. Quando você ama o que faz, quando você está, como costumo dizer, emocionalmente investido em seu trabalho, pode superar qualquer desafio com facilidade".[21]

A empresa também deve levar em conta a adesão pessoal ao propósito corporativo quando promove alguém a uma posição de alta liderança. Qualquer companhia que vá buscar líderes seniores no mercado de trabalho corre o risco de ter seu propósito maior subvertido pelo contratado, seja por indiferença, seja por hostilidade. Nos últimos anos, muitos têm cometido o erro de cooptar lideranças profissionais de alto nível, com remuneração compatível, mas sem aderência ao propósito ou aos valores centrais do negócio. Um exemplo é The Home Depot, que trouxe um alto executivo egresso da General Electric (Bob Nardelli), o qual não se identificava com a cultura corporativa. Logo essa incompatibilidade levou o "sistema imunológico" cultural de The Home Depot a rejeitar o estilo da nova liderança. A organização declinou sob sua gestão, até o executivo ser substituído por alguém mais alinhado com o propósito e os valores da companhia.

No próximo capítulo, veremos como as empresas podem descobrir e desenvolver seu propósito único.

CAPÍTULO 4

Propósito: descoberta e crescimento

Algumas empresas já nascem com um senso de propósito maior. Outras surgem porque seus fundadores vislumbram uma oportunidade de mercado a ser aproveitada. Conforme chegam à maturidade, tais companhias vivenciam uma espécie de crise existencial, em muitos aspectos semelhante aos questionamentos sobre significado e propósito que as pessoas se fazem ao atingir a meia-idade.

Propósito descoberto: uma história comovente sobre o lixo

Um exemplo de empresa cujos fundadores vislumbraram uma oportunidade de mercado a ser aproveitada é a Waste Management, líder do essencial setor dedicado à gestão de resíduos. Fundada em 1968, a companhia cresceu com a estratégia de enredar o fragmentado negócio de coleta de lixo, por meio da aquisição de transportadoras do setor em todo o território dos Estados

O PRIMEIRO PRINCÍPIO: PROPÓSITO MAIOR

Unidos. Até poucos anos atrás, seu utilitário e nada inspirado lema era: "Ajudar o mundo a descartar seus problemas". De acordo com os analistas financeiros, os ativos mais valiosos da Waste Management eram seus 271 aterros sanitários, suficientes para enterrar lixo por pelo menos 40 anos, considerando o ritmo de crescimento do negócio.

O movimento pela sustentabilidade, contudo, ganhou velocidade, apresentando grandes e novos desafios para a empresa. Pessoas e companhias começaram a descartar menos coisas. O Walmart, por exemplo, comprometeu-se a reduzir a zero a quantidade de lixo que envia para aterros, o que sinalizou uma ameaça à principal fonte de receitas da Waste Management.

Segundo o CEO David Steiner, a Waste Management transformou desafios como esse em oportunidades e descobriu um propósito corporativo mais elevado: ser uma empresa que busca maneiras inovadoras de extrair valor (na forma de energia e materiais) do fluxo de resíduos. Foi criada uma divisão de consultoria para ajudar empresas como a Alcoa e a Caterpillar a reduzir o desperdício, com efeito canibalizante sobre seu próprio negócio original. A companhia está deslocando o foco de seus investimentos de capital – dos aterros sanitários para instalações de recuperação de materiais por meio de sofisticadas tecnologias de separação de elementos recicláveis. Além disso, investe em mais de uma centena de projetos de transformação de resíduos em energia limpa: a capacidade de geração já é suficiente para abastecer 1,1 milhão de casas, ou seja, mais do que todo o setor de energia solar dos Estados Unidos. A companhia vê grande potencial no tratamento de resíduos como um recurso valioso, e não como problema a ser enterrado até a conta ambiental ser apresentada para as futuras gerações. A Waste Management registra cerca de US$ 13 bilhões de receita anual, mas estima que o lixo com que lida contenha cerca de US$ 10 bilhões de valor, em sua maior parte ainda não extraído. Em breve, a empresa pode começar a pagar aos clientes por determinados tipos de resíduos (como os orgânicos), mesmo que a concorrência os tenha carregado para fazer a deposição em um local afastado. Steiner diz que o futuro da companhia é liderar o movimento da sustentabilidade.[1]

Como era de esperar, os analistas financeiros firmemente apegados ao modelo de negócio tradicional do setor do lixo veem esses movimentos com desdém. A Credit Suisse First Boston rebaixou as ações da Waste Management em 2009, alegando que a companhia "não quer mais ser uma empresa de lixo, mas, em vez disso, uma diversificada loja 'verde' de serviços ambientais, transformação que exige muita paciência e capital".[2] Com um novo *slogan* – "pense verde" –, a organização agora se descreve como "provedora líder da América do Norte de soluções ambientais integradas". Foi um longo caminho percorrido desde os tempos em que apenas transportava o lixo para longe das vistas da sociedade. E você pode apostar que, hoje, os colaboradores da Waste Management chegam muito mais motivados ao trabalho a cada manhã.

Grandes empresas, grandes propósitos

Não existe propósito "certo" para todas as empresas. Na verdade, propósitos são tão numerosos e variados quanto organizações. Cada negócio tem de se empenhar para descobrir o seu – ele está incorporado no DNA coletivo da companhia –, a fim de cumpri-lo de maneira consciente. Assim como os seres humanos, cada negócio é único e valioso. E, assim como existem pessoas que se impõem objetivos ambiciosos e buscam a grandeza, também as melhores empresas do mundo são aquelas movidas por grandes propósitos. Estes são geralmente descobertos ou criados pelos fundadores como cerne de sua filosofia empresarial. Grandes propósitos são transcendentes, energizantes e inspiradores para toda a rede interdependente de *stakeholders*.[3]

Como os grandes propósitos têm expressão única, que varia conforme a empresa, acreditamos que é útil pelo menos agrupá-los em categorias bem definidas e atemporais (quadro 4-1). Não há razão intrínseca alguma para que uma empresa seja diferente de qualquer outra atividade humana. Os mesmos ideais duradouros que impulsionam a arte, a ciência, a educação e muitas organizações sem fins lucrativos podem e devem, também, animar os negócios. Coube ao filósofo grego Platão articular uma tríade de ideais transcendentes – o Bom, o Verdadeiro e o Belo –, os quais a humanidade tem procurado expressar ao longo de milhares de anos.

O PRIMEIRO PRINCÍPIO: PROPÓSITO MAIOR

QUADRO 4-1

Quatro categorias de grandes propósitos

O Bom	Servir aos outros – aprimorar a saúde, a educação, a comunicação e a qualidade de vida
O Verdadeiro	Descoberta e aprofundamento do conhecimento humano
O Belo	Excelência e criação da beleza
O Heroico	Coragem de fazer o que é certo para mudar e melhorar o mundo

Platão considerava esses três ideais fins em si mesmos, e não meios para atingir objetivos mais elevados. Aqueles que almejam o Bom querem servir aos outros porque isso lhes é intrinsecamente gratificante, e não porque esperam que a atividade resulte em consequências favoráveis. A busca do conhecimento, ou do Verdadeiro, constitui sua própria recompensa – seja esse conhecimento utilizado ou não de algum modo particular. Exclusivamente humana, a criação do Belo é uma experiência intensamente satisfatória para a alma. As pessoas manifestam a beleza por meio de um incontrolável desejo que brota em seu interior: ela não precisa ser vista ou experimentada por ninguém para valer a pena; basta agradar ao próprio criador.

Aos três ideais platônicos nós adicionamos um – o Heroico – para completar um quadro de tipos de propósito elevado capaz de contemplar a maioria das grandes empresas. Os exemplos seguintes ilustram como esses quatro ideais duradouros vêm sendo expressos por grandes corporações na atualidade.

O Bom

O primeiro grande propósito expresso com frequência por muitas das grandes empresas é o Bom. O serviço aos outros constitui a forma mais comum de ele se manifestar no mundo dos negócios. Trata-se de um propósito profundamente motivador e emocionalmente muito gratificante para as pessoas que realmente o abraçam. O serviço autêntico baseia-se na genuína empatia com as necessidades e desejos alheios – e empatia genuína leva ao desenvolvimento, ao crescimento e à expressão de amor, cuidado e compaixão. Empreendedores dedicados ao grande propósito de servir aos outros buscam maneiras de aumentar a inteligência emocional de suas organizações, a fim de que elas possam nutrir e incentivar o amor, o cuidado e a compaixão entre os clientes, os membros da equipe e a comunidade.

Embora qualquer categoria de negócio possa ser movida pelo propósito sincero de servir aos outros, acreditamos que as companhias das áreas de serviços e varejo – que dependem muito da boa vontade de seus clientes – são mais propensas a expressar esse ideal e dedicar-se a ele de todo o coração. Um excelente exemplo é a The Container Store, que cria valor para seus clientes ao ajudá-los a organizar sua vida, oferecendo um excelente serviço e produtos de qualidade. A companhia se vê como um negócio que contribui para as pessoas terem melhor qualidade de vida, crença expressa no lema "Organize-se, seja feliz".

Já a Zappos define seu propósito como "entregar felicidade". E faz isso por meio de um incrível serviço ao cliente, ótimos produtos, preços competitivos e entrega rápida. Em certo sentido, o desafio de entregar felicidade é uma tradução bastante precisa da busca pelo Bom. Outras empresas do setor de serviços que exemplificam o grande propósito do Bom incluem Amazon.com, Nordstrom, JetBlue, Wegmans, Bright Horizons, Starbucks, The Motley Fool e Trader Joe's.

O Verdadeiro

O segundo propósito transcendente que move muitas grandes empresas é o Verdadeiro, que definimos como "buscar a verdade e perseguir o conhecimento". Pense em como é emocionante descobrir e aprender algo que ninguém jamais concebeu, algo que seja um avanço para o conhecimento coletivo da humanidade. Por meio de tais avanços, a qualidade da vida humana melhora, o custo de nosso estilo de vida diminui e podemos viver uma vida mais saudável e plena. Melhoramos coletivamente, como resultado da perseguição constante do conhecimento.

Esse grande propósito mobiliza algumas das empresas mais criativas e dinâmicas do mundo. O Google é um paradigma de negócio com esse tipo de objetivo, expresso no início da história da companhia como "organizar a informação do mundo e torná-la universalmente acessível e útil". Essa declaração de propósito é clara, simples e profunda: a razão da existência da empresa e como ela cria valor são explicados de modo cristalino. A frase também diz muito sobre o direcionamento estratégico do Google, que começou simplesmente indexando a web e permitindo pesquisas rápidas de informação textual. Com o tempo, a atividade expandiu-se para livros, informações de áudio, conteúdo de vídeo, imagens estáticas, coleções fotográficas pessoais, mapas (inclusive de locais fechados, como shoppings e aeroportos, uma inovação recente), o céu, o solo do oceano, registros médicos, *sites* de empresas e assim por diante – tudo isso sem se afastar de seu propósito original. Poucos de nós nos damos ao luxo de passar um dia sem fazer pelo menos uma pesquisa no Google. A empresa transmite a sensação de que todo o conhecimento do mundo está disponível quando e onde queremos, ao alcance de alguns cliques de teclado ou toques na tela.

Outra organização que nos permite buscar o conhecimento de forma rápida e eficiente é a Wikipedia. Companhias como a Intel e a Genentech têm inventado tecnologias novas e incríveis, como o microprocessador e a biotecnologia, promovendo o potencial humano de várias maneiras. Na verdade, muitas empresas dos setores de informática (*hardware* e *software*) e biotecnologia figuram como bons exemplos de organizações cujo mais alto propósito consiste em descobrir conhecimentos que de algum modo abrilhantem, estendam ou melhorem nossa vida. Por sua vez, a Amgen e a Medtronic alinham-se entre as grandes empresas motivadas pela emoção da descoberta e pela busca do conhecimento. Ambas aportaram benefícios à humanidade ao perseguirem com sucesso seus propósitos maiores.

O Belo

O terceiro grande propósito transcendente seguido por grandes empresas é o Belo, que pode se manifestar na prática de negócios por meio da "perseguição de beleza e excelência e busca da perfeição". Uma companhia que expressa a beleza do mundo enriquece nossa vida de numerosas maneiras. Embora seja mais comum experimentarmos o Belo por meio do trabalho criativo de artistas na música, pintura, cinema e artesanato, também vemos esse ideal como motor de empresas muito especiais, que se valem desse poderoso propósito para cultuar a perfeição em seus setores. A verdadeira excelência expressa beleza de formas únicas e inspiradoras, que tornam nossa vida mais agradável.

Um excelente exemplo é a Apple, com seu singular foco na criação de uma "insanamente grandiosa tecnologia", a qual tem mudado nossa vida para melhor. As pessoas adoram a beleza dos produtos da Apple (como o iMac, o iPod, o iPad e o iPhone), manifestada não só no design ou no valor que criam para nós, mas também na simplicidade e na divertida interatividade que estabelecemos com os aparelhos.

A rede de hotéis Four Seasons e a BMW são outros negócios reconhecidos pelo propósito baseado na excelência, a fim de criar experiências ou máquinas belas e próximas da perfeição.

O Heroico

O quarto tipo de propósito – o Heroico – descreve as empresas motivadas pelo desejo de mudar o mundo não necessariamente por meio do serviço aos outros, da descoberta da verdade e perseguição do conhecimento, ou da busca da perfeição, mas por intermédio do forte desejo prometeico de realmente transformar o estado das coisas – para melhorar o mundo, para resolver problemas insolúveis, para corajosamente fazer o que é certo, mesmo diante de grandes riscos, para conseguir o que todo mundo diz ser impossível. Ao ser criada por Henry Ford, a Ford Motor Company constituía uma empresa tipicamente heroica, cujo propósito era "abrir estradas para toda a humanidade". No início do século 20, em uma época em que só os muito ricos podiam comprar automóveis, Ford democratizou o acesso aos carros (e ao conforto e liberdade que eles proporcionavam), mudando o mundo.

Um herói é definido como "pessoa de coragem ou habilidade distintiva, admirada por seus atos de bravura e suas nobres qualidades". Uma empresa heroica assume riscos e persevera diante de enormes desafios. Ao fazê-lo, ela preserva e enfatiza suas qualidades humanas, tudo em nome de mudar o mundo para melhor de forma tangível.

Uma companhia verdadeiramente heroica da atualidade é o Grameen Bank, fundado por Muhammad Yunus, em Bangladesh. Sua edificante visão era a de contribuir para o combate à pobreza e transformar a sociedade por

O PRIMEIRO PRINCÍPIO: PROPÓSITO MAIOR

meio da capacitação dos mais pobres entre os pobres. Como destacamos no capítulo 1, o mundo assistiu a um enorme progresso na erradicação da pobreza graças ao capitalismo de livre-iniciativa. "Algum dia, a pobreza poderá ser vista somente nos museus", gosta de dizer Yunus. Sua dedicação na luta contra a pobreza em Bangladesh e no mundo lhe valeu o Prêmio Nobel da Paz de 2006, e seu livro *O banqueiro dos pobres* é uma inspiradora história de heroísmo empreendedor.[4]

Com o tempo, nossos propósitos mais elevados no Whole Foods Market evoluíram para a categoria do Heroico. À medida que a empresa se expande, nosso propósito também cresce, tanto em significado como em complexidade. A cada três anos, reunimos cerca de 800 líderes das equipes de loja, coordenadores e funcionários de alto desempenho em um encontro que chamamos de "Tribal Gathering" – um longo fim de semana dedicado ao *networking*, à educação e à inspiração. Na reunião de 2011, a liderança executiva articulou vários propósitos maiores que temos em mente:

1. Queremos ajudar a desenvolver o sistema agrícola mundial para que se torne eficiente e sustentável. Isso inclui elevar o nível do bem-estar dos rebanhos de corte, da sustentabilidade dos frutos do mar e da eficiência produtiva nos cultivos orgânicos.
2. Queremos elevar a consciência coletiva do público acerca dos princípios de uma alimentação equilibrada: uma dieta que se concentre em alimentos integrais, principalmente verduras, legumes e frutas, que seja densamente nutritiva e que privilegie as gorduras saudáveis (ou seja, com o mínimo consumo de gordura animal e óleos vegetais). Acreditamos que essa dieta vai melhorar radicalmente a saúde de milhões de pessoas, ajudando a prevenir e reverter muitos males associados ao estilo de vida, como doenças cardíacas, derrame, câncer, diabetes e obesidade.[5]
3. Por meio da Whole Planet Foundation, queremos ajudar a acabar com a pobreza em todo o mundo, levando o microcrédito e o empréstimo de capital de giro para milhões de pessoas pobres, para que possam criar e desenvolver negócios próprios.

4. Queremos contribuir para que o capitalismo consciente se torne o paradigma econômico-empresarial dominante, a fim de espalhar o florescimento humano pelo mundo.

O propósito de uma organização não precisa se limitar a apenas um dos quatro grandes ideais transcendentes. Muitas companhias se dedicam a múltiplos propósitos. Em alguns aspectos, o Whole Foods Market vem buscando o Bom, o Verdadeiro, o Belo e o Heroico simultaneamente. Em última análise, afinal, todos os quatro ideais estão interligados. Tudo o que é de fato bom, de algum modo, também traz em si verdade, beleza e heroísmo. Da mesma forma, tudo o que é inquestionavelmente belo também pode ser visto como bom, verdadeiro e heroico. Sempre existe unidade dentro da diversidade se nossa mente for capaz de ver as coisas de maneira integrada.

Busca do propósito

O propósito geralmente existe desde quando a empresa nasce. Os fundadores nem sempre o tornam explícito, mas quase sempre há uma finalidade tácita a motivar a criação do empreendimento. Conforme o negócio cresce, os empresários tendem a explicitar o propósito e articular seus valores centrais. Tudo isso faz parte de um processo de conscientização – a empresa gradualmente adquire consciência de sua razão de ser.

Há alguns anos, a REI viveu tal processo, assim relembrado pela CEO Sally Jewell:

> Passamos um tempo com um grande grupo de líderes, cerca de 150 profissionais, questionando: "Por que a REI existe?". Então, nos perguntamos cinco vezes: "Por que isso é importante?". E mais duas questões: "O que aconteceria se a REI deixasse de existir?" e "Por que dedico minha energia criativa a essa organização?". Recolhemos algumas centenas de folhas de papel com respostas e daí emergiu nosso propósito central: inspirar, educar e equipar uma vida de aventura ao ar livre e responsabilidade ambiental. Embora ganhemos dinheiro provendo produtos, nosso real negócio é motivar as pessoas a realizar

O PRIMEIRO PRINCÍPIO: PROPÓSITO MAIOR

aspirações – nós as educamos para se arriscar em atividades que, antes, se sentiriam desconfortáveis de tentar experimentar. Se cumprirmos bem tal propósito, as pessoas incorporam tal postura em sua vida diária e começam a dar seu retorno na forma de responsabilidade ambiental.[6]

Infelizmente, ao longo do tempo, muitas empresas ficam tão preocupadas em sobreviver, crescer, reagir a mudanças do mercado ou apenas ganhar dinheiro que se esquecem de seu propósito. No caso, uma antiga liderança talvez precise retornar ao negócio para tentar redescobrir o propósito da companhia, assim como um arqueólogo que escava a terra à procura de uma ancestral civilização que se perdeu no tempo.

Em algum momento de sua evolução, as empresas que começam oportunistas, focadas apenas em fazer dinheiro, têm de descobrir ou criar um propósito que vá além da maximização dos lucros, a fim de realizar seu pleno potencial. Elas podem fazer isso por meio de um processo que chamamos de *busca do propósito*, do qual participam representantes de todos os grupos de interesse: a liderança sênior da empresa e alguns integrantes da diretoria, membros da equipe, clientes, investidores, fornecedores e pessoas da comunidade. Todos contribuem para o florescimento do negócio e têm uma visão de qual poderia ser o propósito da companhia. Quando mobilizamos o conjunto das principais partes interessadas para descobrir ou criar um propósito mais elevado, algumas coisas surpreendentes podem acontecer. A troca de informações, valores e perspectivas originais sobre o negócio às vezes resulta na redescoberta (ou criação) do propósito maior da empresa em um período relativamente curto – em geral, no intervalo de alguns dias, ou excepcionalmente em um único dia de reunião –, caso haja profundo envolvimento das partes no processo e este conte com um consultor especializado como facilitador.

Uma vez articulado o propósito, a organização deve vivê-lo intensamente. Isso não acontece de maneira automática; exige forte determinação da liderança sênior, especialmente o CEO. Líderes conscientes têm de encarnar o propósito corporativo e dar o exemplo. Devem falar sobre o assunto a cada oportunidade em que se envolvem com diferentes *stakeholders*, como os membros da equipe, os investidores e os clientes.

Outro ponto-chave é a perseverança. Algumas partes interessadas são naturalmente céticas e podem encarar a busca do propósito como mais um modismo de gestão. Para ter sucesso, a empresa deve trabalhar sistematicamente na implementação do propósito em todos os níveis da organização, de modo que a empresa se sinta totalmente envolvida e energizada. O propósito deve ser integrado aos processos internos de educação e aos novos programas de treinamento da equipe. Também é preciso apresentá-lo e explicá-lo aos clientes e à mídia. Todas as decisões importantes dos líderes têm necessariamente de considerar o propósito – e isso vale também para as avaliações de desempenho, para a pesquisa e desenvolvimento, e para o planejamento estratégico.

A jornada do herói

Muitas empresas conscientes definem seus propósitos em alinhamento com algum dos ideais de Platão: o Bom, o Verdadeiro e o Belo. No entanto, sob alguns aspectos, o propósito Heroico sempre será seu destino final.

Conforme a companhia começa a cumprir seu propósito plenamente ao longo dos trilhos da bondade, da verdade ou da beleza, chega o sucesso e, com ele, a percepção de que seu impacto sobre o mundo ficou maior – e também seu poder de transformação. A Southwest Airlines buscou entregar um excelente serviço a preços acessíveis. Nesse processo, transformou o negócio do transporte aéreo e ajudou a democratizar os benefícios das viagens de avião para centenas de milhões de pessoas no planeta. O Google insistiu em seu propósito de busca da verdade ao organizar toda a informação do mundo e torná-la facilmente acessível. Fez isso com tanta devoção sincera e obteve sucesso tão grande que se converteu em algo onipresente, a enriquecer nossa vida diária. A Apple criou produtos como objetos de arte que, além de agradar aos olhos, também são extremamente úteis e funcionais. Com isso, exerceu um impacto transformador na vida de centenas de milhões de pessoas, e não apenas em um, mas em seis setores produtivos: computação, música, telefonia, varejo, editorial e entretenimento.

Quando uma empresa cresce e evolui, seu propósito também se expande e se aprofunda. Assim, todos os propósitos dignos invariavelmente tendem a

O PRIMEIRO PRINCÍPIO: PROPÓSITO MAIOR

assumir características heroicas, uma vez que, em algum momento, os benefícios em escala gerados pelo negócio começam a transformar o mundo. Em muitos casos, o propósito torna-se explicitamente heroico, muito maior em sua abrangência e ambição do que qualquer projeto visionário imaginado quando do nascimento da empresa.

Na próxima parte do livro, voltamos nossa atenção para a peça central da filosofia empresarial consciente: cuidar de todas as partes interessadas e tratá-las como um todo integrado, e não como rivais em disputa pelas fatias de um bolo de valor fixo.

PARTE 2

O SEGUNDO PRINCÍPIO

Integração de *stakeholders*

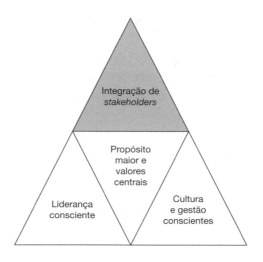

T oda empresa tem *stakeholders*, ainda que não dispensem a eles esse tratamento específico. Empresas conscientes entendem plenamente o que isso significa e tratam a satisfação das necessidades de suas principais partes interessadas como fins em si mesmos, ao passo que muitas companhias ainda encaram seus *stakeholders* (com exceção dos investidores) como meio para atingir o objetivo da maximização dos lucros.

Empresas conscientes e *trade-offs*

A principal diferença entre uma companhia tradicional e um negócio consciente é que, no primeiro caso, os gestores rotineiramente fazem *trade-offs* entre as partes interessadas. Vê-se como bom gestor aquele que promove *trade-offs* mais vantajosos para os investidores, em detrimento de outros públicos. Por sua vez, uma empresa consciente entende que isso é uma opção; quem procura por *trade-offs* sempre encontra oportunidade de fazê-los. No entanto, outra escolha é possível – se procurarmos pelas *sinergias* entre as partes interessadas, também as encontraremos.

Ed Freeman e seus colegas escreveram: "Administrar para as partes interessadas não tem nada a ver com pensar em *trade-offs*, mas com utilizar a inovação e o empreendedorismo para levar os principais *stakeholders* à melhor situação possível e fazer seus interesses convergirem para uma mesma direção".[1]

Outra maneira de descrever *trade-offs* é a clássica lógica da soma zero – a ideia de que, para alguém ganhar, outro tem de perder. O capitalismo consciente vê os negócios como um jogo de soma positiva final, em que é possível criar um Win[6] para todas as partes interessadas. Ninguém perde, nem mesmo os concorrentes diretos; em um ambiente de competição em que os competidores são professores e alunos uns dos outros, aprendendo com os acertos e erros alheios, todos tendem a se tornar melhores e menos complacentes, e o antagonismo também diminui.

A "mão invisível" de Adam Smith funciona razoavelmente bem no nível do mercado para alinhar o que as empresas fazem com o que as pessoas precisam. Na esfera da empresa, contudo, é essencial que uma gestão de "mente consciente" estabeleça um sistema em que todos os *stakeholders* estejam comprometidos com o objetivo da organização e envolvidos uns com os outros. Todos devem funcionar como órgãos vitais de um único

O SEGUNDO PRINCÍPIO: INTEGRAÇÃO DE *STAKEHOLDERS*

corpo ("corporação", afinal, vem do latim *corpus*) e, como tal, têm de ser respeitados, valorizados e integrados no contexto das operações da empresa. Quando qualquer um deles é elevado a uma categoria diferente (ou seja, tem seus interesses perseguidos como um fim, enquanto os demais *stakeholders* são tratados como meio), põe-se em movimento uma dinâmica capaz de aniquilar a harmonia e o sentido de unidade do sistema. Então, em vez de criarem valor uns para os outros e para a empresa como um todo, as partes logo recuam para a postura do "eu primeiro" e começam a fazer míopes *trade-offs*, colocando os próprios interesses de curto prazo acima dos outros e de tudo. Como discutiremos mais tarde, isso resulta em uma espécie de tumor na comunidade de *stakeholders*, o qual pode se espalhar a ponto de destruir a empresa.

As organizações florescem a partir do compromisso e da criatividade do ser humano. Empresas conscientes motivadas pelo propósito e regidas pelo modelo de partes interessadas obtêm quantidades extraordinárias de energia humana construtiva, uma vez que contam com o engajamento apaixonado de seus colaboradores, a fidelidade ardente de seus clientes, a atenção íntima de seus fornecedores e assim por diante. Quando todos estão alinhados na mesma direção e movimentam-se com harmonia, o atrito no sistema é mínimo. Toda aquela energia em forma de compromisso e criatividade é canalizada para fins comuns, gerando grande valor para os *stakeholders*.

Casey Sheahen, CEO da Patagonia, vê pouca distinção entre as partes interessadas da empresa: "Nós tentamos fazer com que todos os nossos *stakeholders* se sintam parte da tribo. Transparência, ótimo serviço ao cliente, qualidade de alto nível, ativismo ambiental, todas essas coisas importam para funcionários, clientes e todos os nossos outros públicos. Nós realmente não vemos nenhuma diferença entre nossos *stakeholders*, e os tratamos como um só".[2]

Às vezes, as pessoas literalmente assumem múltiplas funções. Em sua maioria, os membros da equipe do Whole Foods Market também são clientes regulares da empresa – o que encorajamos, oferecendo-lhes descontos generosos de 20% a 30% em suas compras. Tal como acontece com grande parcela das empresas conscientes, muitos colaboradores começaram a trabalhar no Whole Foods Market porque antes eram clientes felizes e satisfeitos.

O SEGUNDO PRINCÍPIO: INTEGRAÇÃO DE *STAKEHOLDERS*

Hoje, a maioria da equipe também é nossa investidora, seja porque recebe opções de ações como parte da remuneração, seja porque compra papéis da empresa por conta própria. E vale lembrar, também, que nossos funcionários integram a comunidade do entorno de cada loja.

Os colaboradores têm, portanto, o maior grau de identidade *multi-stakeholder*. Mais do que qualquer outra parte interessada, eles vivenciam a empresa de várias perspectivas, o que os torna ainda mais importantes para o sucesso do negócio.

O modelo de interdependência do Whole Foods Market

O diagrama apresentado aqui é uma ilustração de como pensamos cada grupo de *stakeholders* do Whole Foods Market e suas conexões entre si e com a empresa. No centro do esquema estão o propósito e os valores centrais. Em torno do propósito gravitam os vários grupos: clientes, colaboradores, fornecedores, investidores, comunidade e meio ambiente. Todos estão ligados de maneira interdependente. A responsabilidade da administração é contratar as pessoas certas, treiná-las bem e garantir que vão florescer como profissionais felizes com o trabalho. O papel do membro da equipe é satisfazer e encantar os clientes. Quando fazemos os clientes felizes, temos um negócio de sucesso, o que traz felicidade, também, para os investidores, e estes reinvestem no negócio, estabelecendo um círculo virtuoso. É espantosa a quantidade de homens de negócios que não conseguem entender essas simples, mas poderosas, conexões.

O diagrama, no entanto, é apenas uma simplificação da realidade. A teia de relações existentes entre os *stakeholders*, na verdade, revela-se rica e complexa demais para ser contida em uma síntese visual.

Stakeholders como a essência da empresa

Os *stakeholders* fazem a empresa. São todas as pessoas que impactam o negócio e são impactadas por ele. Devemos honrá-las como seres humanos

O SEGUNDO PRINCÍPIO: INTEGRAÇÃO DE *STAKEHOLDERS*

em primeiro lugar, antes de lhes atribuir um papel em relação à companhia. Todos contribuem para a criação de valor e, portanto, é vital que compartilhem os benefícios da distribuição desse valor.

Nos capítulos 5 a 10, veremos como as empresas podem criar valor para cada uma das principais partes interessadas, ou seja, aquelas com quem têm relação comercial direta. No capítulo 11, discutiremos como as organizações podem se relacionar com círculos secundários de *stakeholders*. Concluiremos o assunto no capítulo 12, com uma panorâmica sobre as relações de interdependência das partes interessadas e uma reflexão sobre como alvancar o sistema interdependente para criar um valor ainda maior.

O SEGUNDO PRINCÍPIO: INTEGRAÇÃO DE *STAKEHOLDERS*

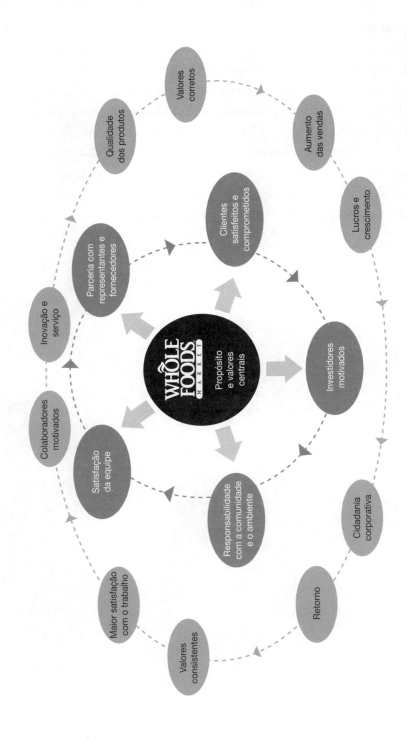

CAPÍTULO 5

Clientes: lealdade e confiança

O propósito de todas as empresas, fundamentalmente, gira em torno da criação de valor para os clientes. O grande pensador Peter Drucker sintetizou: "Há apenas uma definição válida para o propósito do negócio: criar um cliente".[1] Em sua maioria, as empresas conscientes os têm como *stakeholders* prioritários, no mesmo nível, logo abaixo ou um pouco acima dos membros da equipe. Doug Rauch, ex-presidente do Trader Joe's, vê funcionários e clientes "como as duas asas de um pássaro: você precisa de ambos para voar. Eles seguem juntos – se você cuidar de seus colaboradores, eles vão cuidar de seus clientes. Quando os consumidores estão felizes e gostam de fazer compras, a vida das pessoas da equipe também fica mais feliz, pois isso é um ciclo virtuoso".[2]

No Whole Foods Market, consideramos os clientes nossos parceiros mais importantes, pois sabemos que o negócio não existiria se não contribuíssemos para torná-los satisfeitos e felizes. Afinal, eles negociam conosco por decisão própria, uma vez que, em um mercado competitivo, pessoas insatisfeitas sempre têm a opção de comprar em outro lugar.

O SEGUNDO PRINCÍPIO: INTEGRAÇÃO DE *STAKEHOLDERS*

Embora fundamentais para toda e qualquer empresa, com frequência os clientes são negligenciados. É comum a organização se enredar em seus processos internos e perder de vista o principal motivo para a existência de sua empresa. Jeff Bezos, da Amazon.com, destaca: "Em uma empresa típica, se você tem uma reunião, não importa de qual importância, sempre haverá uma parte não representada: o cliente. Por isso, é muito fácil que nos esqueçamos dele".[3] A fim de que todos se lembrem dessa ilustre ausência, Bezos se preocupa em manter uma cadeira vazia à mesa de reuniões.

Tal como acontece com todas as partes interessadas, o bem-estar dos clientes deve ser tratado como fim, e não apenas como meio para obter lucros. Companhias que ignoram esse ensinamento não são páreo para empresas conscientes no que diz respeito à empatia, ao compromisso com o serviço e à compreensão das necessidades dos clientes, que percebem claramente quando estão lidando com alguém que de fato se preocupa com eles. Por isso, as organizações precisam enxergar os clientes como pessoas a quem servir, e não como consumidores a quem vender. Na verdade, a palavra "consumidor" transmite a ideia negativa de coisificar as pessoas, ao reduzi-las à mera função de consumir.

Estreitar relações com os clientes

Enquanto alguns só se preocupam em adquirir um produto de qualidade por bom preço, um número cada vez maior de clientes tem dado preferência a empresas que manifestem propósitos e valores compatíveis com seu modo de pensar. Diferentemente dos consumidores passivos e desinteressados, essas pessoas têm potencial para desenvolver relações mais estreitas com a companhia. Cada transação ajuda nesse sentido, caso a empresa cuide de investir emocionalmente nisso. Muitos clientes convertem-se em defensores do nome da organização e formam uma visão sobre como o negócio deveria ser. Importam-se o suficiente para apontar quando a companhia precisa mudar e evoluir, aprender e crescer.

Quando não tem um propósito claro e simplesmente tenta adivinhar o que os clientes querem, a empresa não honra aquilo que é importante para si

CLIENTES: LEALDADE E CONFIANÇA

mesma. Passa a atuar sem convicção, reverenciando e até mesmo curvando-se aos clientes. Estes, por sua vez, não se sentem atraídos pelo que é oferecido, pois percebem que a companhia deseja apenas vender e não servir. Situação bem diferente acontece quando há um propósito cristalino: o negócio demonstra capacidade muito maior de construir autênticos relacionamentos com as pessoas, atraindo aquelas que compartilham sua paixão. Agora mais do que nunca, em plena era da democracia da informação e dos meios de comunicação social, os relacionamentos genuínos florescem, enquanto aqueles mais inconsistentes murcham.[4]

Fundamental para estabelecer um bom relacionamento com os clientes, a confiança é o sentimento resultante quando se lida com eles com autenticidade, transparência, integridade, respeito e amor. Ao desenvolvermos uma relação de alta confiança com alguém, essa pessoa é elevada ao patamar de estima em que estão nossos amigos e familiares. O Whole Foods Market não pensa nos clientes como consumidores, nem mesmo como clientes – preferimos vê-los como nossos amigos e hóspedes quando eles adentram nossas lojas.

O cofundador da Home Depot Bernie Marcus descreve como se sente em relação aos clientes: "Arthur [Blank] e eu realmente gostamos deles. Ao visitar nossas lojas, sinto que gostaria de abraçá-los, pois reconheço que tudo o que tenho na vida veio deles. Essa é a diferença entre nós e Jack Welch. Com Jack, o resultado final foi a coisa mais importante. Conosco, combinamos que se conseguíssemos tratar o cliente direito finalmente teríamos um ponto de partida".[5]

Persuadir e educar os clientes

As empresas têm de servir os clientes e cuidar de seus melhores interesses. Muitas vezes, isso significa que temos de educá-los, e não apenas lhes fornecer aquilo que nos pedem. Mas isso só é possível se confiam em nós. Quando há confiança, os clientes implicitamente nos dão permissão para influenciá-los. Sem confiança, você pode até pressionar ou impressionar, mas não vai persuadir, educar ou influenciar as pessoas.

Esse é um grande problema para o Whole Foods Market. Muitas vezes, há uma disparidade entre o que os clientes desejam comer e a dieta de que eles

O SEGUNDO PRINCÍPIO: INTEGRAÇÃO DE *STAKEHOLDERS*

realmente necessitam para ter saúde. Uma pessoa obesa e com alta propensão para diabetes teria de ficar longe de barras de chocolate, sorvete e refrigerantes, mas pode ser viciada nesses produtos. Como as empresas conscientes devem lidar com pessoas que enfrentam um conflito entre necessidade e desejo? A questão é crucial, pois essas situações tornam-se cada vez mais comuns. Uma elevada percentagem de pessoas não consegue abrir mão de substâncias nocivas a sua saúde. Trata-se de vícios alimentares com frequência criados e cultivados por eficientes campanhas de marketing, apoiadas por imensos investimentos em publicidade e promoção.

Responsabilidades para com os clientes

Educar não é o mesmo que pregar. Quando identifica necessidades desarticuladas ou latentes ainda não reconhecidas pelos clientes, a empresa tem a responsabilidade de educá-los quanto ao valor potencial que ainda não estão enxergando. No Whole Foods Market, por exemplo, nós nos vemos como responsáveis pela conscientização dos clientes acerca de alimentação saudável e bem-estar. Em algumas lojas, lançamos o programa Wellness Club, a fim de ajudar a informá-los sobre hábitos e escolhas alimentares que trazem saúde e qualidade de vida. Nosso papel só vai até aí, pois sabemos que cabe aos clientes, afinal, a decisão sobre o que consumir, mas eles expressam suas preferências cada vez que compram conosco. Temos de satisfazer suas exigências imediatas e também orientá-los para as melhores escolhas em longo prazo. A arte desafiadora de nosso negócio é educar os clientes para quererem o que é bom para seu bem-estar, mas, ao mesmo tempo, deixá-los livres para escolher os produtos que desejarem, mesmo que tais escolhas não atendam a suas reais necessidades. Se fizermos bem nosso trabalho, com o tempo os clientes tendem a adotar um comportamento de compra mais consciente.

Nos últimos anos, vimos esse filme várias vezes no decorrer da expansão do setor de orgânicos. Quando começamos, há mais de três décadas, esses produtos correspondiam a menos de 5% de nossas vendas totais. Após anos de orientação e diálogo com os clientes – e trabalhando em estreita colaboração com os parceiros fornecedores –, elevamos a venda dos alimentos orgânicos

CLIENTES: LEALDADE E CONFIANÇA

para 30% do total. As pessoas, afinal, absorvem nossa mensagem, mas isso demanda tempo, perseverança, paciência e comunicação contínua.

Um erro potencialmente fatal acontece quando as empresas se esquecem de que a responsabilidade da decisão de compra cabe ao cliente e tem de ser acatada e atendida – caso isso não aconteça, não faltarão concorrentes dispostos a satisfazer as vontades dele. Em nosso caso, como a confiança dos clientes cresceu ao longo do tempo, o Whole Foods Market já é visto como uma espécie de "crivo", uma vez que só vendemos produtos submetidos previamente a uma cuidadosa avaliação. Nossas lojas não comercializam, por exemplo, itens de tabacaria, alimentos com ingredientes artificiais, gordura hidrogenada, carne vinda de fazendas sem um padrão mínimo de bem-estar animal ou peixe proveniente de práticas pesqueiras não sustentáveis. Tais decisões foram tomadas não só por causa da preocupação com os clientes, mas baseadas em nossos estudos sobre as tendências de saúde dos seres humanos, animais e meio ambiente.

Conflitos entre responsabilidade da empresa e desejo do cliente

Muitas pessoas perguntam: "Por que o Whole Foods Market vende alguns alimentos que não são particularmente saudáveis?". Eis uma boa questão, pois nos confronta com nosso padrão de alta qualidade, que, de um lado, restringe a variedade da linha de produtos e, de outro, luta para satisfazer os clientes, suprindo-os com os alimentos que eles querem comprar. Nossa empresa mantém um interminável diálogo, internamente e com os clientes, a fim de encontrar um equilíbrio razoável: não queremos ser restritivos a ponto de inviabilizar o negócio nem permissivos de modo a abalar nossa fidelidade ao valor fundamental da alimentação saudável. Portanto, ainda não encontramos uma resposta definitiva para a pergunta. No entanto, seguimos firmes com a intenção de educar nossos clientes para hábitos alimentares mais saudáveis, ouvir seus comentários e fornecer os produtos que eles desejam comprar. Em última análise, o cliente "vota" com seu dinheiro cada vez que faz compras. Assim como, ao longo do tempo, tem aumentado a "votação" dos produtos orgânicos, esperamos que os "eleitores" abandonem aos poucos seu desejo por itens menos saudáveis – que poderão sumir de vez de nossas lojas.

O SEGUNDO PRINCÍPIO: INTEGRAÇÃO DE *STAKEHOLDERS*

Inovação com foco no cliente

É típico do capitalismo de livre-iniciativa motivar as empresas a oferecer sempre mais valor, mais qualidade e melhor serviço. A concorrência nos obriga ao aperfeiçoamento permanente, à inovação e à criatividade, sob pena de nos deixar para trás. Para prosperar, temos de oferecer aos clientes produtos, serviços e valores que nossos concorrentes não são capazes de proporcionar. O que torna tudo ainda mais difícil é que as expectativas dos clientes quanto à qualidade e ao valor aumentam sem parar – o que os encantava há 25 anos é insatisfatório hoje. Como diz a Rainha Vermelha em *Alice através do espelho*, "é preciso correr o máximo possível se quiser ficar no mesmo lugar. Se quiser ir pra outro lugar, terá de correr pelo menos o dobro".[6]

A tese da personagem de Lewis Carrol soa absurda e desgastante! Mas é exatamente isso que precisamos fazer – se quisermos continuar fazendo as mesmas coisas que sempre fizemos. A única maneira de escapar dessa armadilha é por meio da criatividade e da inovação, surpreendendo os concorrentes com o lançamento de produtos e serviços superiores e difíceis de imitar. Empresas conscientes têm a vantagem de ser inerentemente mais criativas. Em vez de se aprisionarem a uma competição infinita por eficiência e produtividade, elas inovam ao abordar as necessidades não satisfeitas e os desejos não identificados de seus clientes. Isso é desafiador e gratificante ao mesmo tempo.

Se o Whole Foods Market, por exemplo, tivesse de competir com o Walmart com base na eficiência da cadeia de fornecimento ou na distribuição de economias de escala, perderia na certa. O que nos resta é ser mais ágeis e inventivos, proporcionar um serviço de melhor qualidade e criar um ambiente de loja mais aprazível. E, quando a concorrência descobrir o que estamos fazendo de certo, temos de nos movimentar outra vez rumo a outras inovações, que proponham um novo valor para nossos clientes em constante evolução.

O propósito maior do marketing

Empresas conscientes abordam o marketing de um jeito diferente do tradicional. Na atualidade, em sua maioria, as pessoas veem com cinismo a atividade

CLIENTES: LEALDADE E CONFIANÇA

– a ponto de ter se disseminado uma conotação pejorativa para seu nome –, interpretada como técnica de manipulação de pessoas, a fim de convencê-las a tomar decisões que não atendem a seus interesses. No Whole Foods, pensamos no marketing como meio de melhorar a qualidade do relacionamento com os clientes: para nós, tudo aquilo que desenvolve e aprofunda essa relação por meio da construção de confiança é bom marketing; qualquer coisa que a prejudique é mau marketing.

O Trader Joe's é outro grande exemplo de abordagem consciente de marketing. A companhia gasta menos de 1% de sua receita em publicidade, muito abaixo da média do setor. Em vez de apostar nas vendas frequentes como a maioria dos varejistas, busca ofertar um grande valor a seus clientes a cada dia. Seu principal veículo de propaganda é uma divertida publicação informativa intitulada *The fearless flyer*, em geral aguardada com ansiedade pelos clientes. Doug Rauch, ex-presidente do Trader Joe's, analisa:

> Uma vez que as empresas conscientes são organizações com propósitos alinhados com os *stakeholders*, não precisam usar o marketing para estimular ou criar um interesse que, de outra forma, não existiria. Elas apenas compartilham a verdade sobre seu produto ou serviço. Não tentam criar uma demanda artificial e efêmera, mas autenticamente comunicam-se e conectam-se com as pessoas em torno de seus valores comuns. O Trader Joe's tem claro senso de propósito e foco definido na experiência do consumidor. Com o tempo, isso fez os clientes se tornarem fãs, embaixadores e agentes de marketing não remunerados e altamente eficazes da empresa. Não só os funcionários, mas até mesmo os fornecedores se convertem em "marqueteiros" da companhia![7]

As empresas têm o poder de moldar a cultura popular e influenciar os gostos e preferências das pessoas, principalmente por meio de seus esforços de marketing. Nos Estados Unidos, essa força de persuasão é apoiada por cerca de US$ 1 trilhão de investimentos por ano, ou mais de US$ 3.200 por homem, mulher ou criança do país.[8] Tamanho poder traz uma grande responsabilidade. Todos esses gastos exercem profundo impacto sobre a cultura popular, a qual, por sua vez, tem influência determinante sobre o comportamento das pessoas. Infelizmente, os enormes recursos drenados pelo marketing na

O SEGUNDO PRINCÍPIO: INTEGRAÇÃO DE *STAKEHOLDERS*

atualidade produzem impactos nem sempre favoráveis à adoção de um estilo de vida saudável, gratificante e com significado.

O marketing pode tanto conscientizar os clientes sobre novas e maravilhosas ofertas, orientando-os para uma direção favorável, como persuadi-los a fazer coisas que em nada contribuem para seu bem-estar. Com frequência, a publicidade exagera na promessa de benefícios a fim de induzir as pessoas a comprar os produtos anunciados, sejam eles apropriados ou não à satisfação de suas reais necessidades. Em geral, isso só funcionaria no curto prazo, uma vez que teoricamente as pessoas logo perceberiam o engodo a que foram levadas. No entanto, muitos acabam enredados no consumo de substâncias viciantes (nicotina, álcool, açúcar, cafeína e algumas drogas farmacêuticas são as mais frequentes).

De muitas maneiras, a atividade de marketing perdeu de vista seu propósito maior: entender a fundo as necessidades das pessoas a fim de que as empresas possam satisfazê-las, contribuindo assim para melhorar a qualidade de vida dos clientes e o desempenho financeiro do negócio. O marketing inteligente alinha as necessidades e os desejos do cliente e o ajuda a querer também aquilo que é bom para ele. Marketing de verdade tem a ver com fazer o melhor para os clientes, por meio do entendimento e da satisfação de suas mais importantes e significativas necessidades, ainda que estas não sejam conscientemente identificadas. Trata-se de fornecer o valor real, e não de mascatear em proveito próprio. Em certo sentido, é uma espécie de cura.[9]

EXEMPLOS DE PROPÓSITO MAIOR

A ideia de venda tem uma conotação ruim no imaginário de muita gente: traz à tona a imagem do vendedor impertinente, pressionando para fechar uma compra a todo custo. No entanto, quando atende às necessidades reais que os clientes têm, mas não conseguem identificar, a venda constitui um serviço valioso, quase heroico. Segundo Kip Tindell, cofundador e CEO da The Container Store, os membros da equipe muitas vezes agem como "covardes" quando entregam ao cliente apenas aquilo que é pedido, em

CLIENTES: LEALDADE E CONFIANÇA

vez de buscar outras maneiras de agregar valor. Isso fere tanto a empresa como o próprio cliente. Para ilustar esse ensinamento, Tindell conta uma parábola que ele chama de "homem no deserto":

> Perdido no deserto por dias, à beira da morte, um homem rasteja na direção de um oásis. Você vive nesse oásis e vê esse homem, que espera desesperadamente que aquilo não seja uma miragem. Se estivesse em seu lugar, a maioria dos homens de negócios sairia correndo para dar um copo de água ao sujeito e, em seguida, afagaria o próprio ego pensando que isso foi suficiente e maravilhoso. Mas é claro que há muito mais a fazer por esse homem. Provavelmente exaurido pelo calor e pela insolação, ele precisa de reidratação, protetor solar e mesmo de um chapéu. Talvez seja importante também telefonar para os familiares, aflitos com o sumiço do ente querido, para avisar que está tudo bem. Ao refletir sobre essas coisas, você está intuindo as muitas necessidades desse andarilho desgarrado. Se o oásis fosse nossa loja de Houston, Texas, a equipe garante que tomaria conta tão bem do sujeito que, depois de algumas horas, ele já estaria em uma piscina bebericando uma margarita! O homem no deserto é tão mais feliz quanto mais coisas forem feitas para ele. Isso é o que chamamos de venda "heroica": alinhar-se ao que o cliente realmente quer e necessita, e fazer algo que seja bom tanto para ele como para a empresa.[10]

Clientes como defensores

Empresas conscientes reconhecem o poder de colocar os interesses dos clientes acima do seu, bem como a importância da transparência e da autenticidade na comunicação com eles. Por isso, levam informações verdadeiras e completas às pessoas, ajudando-as a encontrar os produtos mais adequados a suas necessidades, ainda que sejam feitos pela concorrência. Fortalecer o relacionamento com o cliente e construir um canal de confiança têm um valor que supera em muito o custo da perda de uma transação ocasional. Uma pesquisa feita por Glen Urban, do MIT, descobriu que, quando demonstra compromisso genuíno com o bem-estar das pessoas, a companhia obtém várias formas de retorno: sua credibilidade cresce aos olhos dos clientes, que aumentam suas compras futuras e se convertem em defensores da empresa – na realidade, vendedores informais e sem salário, mas muito eficazes.[11]

Os melhores profissionais de marketing que qualquer empresa pode ter são os clientes realmente satisfeitos. Eles "vendem" o negócio por você. Quem tem muitos desses clientes fica bem menos dependente da publicidade. É nosso caso, no Whole Foods Market. Fazemos alguns anúncios ao abrir uma nova loja, mas isso é tudo. Para nós, o marketing está em satisfazer, encantar e nutrir nossos clientes, criando boas relações com base na confiança. As pessoas retribuem com lealdade e por meio de uma propaganda positiva entre amigos e conhecidos.

As mídias sociais aceleraram e amplificaram o poder da comunicação dos indivíduos, fazendo ecoar a voz daqueles que aprovam uma empresa e compartilham esse apreço. Na TV dos Estados Unidos, a fragmentação de emissoras para além das três grandes redes – sem mencionar o avanço tecnológico que permite ao espectador não ver comerciais – tornou ainda mais difícil atingir um mercado amplo por meio da publicidade tradicional. Isso proporciona uma vantagem real para as empresas que têm um propósito maior e que são hábeis em utilizar as ferramentas de marketing não para vender, e sim para agregar valor entre as pessoas que compartilham suas crenças.[12]

O nexo entre clientes e membros da equipe

A relação entre clientes e membros da equipe é crucial, especialmente para quem atua em serviços ou varejo. Para o Whole Foods Market, o caminho de criação de valor para os clientes passa pelos colaboradores. São eles os responsáveis pelo serviço de qualidade que vai resultar em uma grande experiência de compra. Por isso, nossa filosofia em relação a *stakeholders* sublinha que "membros da equipe felizes resultam em clientes satisfeitos". Se realmente nos preocupamos com os clientes, também devemos nos preocupar de verdade com os colaboradores.

Em seguida, vamos analisar a outra asa que faz o pássaro de livre empresa alçar voo: os membros da equipe.

CAPÍTULO 6

A paixão e a inspiração da equipe

É possível construir um negócio com amor e confiança em vez de medo e estresse? Essa foi a pergunta que nos fizemos quando fundamos o Whole Foods Market. Na época, olhamos ao redor para as empresas que conhecíamos e vimos que havia muito medo e estresse em várias das equipes de colaboradores. Quase ninguém parecia realmente animado quando ia para o trabalho.

Eis um fato um tanto deprimente sobre a realidade laboral moderna: o índice de ataques cardíacos sobe de maneira drástica na segunda-feira pela manhã em todo o mundo.[1] A triste verdade é que muitos odeiam o que fazem e estão estressados com suas tarefas. O ambiente de trabalho é, com frequência, uma panela de pressão, em que condições precárias se somam com uma cultura na qual funcionários não são seres humanos valorizados e em que colegas veem uns aos outros como rivais ameaçadores. Não admira, assim, a ressonância que a rede de restaurantes TGI Friday's alcançou ao adotar um desabafo como nome (Thank God It's Friday, ou "Graças a Deus é sexta-feira"). A maioria das pessoas vê seu trabalho como um fardo a ser suportado até a chegada do fim de semana ou das férias, quando, enfim, é possível se divertir. Vive-se em função do tempo fora do trabalho.

As coisas têm de ser assim? O trabalho precisa ser sinônimo de labuta? Longe disso. A infelicidade de grande parte das pessoas com suas ocupações não significa que o trabalho não seja importante e que não possa nos conduzir à felicidade. Na verdade, trata-se de um elemento central na vida de muita gente. "Amor e trabalho são os pilares de nossa humanidade", observou Sigmund Freud.

Trabalho, significado e felicidade

No século 21, o anseio geral, especialmente entre as pessoas com melhor formação e renda, é trabalhar por mais do que o pagamento no fim do mês. Aspira-se a um trabalho que seja estimulante e agradável e que tenha significado: a ideia é fazer a diferença para tornar o mundo um lugar melhor. As pessoas estão à procura de uma comunidade de amigos. Desejam oportunidades para aprender, crescer e se divertir.

Alguns anos atrás, o Gallup conduziu um estudo sobre a felicidade humana em 155 países. A pesquisa revelou que o principal fator determinante para alguém ser feliz não é a riqueza; a partir de certo nível, o acúmulo de bens materiais não exerce nenhum efeito. Também não se trata da saúde, entendida em geral como algo adquirido, nem mesmo da família. O fator apontado como número um é "um bom trabalho" – um trabalho que tenha significado e seja compartilhado com colegas que se importam com isso. Jim Clifton, presidente e CEO do Gallup, comenta: *"O que todo mundo quer é um bom trabalho. Essa é uma das descobertas mais importantes que o Gallup já fez... O ser humano costumava desejar amor, dinheiro, comida, abrigo, segurança, paz e liberdade mais do que qualquer outra coisa. Os últimos 30 anos mudaram isso. Agora as pessoas querem ter um bom trabalho e almejam o mesmo para seus filhos".*[2]

Isso não deveria nos surpreender. Afinal, passamos cerca de um terço de nossas horas de vigília nos dedicando a uma ocupação remunerada. Se ela é inerentemente satisfatória e desenvolvida ao lado de colegas que estimamos e respeitamos, nos sentimos satisfeitos e felizes. De outro lado, se a rotina é penosa ou se estamos cercados por gente infeliz e cínica, disposta a subir na vida a nossa custa, nos sentimos explorados e deprimidos.

O trabalho não tem de ser triste e aborrecido. Ser eficaz no serviço e se divertir não são coisas excludentes. O trabalho deve ser o lugar onde encontramos significado e propósito, mas também comunhão e prazer. Podemos nos concentrar atentamente ao que fazemos e tirar satisfação disso. Um ambiente em que as pessoas conciliam produção com diversão é um dos fatores determinantes para a criação de uma cultura dinâmica e inovadora.

Um exemplo de local de trabalho descontraído e inovador é a Southwest Airlines. Seu fundador e CEO de longa data, Herb Kelleher, é um criativo rebelde que queria criar uma empresa diferente, divertida, em que todo mundo realmente gostasse de estar. Ele mesmo estabeleceu a norma, envolvendo-se em uma série de iniciativas extravagantes que se tornaram lendárias na companhia e em seu setor. Robert W. Baker, vice-presidente da muito menos bem-sucedida arquirrival American Airlines, lamenta: "Aquele lugar funciona na base da conversa fiada de Herb Kelleher".[3] Como se vê, funciona muito bem!

Emprego, carreira, vocação

Nosso trabalho pode existir em três níveis: emprego, carreira ou vocação.[4] Se é "só um emprego", trata-se de pura transação comercial — oferecemos certa quantidade de nossas horas semanais em troca de salário e um conjunto de benefícios. Cabe a nós decidir se essa troca vale a pena ou não. A ligação emocional com o que fazemos inexiste: no caso, o trabalho nada significa além de fonte de dinheiro para suprir as necessidades da sobrevivência. Vivemos "de verdade" somente à noite e nos fins de semana.

Pessoas mais ambiciosas pensam em termos de carreira, como meio de acesso a oportunidades de alcançar níveis mais elevados de responsabilidade e remuneração. A ideia é fazer mais do que o mínimo necessário para se manter empregado, a fim de escalar com astúcia a hierarquia corporativa. Isso não nos exige necessariamente investimento emocional com as tarefas nem envolve valores maiores do que a gratificação material. Em casos de

O SEGUNDO PRINCÍPIO: INTEGRAÇÃO DE *STAKEHOLDERS*

extrema ambição, as atitudes dos profissionais carreiristas podem se concentrar apenas no proveito próprio, prejudicando os colegas e a organização como um todo.

Quando o trabalho equivale a vocação, seu significado é tão grande para nós que nem um bilhete premiado na loteria nos convenceria a abandoná-lo. Para muito além do salário, ele nos brinda com valor e satisfação. Relaciona-se com algo que nos desperta a paixão, algo de que o mundo realmente precisa. Ao trabalharmos, nos sentimos mais vivos, mais reconciliados com nós mesmos. Em última análise, é por isso que todos, colaboradores e empregadores, temos de lutar – pelo maior número possível de pessoas envolvidas com seu trabalho como se estivessem atendendo ao chamado de sua vocação.

Walter Robb, co-CEO do Whole Foods, descreve a importância do alinhamento de valor entre a empresa e os membros da equipe: "Sempre pergunto aos novos colaboradores como e por que escolheram trabalhar para nós. Depois de ter travado milhares de conversas individuais, posso dizer que, além de nossa reputação de bom lugar para trabalhar, a razão mais importante é que a empresa se alinha com os próprios valores pessoais, e eles sentem que aqui podem fazer a diferença no mundo. Essa é a linguagem de propósito".[5]

O pensador da gestão Gary Hamel vê o engajamento do membro da equipe como decisivo para a vantagem competitiva: "Em um mundo no qual os clientes acordam todas as manhãs perguntando 'o que é novo, o que é diferente, o que é surpreendente?', o sucesso depende da capacidade da empresa de liberar a iniciativa, a imaginação e a paixão dos funcionários em todos os níveis – e isso só acontece se todas as pessoas estão ligadas de alma e coração ao trabalho, ao negócio e à missão".[6]

Motivação intrínseca versus *motivação extrínseca*

As abordagens tradicionais para influenciar e motivar os membros da equipe perderam muito de sua eficácia com as mudanças evolutivas e sociais das últimas décadas. No livro *Drive: the surprising truth about what motivates us*, Daniel Pink analisa os estudos realizados nos últimos 40 anos sobre motivação humana, concluindo que as empresas ignoram o que a evidência científica lhes sugere claramente que deveriam fazer.[7] Em grande parte das companhias, a gestão de pessoas continua muito dependente de motivadores extrínsecos – a proverbial cenoura pendurada na vara de pescar –, como incentivos e ameaças. Tais recursos, porém, só têm eficácia quando o trabalho não tem significado inerente nem potencial para a criatividade e a satisfação, como nas linhas de montagem, em que tarefas simples são repetidas infinitamente.

Quando encontram significado e prazer no trabalho, os membros da equipe passam a se nutrir da mais poderosa motivação intrínseca. Para tanto, as empresas devem primeiro garantir a contratação das pessoas certas para o trabalho certo. Isso significa selecionar gente talentosa e capaz, mas também pessoalmente comprometida com suas tarefas e com o propósito corporativo. As companhias devem ainda redesenhar o trabalho para torná-lo mais significativo, ou seja, é preciso abrir oportunidades para que as pessoas cresçam e desenvolvam maestria em determinada área. Finalmente, faz-se necessário capacitar as pessoas para tenham mais autonomia. Esses três elementos – propósito, maestria e autonomia –, combinados, levam a altos níveis de motivação intrínseca, que é a chave para a criatividade, a dedicação, o desempenho e a satisfação.

Contratação consciente e práticas de retenção

Empresas conscientes têm muito cuidado ao contratar. Hoje, remediar uma contratação errada é muito mais difícil do que costumava ser; portanto, vale a pena investir tempo e esforço para assegurar a escolha de pessoas adequadas à organização, que acreditem no propósito do negócio e comunguem de seus valores e cultura. Os candidatos a uma vaga na The Container Store, por exemplo, passam por oito entrevistas com oito pessoas diferentes. Privilegiam-se basicamente o bom senso e a integridade da pessoa – o resto, acredita a empresa, pode ser ensinado.

No Whole Foods Market, cada candidato passa por um período de experiência de 30 a 90 dias como membro provisório de uma equipe. Ao final desse prazo, o voto positivo de dois terços da equipe é necessário para

O SEGUNDO PRINCÍPIO: INTEGRAÇÃO DE *STAKEHOLDERS*

avalizar a contratação como colaborador do quadro permanente. A lógica é simples: pode-se até iludir um chefe por algum tempo, mas é muito mais difícil enganar todos os colegas. Com isso, estagiários que demonstrem atitude profissional inadequada ou que não se alinhem com a cultura do Whole Foods Market não são eleitos. Quando isso acontece, há duas opções: buscar vaga em outra equipe da companhia para novo período experimental ou deixar a empresa.

Uma vez contratados, os colaboradores das empresas conscientes tendem a ser estáveis nos empregos, conforme referenda Kip Tindell: "Uma das coisas que mais me dão orgulho é que as pessoas que aderem à The Container Store nunca mais saem. O *turnover* em nossas equipes é inferior a 10% ao ano, em um setor cujo índice pode passar de 100%".[8] No Whole Foods Market, o *turnover* voluntário entre os colaboradores contratados em regime de tempo integral (que representam mais de 75% da força de trabalho) também é inferior a 10% ao ano. Como os membros das equipes permanecem por longo tempo, as empresas conscientes podem se dar ao luxo de investir fortemente em sua formação. Poucas levam isso tão a sério como a The Container Store, que recentemente aumentou a carga de treinamento formal oferecida a cada funcionário de 240 para 270 horas. A média do setor de varejo é de 16 horas.

Uma prática de trabalho baseada no medo tornou-se bastante conhecida ao longo das duas últimas décadas, com o sucesso financeiro que Jack Welch experimentou em seu longo período como CEO da General Electric, até 2001. A política da GE, enraizada em um sistema próprio de classificação de colaboradores, determinava a demissão dos 10% com pior avaliação a cada ano (a Enron adotava método similar).[9] A justificativa: o medo de figurar nesse grupo é tamanho que todos trabalham duro para se salvar. No entanto, mesmo quem se dedica ao máximo e considera o próprio desempenho satisfatório nunca tem muita certeza de ser bem avaliado. O medo de estar entre os piores 10% pode levar o funcionário a ver os colegas como rivais, não mais como companheiros de time, e a fazer de tudo para garantir que não ficará abaixo deles. Viktor Frankl admitiu, com vergonha, o alívio que ele e outros detentos dos campos de concentração sentiam quando outra pessoa era levada para a execução – "antes ele do que eu" era o sentimento dominante.

A PAIXÃO E A INSPIRAÇÃO DA EQUIPE

Acreditamos que a política empregada por Welch prejudica bastante o moral do ambiente de trabalho, ao criar um clima de terror e colocar as pessoas umas contra as outras. O medo pode ser um motivador eficaz em curto prazo; em uma situação de crise, desencadeia esforços extraordinários por um breve período. No entanto, como política permanente, é um desastre. Por que instaurar um arbitrário *turnover* de 10% na empresa? Se todos desempenham bem, todos merecem ficar.

Empresas conscientes costumam recorrer ao apoio de ex-colaboradores. Algumas delas, como a firma de consultoria McKinsey e o escritório de advocacia australiano Gilbert & Tobin, mantêm programas formais voltados para ex-integrantes da equipe. No mercado de trabalho, é comum que profissionais demitidos demonstrem atitudes hostis para com o antigo empregador. Nos negócios conscientes, isso raramente acontece. Muitas pessoas tiveram de ser demitidas, por exemplo, quando a empresa The Motley Fool passou por dificuldades, mas reassumiram suas vagas assim que a companhia voltou a crescer.

Promoção do trabalho em equipe

Não é por acaso que muitas empresas conscientes organizam seu pessoal em equipes. Trabalhar assim gera familiaridade, e as pessoas acabam adquirindo confiança de maneira natural. Os seres humanos evoluíram ao longo de centenas de milhares de anos em pequenos grupos e tribos. É profundamente gratificante você fazer parte de um time que considera e avalia suas contribuições, encorajando-o a ser criativo e a participar cada vez mais. Uma equipe bem estruturada libera fontes de sinergia que de outro modo permaneceriam latentes, tornando o conjunto maior do que a mera soma das partes. A cultura de compartilhamento e colaboração vivida em grupo não só contempla uma aspiração primitiva da natureza humana, como é essencial para a obtenção de excelência no local de trabalho. Isso sem contar o aspecto da diversão. Com o tempo, as melhores equipes desenvolvem um senso de identidade – no Whole Foods Market, por exemplo, muitas vezes elas se batizam com nomes criativos como Time da Mercearia Rocking Richardson ou Monstros da Produção Verde.

O SEGUNDO PRINCÍPIO: INTEGRAÇÃO DE *STAKEHOLDERS*

A maior parte das equipes do Whole Foods tem entre seis e cem membros; as maiores dividem-se em subequipes. Os líderes de cada uma delas também compõem o time de liderança da loja, o qual tem representantes na equipe de liderança regional. Essa estrutura interligada se estende até abranger a equipe de executivos do alto escalão. As equipes tomam as próprias decisões sobre contratações, seleção de muitos produtos, merchandising ou mesmo remunerações. Também têm responsabilidades quanto ao lucro. Nossos programas de incentivo, em geral, contemplam metas e desempenhos coletivos, e não individuais, como no caso da distribuição dos bônus de participação nos lucros.

As equipes proporcionam segurança e senso de pertencimento às pessoas. As ideias criativas dos indivíduos pipocam dentro do grupo e são aperfeiçoadas. Em especial nos Estados Unidos, persiste o mito do gênio solitário, que sem a ajuda de ninguém intui inovações brilhantes e transformadoras. Ocasionalmente isso pode até acontecer, mas é muito mais comum que os grandes projetos surjam de um processo de construção coletiva. O espírito de colaboração permite que uma ideia evolua e amadureça de modo mais rápido e certeiro.

É natural que as pessoas tanto colaborem quanto compitam. No Whole Foods, descobrimos a alta eficácia de manter vários times autogeridos competindo entre si de maneira amistosa. A equipe de produto de determinada loja, por exemplo, se empenha em aumentar sua produtividade e suas vendas em relação às outras equipes da mesma loja, da mesma região geográfica ou da empresa como um todo. É uma questão de orgulho obter o reconhecimento como a melhor equipe de produto ou a melhor equipe responsável por carnes de uma região ou mesmo da companhia. Trata-se do oposto do modelo de Jack Welch, no qual os colaboradores competem individualmente para não ser demitidos. Aqui, competimos como equipes para sermos recompensados.

Nossa experiência no Whole Foods Market mostra que a confiança, a coesão e o desempenho são otimizados com esse tipo de estrutura organizacional baseada em pequenas equipes. Cada pessoa é um membro vital e importante de seu time. O sucesso coletivo depende das inestimáveis contribuições de todos os integrantes: ninguém é invisível, ninguém é "cavaleiro solitário", pois as equipes se autofiscalizam de forma efetiva.

A PAIXÃO E A INSPIRAÇÃO DA EQUIPE

Uma abordagem consciente da remuneração

Em qualquer local de trabalho, os membros da equipe dedicam grande atenção à forma como o sistema de remuneração funciona. Independentemente do que a organização prega como valores e propósito, é no plano de remuneração que ela tem uma de suas expressões mais reveladoras. Nada drena a motivação mais rapidamente do que a percepção de que o sistema é injusto e manipulado. Se uma empresa fala de propósito maior, atendimento exemplar e outros ideais, mas premia sua equipe de modo incompatível com esse discurso, as chances de sucesso tendem a minguar.

No Whole Foods Market, certas políticas de remuneração têm sido muito eficazes. Nosso passo mais radical talvez tenha sido dar transparência total ao sistema: todos dentro da empresa têm como saber quanto os outros ganham. Trata-se de uma parte essencial de nossa cultura, que garante justiça ao sistema de remuneração – a transparência total possibilita que os membros da equipe identifiquem e denunciem eventuais falhas, dando à companhia a oportunidade de melhorar.

A remuneração por equipe é útil para reforçar a natureza e a coesão interna dos times. No Whole Foods Market, usamos o protocolo da partilha de ganhos. Quando uma equipe aumenta sua produtividade, todos os seus integrantes dividem os bônus, pagos proporcionalmente às horas que cada um trabalhou. Isso reforça a solidariedade, alinhando os interesses dos indivíduos. Em nossa experiência, esse tipo de remuneração por equipe não mina a motivação inerente, uma vez que é intrinsecamente gratificante fazer parte de um time vitorioso.

Todos os sete executivos da equipe principal de liderança recebem exatamente os mesmos salários, bônus e opções de ações. Sentimos forte solidariedade e alto grau de confiança dentro do grupo, e queremos que isso continue. Você pode argumentar que certamente as contribuições individuais dos líderes variam entre si, o que justificaria remunerações diferentes. No entanto, ao longo dos anos, as menores diferenças na remuneração podem semear a inveja e erodir a confiança mútua. Além disso, como têm forte senso de vocação, nossos líderes não constroem sua autoestima com base em recompensas financeiras.

O SEGUNDO PRINCÍPIO: INTEGRAÇÃO DE *STAKEHOLDERS*

Equidade interna versus *equidade externa*

Em relação à questão da equidade salarial no Whole Foods Market, adotamos uma política que limita a remuneração total em dinheiro (incluindo bônus) de qualquer membro da equipe ao teto de 19 vezes o salário médio da empresa. Em organizações de capital aberto de tamanho similar, essa relação, incluindo prêmios de capital e outros incentivos, pode variar entre 400 e 500 vezes.[10]

Ao definirem seus planos de remuneração, as empresas consideram a equidade interna (o sistema de remuneração é percebido internamente como justo) e a equidade externa (a remuneração para qualquer função específica é competitiva com o mercado). Em sua maioria, as companhias se baseiam na equidade externa quando se trata de pagar os executivos – tendem a acreditar que o salário de seu CEO ou de seu diretor-financeiro, por exemplo, deve ser comparável ou superior ao praticado pelos concorrentes. Poucas organizações contentam-se em ficar em um patamar médio e, em alguns casos, esforçam-se para pagar no mínimo 75% da remuneração máxima de seu setor. Isso gera um efeito cascata, que levou ao rápido aumento dos ganhos dos executivos nas últimas décadas.

Quando a equidade externa não é equilibrada com a interna, o sistema de remuneração passa a ser visto dentro da empresa como injusto, o que gera uma profunda desmotivação. No Whole Foods, nosso teto salarial está em vigor por cerca de 25 anos (a relação de equidade atingiu os atuais 19 por 1 de maneira gradual ao longo do tempo, para ficar razoavelmente competitiva com o mercado) e nunca perdemos um executivo que gostaríamos de ter retido por causa da remuneração.

Há outro motivo para esse limite salarial. Queremos líderes que se preocupem mais com as pessoas e com o propósito da empresa do que com poder ou enriquecimento pessoal. Nossos executivos ganham bem, mas certamente menos do que o máximo que seu talento poderia lhes proporcionar. Se quisessem encorpar sua remuneração pessoal, conseguiriam fazê-lo com facilidade fora do Whole Foods Market. De fato, tornou-se rotineiro o assédio a eles por outras companhias, com ofertas tentadoras. Contudo, nossos líderes acreditam que sua remuneração no Whole Foods é razoável e justa na comparação com os demais integrantes da empresa. Claro que não recusariam se lhes fosse

A PAIXÃO E A INSPIRAÇÃO DA EQUIPE

oferecido mais dinheiro (é da natureza humana!), mas por qualquer padrão comparativo eles já são pessoas ricas, que podem fazer o que quiserem na vida.

Isso reflete uma terceira razão pela qual acreditamos que é bom existir um teto salarial: ele atrai gente com maior grau de inteligência emocional e espiritual. Em algum momento, quando juntam dinheiro suficiente para ter segurança financeira e viver com conforto e prazer, as pessoas buscam cumprir suas aspirações mais elevadas. É um sinal de maturidade emocional e espiritual quando conseguimos nos dizer "eu tenho o bastante". Acima de certo limite, querer mais não é saudável – na verdade, trata-se de uma espécie de doença.[11]

Benefícios igualitários

A maioria das empresas adota uma discriminação de classes quando se trata de benefícios. Aos executivos é dada uma série de regalias especiais, indisponíveis para todos os outros: planos especiais de aposentadoria, seguro-saúde de alto nível, voos na primeira classe ou em jatos particulares, hospedagem nos melhores hotéis, consultores fiscais para ajudá-los a gerir seu patrimônio e assim por diante. No Whole Foods Market, todos têm rigorosamente os mesmos benefícios do presidente. As únicas diferenças são baseadas no tempo de empresa: quanto mais a pessoa permanece conosco, maiores seus tempos livres remunerados e maior a contribuição da companhia para lhes oferecer planos de saúde com abrangência e reembolsos *premium*. Um funcionário que atuou no caixa de uma loja por vários anos desfruta hoje dos mesmos privilégios de dois de nossos co-CEOs. É um sentimento incrível poder contar às pessoas sobre essa prática, que espalha a solidariedade por toda a organização. De tempos em tempos, temos de resistir aos esforços de alguns executivos que reivindicam benefícios melhores e exclusivos, por estarem em uma posição mais elevada. Alguns deles chegaram a deixar a empresa para obter melhores oportunidades financeiras em outro lugar, e em todos os casos ficamos felizes em vê-los partir. Pudemos substituí-los por líderes mais capazes e sintonizados com nossa cultura. Para nós, a questão é inegociável.

No Whole Foods, a cada três anos os membros da equipe votam para indicar os benefícios que desejam. Iniciamos a prática ao notar a frequência com

O SEGUNDO PRINCÍPIO: INTEGRAÇÃO DE *STAKEHOLDERS*

que os colaboradores perguntavam sobre novos tipos de benefícios – como seguro para luto de animal de estimação! Percebemos, então, que não éramos nós que devíamos descobrir os melhores benefícios a serem concedidos às pessoas e decidimos deixar a escolha por conta delas. Assim, a cada triênio submetemos todos os benefícios a uma votação geral. A liderança decide o percentual da receita da empresa a ser investido na área e, em seguida, atribui um custo para cada benefício potencial. Os colaboradores votam em seus preferidos; os mais votados formam o pacote que vai vigorar pelos três anos seguintes. Tal processo resulta no atendimento às necessidades e aos desejos da maioria dos membros da equipe. Embora nem sempre sejam vistas pela liderança como decisões conscientes, as escolhas são acatadas – os colaboradores optaram, por exemplo, pela troca de um benefício que remunerava horas trabalhadas a serviço da comunidade por outro, que aumenta o tempo livre remunerado.

Saúde e bem-estar da equipe

Zelar pela saúde dos colaboradores tornou-se um verdadeiro desafio para as organizações, especialmente nos Estados Unidos, onde os custos continuam a aumentar inexoravelmente. Há 50 anos, os norte-americanos gastavam 16% de sua renda com alimentos e 5% com cuidados de saúde. Em 2010, passaram a gastar 7% para se alimentar e 17% para prevenir ou tratar doenças.[12] No entanto, as empresas conscientes seguem comprometidas em fornecer um bom seguro de saúde para suas equipes, muitas vezes estendendo-o para colaboradores de meio período, desde que cumpram um número mínimo de horas por semana. É o caso do Trader Joe's, cujo ex-presidente, Doug Rauch, afirma: "Quando vêm trabalhar, as pessoas trazem suas preocupações, sua doença, sua ansiedade ou sua tristeza, e os clientes sentem isso. Para nós, vale a pena instaurar um ganha-ganha: você paga esses benefícios ao colaborador, ele se sente gratificado, agradecido e feliz; os clientes sentem essa felicidade e passam a gostar mais de estar em sua loja".[13]

Grande parte das empresas tradicionais pensa na saúde da equipe apenas em termos de custos. Porém a questão não tem a ver com contenção de despesas,

A PAIXÃO E A INSPIRAÇÃO DA EQUIPE

e sim com ajudar as pessoas a levar uma vida saudável e plena. O Whole Foods Market adotou planos de saúde e bem-estar inovadores, que fizeram grande diferença no moral da organização. Com seu seguro próprio, a empresa aplicou mais de US$ 200 milhões no ano fiscal de 2011 em cuidados de saúde para os membros da equipe. Estamos sempre à procura de maneiras de fornecer bons benefícios para eles, e não de conter gastos – o que não é tarefa fácil, dado o extraordinário aumento dos custos de saúde nos Estados Unidos nas últimas décadas. Nosso plano de seguro-saúde é baseado em dois programas que trabalham em conjunto: um plano médico-hospitalar de alta franquia, para cobrir emergências catastróficas, e uma conta pessoal de bem-estar (é um seguro de reembolso de saúde, para as necessidades mais corriqueiras, financiado pela empresa). O fato de termos nosso próprio seguro nos torna mais prudentes quanto aos custos da área. Sempre explicamos isso para os colaboradores – que é o próprio Whole Foods Market, e não uma companhia de seguros externa, que cobre as despesas de seus problemas de saúde.

Além de nosso plano inovador, enfatizamos o tempo todo a melhoria da saúde e do bem-estar de nossa equipe. Esse é um grande exemplo de como a estratégia Win[6] aproveita a interdependência das partes interessadas. Sabemos que, quando se mantêm saudáveis, os colaboradores têm mais energia para trabalhar e prestar um ótimo serviço aos clientes, e a empresa, por sua vez, gasta menos com doenças e tratamentos em seu quadro fixo. Trata-se de uma vitória para todos: membros da equipe, clientes, investidores e outras partes interessadas.

Para contribuir para a saúde e o bem-estar da força de trabalho, o Whole Foods Market tem um programa de incentivo que oferece descontos em produtos a colaboradores, com base no grau de bem-estar de cada um – a iniciativa permite o acúmulo de descontos superiores aos 20% já desfrutados por toda a equipe. Para ter direito ao incentivo, é preciso cumprir certos critérios biométricos, como níveis de colesterol e pressão arterial, índice de massa corporal, relação de altura-cintura, além de ser livre de nicotina. Uma vez por ano, um laboratório móvel visita nossas lojas e outras instalações. A empresa paga pelo teste voluntário, que custa cerca de US$ 78 por pessoa. A pontuação do colaborador determina o nível de desconto adicional em loja que ele vai receber. Existem quatro níveis adicionais, que variam de 22% a 30%: bronze, prata,

O SEGUNDO PRINCÍPIO: INTEGRAÇÃO DE *STAKEHOLDERS*

ouro e platina. Em nossa cultura, tornou-se uma questão de orgulho para os membros da equipe chegar aos níveis mais elevados. Como resultado, as pessoas prestam mais atenção à dieta e se exercitam mais, e muitas largaram o cigarro (fumantes não são elegíveis para nenhum nível de maior desconto). No segundo ano do programa, vimos um aumento de quase 20% no número de beneficiários do incentivo. É cedo, mas o progresso até agora tem sido promissor.

O segundo programa propõe uma imersão total na saúde. Oferecemos aos colaboradores enfermos ou com mais risco de adoecer – obesos, cardíacos, diabéticos, portadores de níveis elevados de colesterol e de pressão arterial – a oportunidade de aderir à iniciativa, se assim o desejarem. Em geral, são pessoas motivadas, muitas vezes com vários vícios alimentares, mas que querem ser mais saudáveis. O objetivo é ajudá-las a tomar o controle de sua vida, quiçá pela primeira vez – muitas se desesperam com a dificuldade de mudar hábitos nocivos de maneira duradoura. Às expensas da empresa (mais de US$ 3 mil por pessoa), os participantes se submetem a um programa de supervisão médica com duração de uma semana, recebendo educação intensiva sobre alimentação saudável e qualidade de vida. No período, o colesterol total dos participantes cai cerca de 40 pontos e sua pressão arterial, 30 pontos. Os obesos perdem, em média, cinco quilos. A comida é fresca, saudável e saborosa, e ninguém passa fome. As pessoas veem tanto progresso em sete dias que percebem ser viável assumir o controle da própria saúde pelo resto da vida. Isso lhes dá grande alegria, porque aprendem que não estão fadadas a ficar acima do peso ou doentes por mais tempo.

Os resultados foram simplesmente deslumbrantes. Não tínhamos ideia de que fosse possível progredir tanto e tão rapidamente! Cerca de 1.300 pessoas passaram pelo programa em seus dois primeiros anos. Dezenas delas perderam cerca de 45 quilos cada uma em menos de um ano. Doenças do coração e diabetes foram revertidos. Embora os especialistas digam que o diabetes tipo 2 não tem cura por medicamentos, definitivamente acreditamos que seja curável por meio de mudanças na dieta e no estilo de vida: em 30 a 90 dias, sempre sob a supervisão de médicos treinados nesse tipo de terapia nutricional, participantes do programa pararam de tomar insulina e reverteram seus índices. Na maioria dos casos, isso exige a radical transição para uma dieta integral, rica em verduras e legumes, densamente nutritiva e restrita a

A PAIXÃO E A INSPIRAÇÃO DA EQUIPE

gorduras saudáveis. Os colaboradores que abraçaram essas mudanças tiveram surpreendentes ganhos de saúde, e com muita rapidez. Estamos tão entusiasmados com o programa que o estendemos para os cônjuges e parceiros dos membros da equipe e pretendemos oferecê-lo ao público em 2013.

A alegria do trabalho

Empresas conscientes têm ambientes de trabalho propositalmente criados para desafiar e encorajar as pessoas a aprender e crescer. Também compreendem a importância de manter equipes de trabalho autogeridas, autônomas, mas colaborativas entre si. O negócio consciente se organiza em torno de motivações intrínsecas, como propósito e amor, e instaura um clima que permite aos membros da equipe florescerem como seres humanos aptos a conquistar a autorrealização. Os benefícios de tudo isso são compartilhados por todos os *stakeholders*, incluindo os investidores, objeto de estudo do próximo capítulo, em que vamos discutir a importância de tratá-los de maneira responsável e consciente.

CAPÍTULO 7

Os perseverantes investidores

O capital financeiro – o dinheiro investido nos negócios – desempenha papel fundamental no capitalismo de livre-iniciativa. Para que esse sistema político-econômico evolua com sucesso, os *stakeholders* financeiros devem se tornar mais conscientes, reconectando-se com seu propósito maior.

Redescoberta do propósito maior do capital

Os verdadeiros investidores têm um propósito importante em seu trabalho e, coletivamente, criam grande valor para a sociedade. O capital de terceiros (empréstimos a serem pagos com juros) fornecido por bancos e outras fontes é essencial, pois ajuda as empresas a crescer sem diluir a participação acionária. O capital próprio (investido na base do risco, em troca de um percentual de participação no negócio) tem valor inestimável para companhias jovens e inovadoras crescerem, assim como o capital privado e o público são

O SEGUNDO PRINCÍPIO: INTEGRAÇÃO DE *STAKEHOLDERS*

importantes para corporações mais maduras e de maior porte. Sem essas fontes de financiamento, a maioria das empresas não poderia atingir seu pleno potencial e teria muito mais dificuldades para inovar, crescer e criar valor para seus *stakeholders*.

Os investidores, contudo, não recebem o reconhecimento à altura do bem que proporcionam, uma vez que, com frequência, ferem sua reputação coletiva na sociedade ao vestirem a carapuça de gente que só pensa nos resultados, como se estes fossem símbolo de orgulho. Quando se apresentam assim, como pessoas ávidas por dinheiro, caem na armadilha que os críticos do capitalismo criaram – a noção de que os negócios visam apenas os lucros, nada mais –, e as acusações de ganância e egoísmo se espalham.

Infelizmente, essa caricatura dos negócios às vezes descreve com precisão a parte financeira do capitalismo. Mais do que qualquer outro setor da economia, o mercado de capitais norte-americano caracteriza-se pela notável criação de riqueza em curto prazo e pelos extraordinários níveis de remuneração, os quais, conforme a magnitude, realmente são difíceis de defender como ganho meritório. Durante a crise financeira de 2008-2009, verificou-se que a riqueza produzida em Wall Street tinha vindo da especulação, da negociação e da jogatina de curto prazo, e não de investimentos produtivos. Os ganhos foram embolsados por especuladores; os prejuízos, absorvidos pelo governo e pelos contribuintes. Wall Street, com seu foco exclusivo nos lucros e na maximização de valor para os acionistas, tem em muitos aspectos se desconectado da economia real – o mundo em que as pessoas trabalham e vivem. Isso tem jogado a opinião pública contra os negócios em geral e o capitalismo como um todo.

Às vezes, parece que os valores e a filosofia de Wall Street se tornaram um tipo de câncer, a corromper as partes saudáveis de um sistema maior. A crise econômica de 2008 resultou em uma série inédita de entidades financeiras "grandes demais para falir" sendo salvas pelo governo. Além das centenas de bilhões de dólares de impostos pagos pelo contribuinte desviadas para o perdulário socorro público a bancos e corporações como Fannie Mae e Freddie Mac, o Federal Reserve manteve as taxas de juros artificialmente baixas por vários anos e, agora, permite que essas mesmas instituições obtenham lucros elevados e praticamente livres de risco com o *spread* bancário – um exemplo demonstrativo do "capitalismo entre amigos".[1]

OS PERSEVERANTES INVESTIDORES

Tratando os investidores de forma responsável e consciente

Erguidas com o capital dos investidores, as empresas têm a responsabilidade ética e fiduciária de ganhar dinheiro para eles. Também devem cultivar relacionamentos baseados no respeito e na confiança mútua com esses *stakeholders*, assim como fazem com seus clientes, membros da equipe e fornecedores. Muitas companhias empregam a retórica da maximização do valor para o acionista, mas agem como se não tivessem obrigações perante os investidores. Ao contrário, as empresas devem tratá-los com tanta deferência quanto a dedicada aos clientes. Pense em qual tratamento você daria aos parceiros capitalistas se o aporte de dinheiro tivesse vindo de seus pais ou amigos próximos.

Um exemplo de pessoa que mantém uma relação de respeito e transparência com os investidores é Warren Buffett, na Berkshire Hathaway. Mais do que qualquer outro líder empresarial que conhecemos, ele vê os investidores como legítimos *stakeholders* e parceiros. Cultiva relacionamentos de longo prazo com esse público e sempre é transparente sobre o que a Berkshire Hathaway pretende quando faz determinado investimento. Buffett trabalha diligentemente para comunicar o negócio da empresa e suas filosofias aos investidores. Na verdade, ajudou a educar pelo menos duas gerações de financistas quanto ao valor de longo prazo, por meio de sua famosa carta anual aos acionistas. Com sua abordagem, criou valores incríveis para os acionistas por várias décadas, realizando um ganho anual composto de 20,2% entre 1965 e 2010, em comparação aos 9,4% do S&P 500. O ganho total nesses 45 anos foi de inacreditáveis 39.419%, ante os 5.699% do S&P 500.[2]

Assim como na seleção de seus colaboradores e fornecedores, uma empresa também deve ser exigente na escolha de seus investidores. Em uma companhia de capital aberto, como o Whole Foods Market, as ações são compradas e vendidas livremente – não se pode impedir ninguém de fazê-lo. Mas, se comunicar de maneira consistente quem você é, quais são seus valores, sua filosofia empresarial, seu propósito e sua estratégia, cresce a probabilidade de atrair uma série de acionistas e demais investidores alinhados com sua visão de negócio. É de suma importância ter financiadores que estejam sintonizados com seu propósito maior e que compreendam sua filosofia em relação aos *stakeholders* – assim, diante de tempos difíceis, eles não vão pressioná-lo a abandonar sua

O SEGUNDO PRINCÍPIO: INTEGRAÇÃO DE *STAKEHOLDERS*

postura. Em outras palavras, o ideal é ser tratado pelos investidores da mesma forma como a T. Rowe Price tratou o Whole Foods Market durante a Grande Recessão, como relataremos adiante.

Jeff Bezos, da Amazon.com, descreve sua perspectiva sobre esses *stakeholders* tão especiais: "Com relação aos investidores, há um grande 'warren-buffett-ismo'. Você pode fazer um concerto de rock e ser bem-sucedido, pode fazer um balé e ser bem-sucedido, mas não pode fazer um concerto de rock e anunciá-lo como um balé. Se você é muito claro ao comunicar ao mundo que vai usar uma abordagem de longo prazo, então as pessoas certas vão selecioná-lo".[3] Como disse Buffett, você tem os investidores que merece.

Investidores *versus* especuladores

Idealmente, os investidores devem se comprometer com um negócio em longo prazo. No entanto, o período médio de participação nos Estados Unidos caiu progressivamente ao longo do tempo: costumava ser de 12 anos na década de 1940, recuou para oito na de 1960 e agora está bem abaixo de um ano.[4] As tendências são semelhantes em outros países. Hoje, muitos fazem seu investimento já com uma *estratégia de saída* definida. Essa expressão veio ao mundo por meio dos investidores de *venture capital* e *private equity*, que capitalizam um negócio já com conceito formado sobre como e quando abandoná-lo. A simples ideia de fazer um investimento com a decisão premeditada de encerrá-lo nos parece bastante perniciosa.[5] Nós não fazemos planos de fuga dos relacionamentos com o cônjuge, com os filhos ou com nossos amigos. Não temos uma estratégia de saída com nossos clientes, colaboradores, fornecedores ou comunidades em que vivemos. Por que, então, os investidores deveriam ter? Claro que, em um sistema de livre-iniciativa com base na troca voluntária, eles têm a liberdade de abandonar o navio quando sentem que não haverá mais criação de valor. Em um mundo ideal, porém, os investidores deveriam construir valor com as empresas por muitos anos, indefinidamente.

Tom e David Gardner, fundadores da firma de consultoria de investimentos The Motley Fool, têm opiniões fortes sobre o tema:

OS PERSEVERANTES INVESTIDORES

Investimento de longo prazo é uma redundância, uma vez que isso é o que o investimento de fato significa. Investimento de curto prazo é uma contradição em termos. O sinônimo para isso, *transação*, tornou-se o grande foco para muitos. Se deseja ser um investidor de longo prazo, certifique-se de que os negócios que você apoia estão investindo em princípios e em recompensas que estejam ligados à excelência de longo prazo [...] Um jeito seguro de perder é preocupar-se demais com o que acontece no curto prazo em vez de ampliar seu horizonte e tornar-se parceiro do negócio por anos e décadas.[6]

As empresas devem fazer uma distinção clara entre os que apostam em suas ações no curto prazo e os investidores de longo prazo, que querem ver o negócio crescer e florescer. Seu nível de compromisso deve ser maior com os parceiros estáveis do que com os especuladores – nada diferente do que você faz em sua vida pessoal, na relação com familiares e amigos e no contato com estranhos.

No Whole Foods Market, dialogamos no mínimo trimestralmente com os detentores de nossas ações de longo prazo, depois de anunciar a eles os resultados do período. A ideia é nos assegurarmos de que eles entendam o propósito evolutivo do negócio, nossas estratégias e as metas que estamos perseguindo. Nessas reuniões, buscamos a máxima transparência possível.

O Whole Foods Market fez sua oferta pública inicial (IPO) em 1992, e temos sido capazes de criar muito valor para nossos investidores ao longo dos anos. Nossa cotação aumentou de maneira constante a partir de US$ 2,17 até atingir US$ 79 no final de 2005. No entanto, em 2007, o crescimento empresarial começou a abrandar de modo constante, para, em seguida, despencar com a crise financeira de 2008-2009. No outono de 2008, nossas vendas em unidades em operação havia mais de 12 meses passaram a diminuir pela primeira vez na história da companhia. Tivemos uma média de crescimento de cerca de 8% durante 25 anos, em todos os tipos de ambiente econômico. Contudo, a grande crise foi diferente de tudo o que já tínhamos vivenciado. Nossa ação passou de US$ 79 para apenas US$ 8 em um período de três anos. Era fascinante e assustador experimentar isso: parecia um terremoto em câmera lenta. Para usar outra metáfora, sentimos como se a correnteza estivesse

O SEGUNDO PRINCÍPIO: INTEGRAÇÃO DE *STAKEHOLDERS*

nos afastando da costa, sem a menor ideia de quando aquilo ia parar ou do que seria preciso fazer para aportar em águas seguras.

No entanto, continuamos sendo fundamentalmente a mesma empresa. Nada tangível mudou. Nossa única fonte de conforto era a paciente compreensão manifestada por alguns de nossos investidores de longo prazo. Mais do que isso: quando a cotação das ações caiu, eles ampliaram seu investimento. O melhor exemplo disso é a companhia de fundos mútuos T. Rowe Price, um de nossos maiores acionistas por muitos anos. Em reuniões periódicas, mantínhamos esse parceiro a par da situação do Whole Foods. E repetidas vezes nos foi reiterada a crença em nosso negócio e em seu potencial em longo prazo. O pessoal da T. Rowe Price incentivava: "Não desanimem, nem façam nada agora de que possam se arrepender mais tarde. Acreditamos que, se vocês continuarem fazendo um bom trabalho, quando essa recessão finalmente acabar, suas ações subirão outra vez". Foi o que aconteceu: nossos papéis eram negociados a mais de US$ 95 por ação no momento em que este livro foi escrito. Para nós, isso representa o tipo de relacionamento que uma empresa de capital aberto deve manter com seus investidores, com base em respeito mútuo, transparência, honestidade, apoio, paciência e confiança.

A T. Rowe Price sempre investiu no Whole Foods Market porque acredita no crescimento do negócio em longo prazo. O resultado foi que criamos uma parceria a perder de vista, pois era isso que cada um de nós procurava. É claro que os especuladores merecem ser tratados com respeito e integridade, assim como ninguém contesta que eles também têm seus direitos e ajudam a criar valor nos mercados, ao lhes fornecer liquidez. Entretanto, é desperdício de tempo tentar desenvolver um relacionamento com alguém que não estará lá quando você mais precisar. Isso vale tanto para as relações pessoais como para as comerciais.

Bill George – que, como CEO da Medtronic, registrou dez anos de extraordinária criação de valor para o acionista – tem posição definida sobre quais investidores mais merecem atenção das empresas: "Acredito que, para servir os acionistas da melhor maneira, você deve ouvir aqueles de longo prazo. Ouça os fundadores, os proprietários, as pessoas comprometidas com a construção do empreendimento, e não os negociadores de curto prazo, interessados em fazer lucro rápido".[7]

OS PERSEVERANTES INVESTIDORES

Os analistas e seus modelos

Empresas de Wall Street como Goldman Sachs, JPMorgan Chase & Co. e Citigroup fornecem pesquisas para praticamente todas as grandes companhias de capital aberto. Seus analistas tendem a examinar as empresas com um olhar quantitativamente orientado, sobretudo por meio das lentes dos modelos financeiros, os quais, por mais sofisticados que sejam, nunca capturam toda a complexidade dos desafios, estratégias e oportunidades dos negócios avaliados. Porém, como são quase os únicos instrumentos disponíveis, os analistas tendem a depositar neles uma confiança cega, como se um modelo financeiro fosse mais real do que a própria empresa que ele ilustra.

Usando tais modelos, os analistas costumam estudar o potencial de cada companhia trimestralmente, com base em seu desempenho financeiro e suas perspectivas. Suas reavaliações orientam-se de acordo com o que os modelos informam. Isso gera algumas consequências insalubres, entre elas o fato de que muitos CEOs passam a orientar seus negócios para a entrega dos resultados que Wall Street e seus analistas financeiros esperam. Essa abordagem pode funcionar em curto prazo, mas com o passar do tempo costuma afastar as empresas de seu propósito maior e da criação de valor em longo prazo para todos os seus *stakeholders*. É grande a tendência de a companhia ser tomada pela obsessão de tentar inflar seus números para o próximo trimestre, a fim de fazer boa figura nos modelos financeiros e receber uma boa nota dos analistas, impulsionando o preço das ações. Esses números, contudo, nem sempre refletem o melhor posicionamento estratégico de longo prazo do negócio. Os modelos também pressionam a organização a nivelar-se à média, a operar o negócio da mesma forma que os concorrentes.

Correr atrás de boas avaliações de curto prazo dos analistas financeiros pode ser perigoso para uma empresa consciente. Por exemplo, a cada trimestre, os analistas preveem a margem bruta (ou seja, as vendas menos o custo dos bens, dividido pelas vendas) da companhia. Também costumam inquirir como ela está se saindo no sentido de aumentar essa margem, como se isso fosse algum tipo de objetivo em si mesmo. Se registra uma margem bruta maior do que a esperada, o negócio é considerado bom e recebe uma nota alta. A questão é como se obtém isso. Em curto prazo, pode-se aumentar

O SEGUNDO PRINCÍPIO: INTEGRAÇÃO DE *STAKEHOLDERS*

a margem de várias maneiras: cortando empregos, salários e benefícios, aumentando preços, pressionando fornecedores. Tais ações, contudo, tendem a gerar consequências negativas em longo prazo sobre os membros da equipe, os clientes e a cadeia de fornecimento.

Estrategicamente, a empresa produz suas margens de lucro bruto com base na intensidade da concorrência no mercado, em que os clientes estão dispostos a pagar, nos preços considerados ideais, no *mix* correto de vendas e assim por diante. Os fatores que constituem a margem de lucro bruto se revelam sutis e multidimensionais, enquanto os modelos dos analistas são relativamente simples. Um bom executivo considera a dinâmica desses fatores no contexto de um complexo sistema interligado, enquanto os analistas financeiros têm um olhar mais linear, mecanicista.

Considere, por exemplo, os custos de mão de obra. Sem dúvida, o aumento da produtividade do trabalho é uma boa meta a perseguir, porque pode resultar em aumento da criação de valor para todas as partes interessadas, incluindo os membros da equipe. No entanto, as empresas também podem temporariamente reduzir custos laborais para aumentar os lucros de maneiras arriscadas: deixando de pagar os colaboradores, diminuindo a jornada ou fazendo cortes no quadro fixo. Nesses casos, é provável que a rotatividade suba, acarretando funcionários menos habilitados, mais custos com formação, degradação no atendimento ao cliente e baixo moral no ambiente de trabalho – e os colaboradores insatisfeitos também podem se organizar e gerar conflitos com sindicatos. O registro de um aumento da produtividade, portanto, nem sempre representa uma coisa boa. Os analistas adoram resultados de curto prazo, para emitir recomendações de compra de ações em seus relatórios otimistas. Porém o fato é que decisões empresariais tomadas sem cuidado e sem consideração dos prováveis impactos em longo prazo podem prejudicar a competitividade da empresa e afetar sua capacidade de gerar lucros no futuro.

Nós aprendemos no Whole Foods Market que a melhor estratégia é estar consciente de que a comunidade de investidores se utiliza de tais modelos financeiros, mas que nunca devemos gerir o negócio apenas em função deles. Simplesmente nos recusamos a pôr em risco o objetivo de otimizar a criação de valor em longo prazo para o negócio como um todo.

OS PERSEVERANTES INVESTIDORES

Opções de ações e investidores

Alguns negócios sucumbem à gestão por objetivos financeiros de curto prazo por causa da forma como se desenvolve o jogo das *stock options*, ou opções de ações. Os principais problemas com elas estão relacionados à concentração e ao tempo. Na maioria das empresas de capital aberto, as opções de ações são distribuídas aos milhões para poucos executivos e expiram dentro de alguns anos. Na média, as companhias do gênero destinam 75% de suas *stock options* para apenas cinco executivos.[8] Dessa maneira, eles têm uma forte motivação para impulsionar o preço das ações no curto prazo, para que possam negociar suas opções de ações com grandes lucros. Quando a remuneração está ligada a incentivos de curto ou médio prazo, os CEOs são seduzidos a tomar decisões que não visam necessariamente os melhores interesses mais duradouros de todos os *stakeholders*, incluindo os investidores. Não queremos, com isso, pedir a extinção das opções de ações, mas alertamos que os conselhos de administração precisam estar conscientes dos riscos da concentração nas mãos de alguns poucos executivos.[9]

Perigosas quando mal utilizadas, as opções de ações podem ser úteis e valiosos itens dentro de um plano abrangente de recompensas. No Whole Foods Market, são amplamente distribuídas, com 93% delas oferecidas a não executivos. Todo mundo no Whole Foods é elegível para o benefício, para que todos tenham participação no desejo de ver a empresa crescer e criar mais valor para os *stakeholders*. Nenhum executivo sênior concentra muitas opções de ações – a concessão típica é de 2 mil a 6 mil ações por ano, de modo que não há grande incentivo em tentar aumentar a cotação na bolsa de valores em curto prazo.

Empresas de capital aberto podem ser conscientes?

Ouvimos com frequência que só negócios próprios ou de pequeno porte podem ser geridos de modo consciente. Uma vez que as empresas crescem e entram no mercado de ações, seria impossível continuar a fazê-lo. Trata-se de uma evidente falácia, confrontada pelos vários exemplos de companhias

O SEGUNDO PRINCÍPIO: INTEGRAÇÃO DE *STAKEHOLDERS*

altamente conscientes que abriram seu capital. Whole Foods Market, Southwest Airlines, Google, Panera Bread Company, Costco, Nordstrom, UPS e várias outras corporações comentadas neste livro seguem os princípios do capitalismo consciente. Não há nenhuma razão intrínseca que impeça uma grande empresa de seguir essa orientação e, ao mesmo tempo, ter papéis negociados na bolsa de valores. Como diz o cientista ambiental Amory Lovins, "se existe, deve ser possível".[10]

O mal-entendido baseia-se na crença generalizada de que as corporações são todas dedicadas ao único propósito de maximizar os lucros e o valor para o acionista e de que o sistema legal impede que se tente mudar isso. Muitas grandes empresas de capital aberto têm, de fato, essa visão estreita de suas responsabilidades, o que se reflete em uma consequência perturbadora: apenas 19% dos norte-americanos têm confiança nas companhias de grande porte, enquanto 64% confiam nos pequenos empreendimentos.[11]

Alguns acreditam que a única forma de reverter essa imagem ruim é mudar as leis de incorporação, para que as empresas de capital aberto não tenham mais a obrigação fiduciária legal de maximizar os lucros e o valor para os acionistas.[12] Essa visão, contudo, reflete a mentalidade de que os *trade-offs* entre as partes interessadas são inevitáveis, além de não reconhecer a natureza holística da empresa – todas as partes são interdependentes, e a melhor maneira de otimizar os lucros e o valor em longo prazo para o acionista é criar valor também para os outros *stakeholders*, simultaneamente.

Uma vez que a companhia se compromete com a perspectiva de longo prazo e a criação de valor para todas as partes interessadas, os supostos conflitos e *trade-offs* entre investidores e demais *stakeholders* começam a desaparecer. Não há necessidade de mudar a lei para que os negócios possam criar mais valor a outros públicos que não sejam os investidores. Cada empresa de capital aberto pode começar desde já a operar de modo mais consciente. Trata-se de uma questão de elevar a consciência da liderança das empresas e ter vontade de mudar.

Não estamos sugerindo que isso é fácil. As grandes corporações têm de superar décadas de inércia. Mas as barreiras que as impedem de mudar não são as legais, e sim os modelos mentais obsoletos com que sempre operaram no passado.

OS PERSEVERANTES INVESTIDORES

Investir no futuro

Grande parte da atual animosidade contra o capital vem das distorções criadas pelo "capitalismo entre amigos". E em nenhum lugar essas distorções ficaram mais evidentes do que no setor financeiro. Nenhum outro segmento tem mais urgência em se tornar mais consciente, buscar propósitos mais elevados e redescobrir a importância da criação de valor para todos os *stakeholders*. A filosofia da maximização dos lucros em curto prazo e da remuneração pessoal, ignorando todas as outras partes, é um fracasso rematado, que trouxe nefastas consequências para todos nós.

O setor financeiro não precisa ser assim. O *stakeholder* capitalista pode e deve ajudar a criar um enorme valor em toda a sociedade. Na verdade, ao longo de grande parte da história dos Estados Unidos, foi exatamente isso que os capitalistas fizeram. Wall Street e os investidores financeiros têm de redescobrir coletivamente seus propósitos mais elevados e começar a se relacionar de forma responsável com todas as partes interessadas. A prosperidade do mundo depende disso.

CAPÍTULO 8

Fornecedores inovadores e colaborativos

É praticamente impossível ter sucesso em qualquer negócio sem uma forte rede de fornecedores. O Whole Foods Market possui dezenas de milhares deles, a maioria do setor alimentício. Compramos grandes volumes da produção local em cada comunidade em que atuamos, o que explica essa quantidade de parceiros. Nossa cadeia de fornecimento inclui ainda proprietários de imóveis, provedores de serviços de telefonia, concessionárias de energia elétrica, empresas de coleta de lixo e todos os demais produtores de bens e serviços essenciais à operação de nosso negócio. No limite, até colaboradores e investidores poderiam ser incluídos na categoria, por nos fornecer trabalho e capital – para efeito de classificação dos *stakeholders* principais, no entanto, convém mantê-los em suas categorias exclusivas.

O SEGUNDO PRINCÍPIO: INTEGRAÇÃO DE *STAKEHOLDERS*

Reconhecimento da importância dos fornecedores

Nenhuma empresa consegue ser boa em tudo, de modo que as mais inteligentes concentram-se no que sabem fazer bem e deixam o resto a cargo de fornecedores e outros parceiros.[1] O Whole Foods se destaca no mercado de varejo de alimentos naturais e orgânicos de alta qualidade, com ambientes de loja maravilhosos e excelente serviço aos clientes. Mas não somos muito bons em inovação de produto, muito menos em agricultura e manufatura. Essas não são nossas principais competências. Por isso, precisamos de uma rede de fornecedores para nos ajudar a desenvolver e prover os produtos que nossos clientes desejam.

Empresas que não têm boas relações com sua rede de fornecedores tornam-se competitivamente vulneráveis. Uma das razões do sucesso do Whole Foods Market é termos mantido uma filosofia de colaboração e parceria com nossa cadeia de fornecimento. Isso nos permite oferecer aos clientes muitos produtos exclusivos. Nossos fornecedores são altamente inovadores, melhorando continuamente a qualidade e a variedade dos produtos que comercializamos.

Um bom exemplo é a recente tendência de consumo de alimentos de origem local, que se tornou popular em meados dos anos 2000. Em poucos anos, os alimentos produzidos localmente transformaram-se em uma categoria específica, com demanda tanto nas lojas de alimentos como nos restaurantes. O Whole Foods Market firmou parceria com milhares de novas empresas nascidas para atender a essa crescente demanda. Agora, assistimos a concorrentes – como Safeway, Walmart e Kroger – começando a embarcar também nessa tendência. O fato de sermos fortemente descentralizados e termos avançado primeiro na criação de uma ampla rede de fornecimento local nos deu a dianteira da inovação nessa categoria.

Ter relacionamentos saudáveis com grandes fornecedores é fundamental para a vantagem competitiva e o sucesso dos negócios em longo prazo. Atualmente, em média, cerca de 70% a 80% do valor que as empresas fornecem a seus clientes é criado por esses parceiros.[2] Muitas delas, hoje, podem ser descritas como lagos de um quilômetro de largura com um centímetro de profundidade: oferecem uma ampla gama de produtos e

FORNECEDORES INOVADORES E COLABORATIVOS

serviços para seus clientes, mas lhes adicionam menos valor do que costumavam fazer, confiando mais pesadamente em seus fornecedores. Sua vantagem competitiva, portanto, depende cada vez mais da qualidade e da capacidade dos parceiros.

Em suma, a verdade é que fornecedores fracos levam a um negócio relativamente fraco. De outro lado, fornecedores fortes são parte integrante da fundação de uma empresa poderosa e competitiva. Nunca devemos subestimá-los. Apesar de sua grande importância, no entanto, eles permanecem como os mais negligenciados *stakeholders* da maioria das companhias. Todo negócio bem-sucedido sabe o valor dos clientes e investidores. Cada vez mais discute-se a importância dos membros da equipe, e muitas empresas agora tentam agir com mais responsabilidade social para com suas comunidades e o meio ambiente. Somente os fornecedores ainda buscam ser reconhecidos, esperando os mesmos tratamento, cortesia e respeito dispensados aos demais *stakeholders*.

O Whole Foods Market é um bom exemplo de como uma empresa pode facilmente negligenciar ou não entender por completo o valor de fornecedores. Em tese, temos tentado dar a devida atenção a esses *stakeholders*, mas, na prática, às vezes isso nos escapa. Foi o que descobrimos, para nosso desgosto, quando reunimos alguns deles em 2007 e ouvimos uma queixa: "Nós sentimos que não recebemos o mesmo tratamento que vocês dão às outras partes interessadas; não somos sequer mencionados em seus valores centrais ou em sua declaração de propósito". Ficamos surpresos com a reclamação, que de fato procedia. Foi um ponto cego para nós, que tanto nos orgulhávamos de ser uma empresa consciente. Com certeza não havia consciência suficiente nessa área, de modo que procuramos corrigir isso o mais rápido possível. Articulamos assim nosso sexto valor fundamental: "Criar parcerias ganha-ganha com nossos fornecedores". Ao explicitar esse desejo e trabalhar diligentemente para realizá-lo em nossa empresa, com o tempo melhoramos nosso relacionamento com esses parceiros.

Um bom fornecedor pode ser seletivo na hora de estabelecer negócios com seus clientes. Qualquer companhia que não trate bem seus parceiros – isto é, como um verdadeiro parceiro, por meio de uma abordagem ganha-ganha – não pode esperar por fidelidade. Na primeira chance que tiverem, esses fornecedores vão canalizar mais de sua atenção para as empresas que lhes dedicam melhor tratamento, reduzindo ou interrompendo os negócios com aquelas mais abusivas.

É preciso se esforçar para cultivar um bom relacionamento com os fornecedores, tal como se faz com os clientes favoritos. Toda empresa gostaria de figurar na lista dos cem melhores lugares para trabalhar da revista *Fortune*, de ser reconhecida por ter retornos financeiros superiores, de desfrutar do prestígio de oferecer o mais alto nível de serviço a seus clientes. Sua companhia também deveria almejar ser a melhor em relacionamento com os fornecedores. Com isso, você não só desenvolveria ainda mais sua cadeia de fornecimento, como aumentaria a competitividade do negócio. Para conseguir isso, há que se pensar nos fornecedores como se fossem clientes. Isso significa tratá-los adequadamente e compreender suas necessidades, negociando com eles de forma justa e buscando maneiras de aperfeiçoar a relação ao longo do tempo.

Parceria com fornecedores

As empresas podem interagir com seus fornecedores de modo operacional ou de modo relacional. O primeiro modo consiste em buscar as condições mais favoráveis para si em todas as ocasiões. No entanto, quando se faz isso, sacrificam-se muitos dos benefícios que poderiam ser obtidos se ambas as partes adotassem uma relação de ganha-ganha orientada para o longo prazo. Empresas conscientes buscam se beneficiar de modo duradouro da integridade dos relacionamentos com seus fornecedores. Ao longo do tempo, isso equivale a redução gradativa de custos, melhor qualidade, melhor ajuste às demandas da empresa, maior resiliência nos maus momentos, redução de risco para ambas as partes e mais oportunidades para inovar. Ao desenvolver um relacionamento mais sadio com os fornecedores, a companhia cria mais valor para si, para seus fornecedores e para os demais *stakeholders*.

O Whole Foods Market mantém comunicação direta e diária com os clientes, de modo que pode dar um *feedback* para a rede de fornecedores

FORNECEDORES INOVADORES E COLABORATIVOS

sobre o que o público consumidor mais aprecia em seus produtos, se os considera muito caros, se é importante ou não haver diferencial para eles. Ao mesmo tempo, nossa cadeia está constantemente pronta para inovar, desenvolver novos produtos e melhorar os já existentes. Nossas parcerias levam a relações ganha-ganha mutuamente benéficas que fazem o Whole Foods prosperar, assim como as dezenas de milhares de fornecedores com os quais negociamos.

Toda a cadeia de fornecimento é valiosa, mas alguns fornecedores se revelam mais cruciais para o sucesso do negócio do que outros e merecem ser tratados como parceiros. Quando eles se mostram fundamentais para a vantagem competitiva, a empresa tem de se empenhar para fortalecê-los. Ao construir uma rede de fornecedores, a companhia deve se fazer uma série de perguntas: "Qual deles nos dá vantagem competitiva?", "Quais relacionamentos são mais importantes para nosso sucesso?", "Como melhorar a parceria com eles?", "Como criar mais confiança?", "Como ser mais transparentes?". Os fornecedores compartilham nosso compromisso com um relacionamento de longo prazo?

Mesmo o fornecedor que não seja visto como crucial hoje pode vir a sê-lo algum dia. A compra de energia elétrica da concessionária local, por exemplo, parece uma operação de rotina, mas, na verdade, pode se tornar um relacionamento valioso. O Whole Foods Market aprofundou relações com alguns de nossos fornecedores de eletricidade, uma vez que abraçamos várias tecnologias de energia verde, como células de combustível e as alternativas solar e eólica. Algumas de nossas lojas agora são alimentadas principalmente por células de combustível, inovação surgida por meio de nossas parcerias com empresas de serviços públicos e outros fornecedores de energia.

Como não *tratar os fornecedores*

A mentalidade de parceria está em nítido contraste com a visão mais comum de fornecedores como adversários, de quem a empresa tenta extrair o máximo de valor possível pelo menor preço. Cada lado tenta tirar o máximo

O SEGUNDO PRINCÍPIO: INTEGRAÇÃO DE *STAKEHOLDERS*

que puder do outro. As negociações tornam-se uma luta pelo poder, um cabo de guerra em que a parte mais forte acaba com uma parcela desproporcional dos benefícios. Essa mentalidade é prejudicial e ameaça o bem-estar de ambas as partes, bem como o dos demais *stakeholders*. As empresas precisam cooperar e colaborar com a cadeia de fornecimento a fim de criar valor para os clientes. Excelente comunicação, confiança e inovação mútua com fornecedores criam valor superior para os clientes e levam à vantagem competitiva no mercado.

Várias companhias sofreram, e muitas morreram, por causa de suas relações inadequadas com fornecedores. Se estes são pressionados e intimidados a dar descontos para além do que podem absorver financeiramente ou acreditam ser justo, podem ceder no curto prazo por não ter outra escolha, mas sua confiança no relacionamento sofre danos. Com o tempo, os fornecedores tentam recuperar sua margem de lucro reduzindo a qualidade, piorando o serviço ou economizando em segurança – medidas que sempre prejudicam os clientes.

Um dos exemplos mais conhecidos de mau relacionamento com fornecedores foi o vivido em 1992-1993 pela General Motors, sob seu czar de compras globais José Ignacio Lopez de Arriortua. O modo como Lopez lidava com a cadeia de fornecimento foi descrito como pouco ortodoxo e brutal. Quando a GM estava se esforçando para cumprir suas metas de lucro, ele tomou a decisão unilateral de reduzir os pagamentos aos fornecedores – caso estes não concordassem, deixariam de fazer negócios com a montadora. No curto prazo, a maioria deles não teve escolha: a GM representava uma alta porcentagem de suas vendas totais; ser afastado do negócio de imediato significaria a devastação financeira. Com essa tática, a GM poupou cerca de US$ 4 bilhões, o que inflou o prestígio de Lopez na companhia e no setor automobilístico – os analistas financeiros de Wall Street também adoraram. Contudo, ficou o ressentimento dos fornecedores com a maneira como haviam sido tratados. Nos anos seguintes, o melhor deles começou a diminuir seus negócios com a GM, concentrando-se em outros clientes. Ao final, muitos dos mais bem cotados fornecedores do setor abandonaram a GM, que teve de se contentar com aqueles que cobravam pouco, mas ofereciam má qualidade e pouca ou nenhuma inovação.

FORNECEDORES INOVADORES E COLABORATIVOS

Abordagens míopes como essa, infelizmente, são muito comuns. Na verdade, Lopez foi visto pela indústria como um herói, a ponto de a Volkswagen e a General Motors se digladiarem para poder contar com seus serviços.

A parceria Whole Foods-United Natural Foods

Cultivar e fortalecer as relações com os fornecedores mais inovadores, tanto em produtos como em prestação de serviços cruciais, é essencial para a vantagem competitiva e o sucesso sustentável do negócio. Nesse sentido, o Whole Foods Market tem como parceiro principal a empresa de capital aberto United Natural Foods Inc. (UNFI), que responde por cerca de 30% do total de nossas compras. De outro lado, somos o maior cliente da UNFI, que negocia conosco 36% de suas vendas líquidas e também armazena e distribui grande parte do inventário do *private label* Whole Foods. Ao longo dos anos, temos trabalhado constantemente para aprofundar o relacionamento com a UNFI. Temos um contrato de dez anos com esse fornecedor, mas, na verdade, renovamos nosso acordo a cada cinco anos. Isso porque queremos perenizar a parceria colaborativa de alta confiança e dar à UNFI a segurança de que não vamos tirar vantagem abusiva dessa relação.

Tal abordagem nos ajudou a melhorar uma relação que, honestamente, nada teve de saudável por muitos anos, antes de ambos os lados assumirem o compromisso de parceria plena. A comunidade dos investidores se sentia insegura diante do fato de que a UNFI pudesse perder seu maior cliente, caso o Whole Foods Market de repente decidisse se autodistribuir, cortando o fornecedor do negócio. Isso seria muito prejudicial para a UNFI e a cotação de suas ações. Lamentavelmente, nos valemos desse temor periodicamente para negociar melhores ofertas, e, assim, a desconfiança e o medo impediram por algum tempo o estabelecimento de uma parceria ganha-ganha. O desenvolvimento de uma relação mais rica e colaborativa, de alta confiança, tem sido muito mais benéfico para ambos. A UNFI goza da segurança e da certeza de que seu maior cliente está totalmente comprometido. De nossa parte, a melhora da relação permitiu delegar mais de nosso negócio de distribuição para o fornecedor, o que aumentou nossa vantagem competitiva no mercado.

Adoção de práticas de fornecedor consciente

As empresas têm muitas oportunidades para criar parcerias ganha-ganha com seus fornecedores. Seguem aqui alguns exemplos de abordagens adotadas nesse sentido por companhias conscientes.

Buscar oportunidades de criação de valor

O tempo todo é preciso rastrear maneiras criativas de desenvolver relações mutuamente benéficas com fornecedores. A The Container Store, por exemplo, estudou os negócios de seus parceiros e descobriu que muitos deles sofrem com a sazonalidade, quando grande parte de suas máquinas fica ociosa e trabalhadores são demitidos. Para evitar isso, agora a companhia tenta encaixar suas grandes encomendas nesses períodos de baixa atividade de sua cadeia de fornecimento. Isso custa pouco para a The Container Store, mas tem impacto significativo para o fornecedor.

Pontualidade no pagamento

Uma das maiores fontes de queixas dos fornecedores diz respeito à falta de pontualidade dos clientes quanto ao pagamento. Ironicamente, quanto maior o cliente, mais grave tende a ser o problema. Essa prática comum e injusta cria um problema de fluxo de caixa em cascata por toda a cadeia de fornecimento, com fornecedores impossibilitados de honrar o pagamento de seus próprios fornecedores e assim por diante. Empresas conscientes têm como premissa respeitar rigorosamente, ou mesmo antecipar, os prazos acordados. Os varejistas em especial têm a grande vantagem da alta liquidez, diferentemente de sua rede de fornecimento – com frequência, os pequenos fabricantes relatam que, quanto mais vendem, pior se torna seu fluxo de caixa.

FORNECEDORES INOVADORES E COLABORATIVOS

A sul-coreana Posco é a companhia siderúrgica mais admirada do mundo, segundo a *Fortune*, e a quarta maior de seu setor.[3] Cultiva excelentes relações com todos os seus *stakeholders*, mas se notabiliza principalmente por sua postura ante os fornecedores. A Posco não só paga todos os seus fornecedores no prazo certo, mas o faz em dinheiro, em apenas três dias – uma política iniciada em 2004. Seu propósito é contribuir para a flexibilidade financeira de seus parceiros, a fim de que eles, por sua vez, também possam pagar seus próprios fornecedores em dia, melhorando a saúde do sistema de negócios como um todo.[4]

Tratamento justo

Imparcialidade é uma qualidade essencial para lidar com todas as partes interessadas, especialmente fornecedores. A CEO da W. L. Gore & Associates, Terri Kelly, diz: "Nós não somos uma empresa do tipo sanguinária, que conta os centavos na hora de dispensar um fornecedor. Isso é muito prejudicial para o negócio. Para nossos parceiros, sejam fornecedores, sejam clientes, há uma espécie de sistema de valores naturais que nos guia para sermos justos. Afinal, é nossa reputação que está em jogo".[5]

Ajuda para sobreviver e prosperar

As empresas conscientes muitas vezes ajudam seus parceiros nos momentos difíceis. A CEO da REI, Sally Jewell, descreve sua filosofia: "Alguns de nossos fornecedores são muito pequenos, e nós movimentamos grande parte de seus negócios. Durante a crise, alguns deles não puderam contar com o apoio de seus bancos. Então, adiantamos o pagamento do inventário e o estocamos em nosso armazém, pois eles realmente precisavam do fluxo de caixa para sobreviver. Claro que, antes disso, nos fizemos algumas perguntas: 'Esse fornecedor vai sobreviver?', 'É realmente essencial para nossos clientes?', 'O que ele nos fornece é necessário para prosperarmos no longo prazo?'. Portanto, não fomos irresponsáveis ao tomar essa decisão; tentamos apenas ser previdentes".[6]

O SEGUNDO PRINCÍPIO: INTEGRAÇÃO DE *STAKEHOLDERS*

As companhias conscientes investem em seus fornecedores para ajudá-los a crescer. A The Container Store, por vezes, compra máquinas para que seus fornecedores fabriquem os produtos que vende. A Posco impulsiona seus parceiros com um suporte focado no longo prazo, a fim de transformá-los em negócios de classe mundial: a siderúrgica estabeleceu um escritório de "crescimento ganha-ganha", cujos 23 membros supervisionam e coordenam as atividades de 67 programas de apoio ao fornecedor – incluindo ajuda tecnológica, financiamento a juros baixos e assistência no desenvolvimento dos recursos humanos.

A Posco também tem um programa de certificação para parceiros que atendam a altos padrões em critérios como tecnologia de ponta, rentabilidade, prazo de entrega e melhoria contínua. Fornecedores certificados ganham privilégios, como tratamento preferencial nos contratos, dispensa de depósitos financeiros, convites para visitas a unidades da siderúrgica no exterior e a chance de participar dos programas educacionais da Posco para a alta gestão.

No Whole Foods, tem sido muito gratificante ver tantos fornecedores começando como pequenos negócios de fundo de quintal e se transformando em empresas sólidas – em grande parte, graças à parceria conosco. Em muitos casos, o Whole Foods Market, como seu maior cliente, é o impulso essencial de que precisavam. Muitos de nossos fornecedores nascem com o sonho de abastecer uma só loja; em seguida, evoluem para contratos com várias unidades e, eventualmente, com toda a rede Whole Foods. Assim, na medida em que negociam conosco em todo o país, ganham envergadura nacional e talvez até internacional. Um excelente exemplo disso é a engarrafadora de chá orgânico Honest Tea, que começou como fornecedora de duas de nossas lojas em Washington, em 1998. Seus produtos foram muito bem-sucedidos nessas unidades e logo se espalharam por nossas lojas da costa leste dos Estados Unidos. Em poucos anos, os chás estavam em toda a nossa rede. Como resultado do sucesso da Honest Tea no Whole Foods Market, muitos de nossos concorrentes também começaram a vender os produtos. Em 2008, a The Coca-Cola Company comprou uma participação de 40% na Honest Tea por US$ 43 milhões e passou a utilizar sua logística para distribuir seus chás em todo o país.

FORNECEDORES INOVADORES E COLABORATIVOS

Compartilhar a riqueza

A Posco criou um programa de partilha de benefícios para seus fornecedores de primeira linha em 2004, o primeiro na Coreia do Sul. Até agora, 459 parceiros receberam cerca de US$ 70 milhões como parcela do aumento dos lucros da siderúrgica gerados por suas centenas de inovações. Em dezembro de 2010, a Posco expandiu o programa para incluir mais fornecedores.

Crescer juntos na dificuldade

Forjar relações ganha-ganha é mais fácil na bonança. O teste de uma verdadeira parceria acontece quando a empresa declina em razão de uma crise econômica, de um movimento inesperado da concorrência ou de algum outro evento negativo. Muitas companhias tendem a pressionar seus fornecedores nos momentos difíceis, mas é injusto e contraproducente transferir para a cadeia de fornecimento um fardo tão pesado. Isso fragiliza a relação e deteriora o posicionamento competitivo da empresa. Para sobreviver à adversidade mantendo-se competitivo, é essencial preservar de modo consciente a parceria e a colaboração com a rede de fornecedores.

Tempos difíceis descortinam a oportunidade de tornar o negócio mais eficiente, reduzindo o desperdício e a redundância. As empresas podem colaborar com seus fornecedores fazendo-lhes uma pergunta: "Quais são seus custos que não estão realmente criando valor para qualquer um de nós ou para nossos clientes?". Quando os tempos são bons, o velho clichê se aplica: "Se não está quebrado, não conserte". No entanto, em uma recessão, quando as coisas de fato se quebram, abre-se a chance de desenvolver algo novo, porque as pessoas ficam menos resistentes à mudança. A simplificação do modelo de negócio resulta em fluxo de caixa e lucros mais consistentes na medida em que as dificuldades passam.

Depois que voltou para a Starbucks no início de 2008, Howard Schultz descobriu que a empresa se tornara muito ineficiente durante seus anos de *boom*: "Enxugamos os custos em US$ 580 milhões em 2008. Cerca de 90% dessa economia tornou-se permanente. Nada disso afeta o consumidor. Esses custos estavam lá por muitos anos. Por que esperar por uma crise para ter a coragem de cortá-los?".[7]

O SEGUNDO PRINCÍPIO: INTEGRAÇÃO DE *STAKEHOLDERS*

Espalhar consciência pela cadeia de valor

As empresas conscientes alteram os paradigmas dos relacionamentos com os fornecedores, e tais mudanças podem gerar um efeito cascata em toda a cadeia de fornecimento. As companhias devem incentivar os fornecedores a adotar abordagens semelhantes ao se relacionarem com seus próprios fornecedores. Da mesma forma, os parceiros que começam a gozar dos benefícios de uma relação ganha-ganha com uma empresa consciente têm de aplicar essa filosofia com seus outros clientes, a fim de educá-los. Dessa maneira, o espírito colaborativo das relações cliente-fornecedor pode se espalhar amplamente, em benefício de todos os negócios envolvidos, bem como de suas partes interessadas.

CAPÍTULO 9

Comunidades prósperas e acolhedoras

Empresas têm responsabilidade social? Para empreendedores conscientes, essa é uma pergunta estranha, dada a obviedade da resposta: como *stakeholder* fundamental, a sociedade deve estar no foco das preocupações de qualquer companhia. Os negócios sempre se desenvolvem no seio de comunidades – locais, nacionais, globais e até virtuais – de interesses comuns. É impensável para uma empresa consciente, portanto, ver-se apartada do resto do tecido social humano.

Muitas pessoas confundem responsabilidade social com filantropia. Na verdade, contudo, a filantropia constitui apenas uma pequena parte da responsabilidade social corporativa. Quando é responsável perante seus investidores, colaboradores, clientes, fornecedores e meio ambiente, mas se recusa a contribuir para organizações filantrópicas, a empresa está negligenciando o *stakeholder* comunidade. A atitude seria considerada mesquinha, porém isso não anularia o fato de que esse negócio cria valor para o mundo, na medida em que gera valor para as outras partes interessadas. Em um exemplo

O SEGUNDO PRINCÍPIO: INTEGRAÇÃO DE *STAKEHOLDERS*

oposto, uma companhia pode até se destacar por sua atuação comunitária filantrópica, mas, caso crie produtos nocivos ou de má qualidade, explore seus colaboradores, pressione seus fornecedores ou prejudique o meio ambiente, dificilmente pode ser considerada ética e socialmente responsável.

Filantropia nos negócios prejudica os investidores?

As trocas comerciais convencionais, por si, já criam um importante valor para as comunidades. No entanto, as empresas conscientes almejam mais do que isso. Elas veem a comunidade como um ator social importante, digno de ações deliberadas para a geração de valor adicional e para a solução de desafios sociais e ambientais. De fato, isso faz parte do propósito intrínseco de inúmeras companhias conscientes, que investem tempo, dinheiro e suas habilidades únicas para apoiar suas comunidades de várias maneiras.

Há quem veja nessa abordagem filantrópica o uso indevido dos recursos dos investidores. "Se você quer ser altruísta, faça isso com seu próprio dinheiro, não com os ativos de uma empresa que não lhe pertencem" é a linha de tal raciocínio. Esse ponto de vista foi articulado no célebre ensaio "The social responsibility of business is to increase its profits", escrito por Milton Friedman em 1970: "Há uma, e apenas uma, responsabilidade social das empresas: usar seus recursos e suas energias em atividades destinadas a aumentar seus lucros, contanto que obedeçam às regras do jogo e participem de uma concorrência aberta e livre, sem danos ou fraudes".[1]

À primeira vista, parece uma posição razoável. Os ativos de um negócio pertencem aos investidores, e cabe aos gestores administrá-los de forma responsável. Em nossa opinião, esse argumento não peca pelo equívoco, mas pela miopia. Isso porque, quando sabiamente incorporada ao negócio, a filantropia corporativa trabalha pelo benefício em longo prazo tanto dos investidores como de outras partes interessadas.

A alegação de que a filantropia toma dinheiro dos investidores parte do princípio de que há inerentes conflitos e *trade-offs* entre eles e outros *stakeholders*, incluindo a comunidade. Não é o caso. No entanto, quando a filantropia empresarial realmente não cria nenhum valor para os investidores, é pleno direito deles se opor ao uso irresponsável dos recursos corporativos. A gestão tem de ser responsabilizada por seus resultados e pela utilização responsável do capital do negócio.

Parece claro que tem de haver um limite para a filantropia corporativa. O Whole Foods Market tem adotado por longo tempo a política de doação de 5% a 10% de seus ganhos para organizações sem fins lucrativos. Mas não seria melhor doar 20%? Ou, então, por que não destinar 100% dos lucros em benefício da sociedade? Obviamente, se não houver limite, a filantropia pode matar o negócio que a torna possível. Ter responsabilidade para com a comunidade não significa negligenciar oportunidades atraentes para os investidores e outros públicos de interesse. Como sempre, as empresas devem procurar otimizar o valor para todos os *stakeholders*.

A filantropia corporativa exige, enfim, a legitimidade da aprovação dos investidores. Se instrumentalizada de maneira inteligente, pode ser muito benéfica não só para a sociedade, mas para a empresa e suas partes interessadas, de modo que o temido prejuízo para os investidores pode surtir um efeito completamente oposto.

Empresas como cidadãs

Uma boa metáfora para o papel apropriado da empresa na sociedade é a cidadania. Negócios conscientes comportam-se como responsáveis cidadãos de suas comunidades. Isso implica ajudar a resolver alguns problemas que a sociedade enfrenta nos níveis local, nacional e potencialmente global. Em sua maioria, as companhias têm infraestrutura e capital intelectual que podem ser aproveitados em favor das comunidades onde elas atuam. Empresas conscientes trabalham rotineiramente em projetos comunitários em parceria com organizações sem fins lucrativos – em especial, com aquelas que exercem atividades relacionadas a seu *core business* –, encorajando os próprios colaboradores a se envolver nas atividades.

Esse aspecto voluntário da responsabilidade social está sujeito a más interpretações. O negócio não existe para ser servo ou ferramenta de ativistas sociais ou do governo. Muitos gostariam que as empresas agissem como um cachorro na coleira, executanto o que o governo ordena. Isso tem sido tentado: é chamado de corporativismo ou fascismo. Trata-se de dominar e controlar as companhias para fazê-las servir aos objetivos dos governantes políticos.

O exercício da cidadania estabelece um relacionamento saudável entre empresas e comunidades. É uma abordagem Win[6]: quando cumpre plenamente suas obrigações de cidadã, a companhia cria valor para a comunidade, o qual vai beneficiar e ser apoiado por clientes, colaboradores, fornecedores e investidores. Isso ajuda o negócio a prosperar.

A maneira como as empresas abordam a comunidade envolve algumas questões. Certas organizações exortam os membros de sua equipe a se engajar em projetos sociais, trabalhando como voluntários no fim de semana. Isso tende a ser desanimador, porque muitos colaboradores imaginam que aquilo não vai render nada e, ainda por cima, se ressentem de ser convocados a dar algo que lhes é de direito: seu tempo livre. Quando as companhias se aproximam da comunidade dessa maneira, a taxa de participação pode ser baixa.

A abordagem pode funcionar bem melhor mediante duas mudanças práticas. Primeiro, o serviço comunitário deve ocorrer em um dia de trabalho – com isso, não só o colaborador, mas também a empresa estariam efetivamente contribuindo. Em segundo lugar, os projetos têm de ser concebidos com base em preocupações comunitárias genuínas, que engajem o funcionário, em vez de serem ditados pela organização de cima para baixo. Caso contrário, o trabalho parece artificial, planejado mais para favorecer a imagem da empresa do que para atender a uma necessidade real da comunidade.[2]

Cidadania local

Preencher um cheque para uma causa nobre é um jeito de ser bom cidadão, mas existem formas mais criativas. No Whole Foods Market, levamos muito a sério nossas responsabilidades de cidadania local e global. Cada loja tem autonomia para promover anualmente três ou quatro "dias de 5%" – ou seja, dias em que 5% das vendas brutas (e não dos lucros) são doados a organizações sem fins lucrativos. Os membros da equipe e a liderança da

COMUNIDADES PRÓSPERAS E ACOLHEDORAS

UMA RESPOSTA EMPRESARIAL CONSCIENTE À TRAGÉDIA

Com 144 anos, o venerável Grupo Tata, da Índia, é uma das empresas mais admiradas e conscientes do mundo. Composto por mais de uma centena de empresas, opera em cerca de 80 países e emprega 425 mil pessoas. Em 2010-2011, teve um faturamento de US$ 84 bilhões.

A verdadeira coragem de um indivíduo ou de uma empresa é testada em tempos de crise. Em novembro de 2008, o icônico Taj Mahal Palace & Tower Hotel, do Grupo Tata, foi o epicentro de um ataque terrorista que matou 164 pessoas e feriu pelo menos 308 na parte sul de Mumbai.* Onze membros da equipe do hotel foram mortos enquanto ajudavam cerca de 1.500 hóspedes a escapar do perigo. Ao longo de todo o ataque, nem um único colaborador abandonou seu posto – muitos deles, repetidamente, se dedicaram a salvar levas de pessoas antes de serem fuzilados pelos terroristas. Alguns chegaram a se colocar na frente dos hóspedes para livrá-los dos disparos.

A dedicação desses funcionários foi exemplificada de maneira poderosa pelo gerente-geral do hotel, Karambir Singh Kang, que vivia ali com sua família em um apartamento. Em meio ao pânico, Kang calmamente supervisionou a evacuação de centenas de pessoas. Ratan Tata, presidente do Grupo Tata, relataria depois à CNN: "O gerente-geral perdeu a esposa e dois filhos em um dos incêndios no edifício. Eu fui até ele hoje e expressei meus sentimentos. E ele me disse: 'Senhor, nós vamos superar isso. Vamos reconstruir o Taj para voltar a ser o que era. Estamos de pé com o senhor. Não vamos deixar que isso nos derrube'".** De fato, em um ato de desafio, o hotel reabriu apenas 21 dias depois do atentado, apesar de dois terços do complexo terem ficado muito danificados. Demoraria ainda dois anos para o resto do estabelecimento ser reparado e reinaugurado, mas nem um único membro da equipe foi demitido nesse período.

---

* A descrição sobre o Grupo Tata neste capítulo vem do Life is Beautiful Blog, de Sam K, "How Tatas responded after Mumbai terrorist attacks", 16 de março de 2012, http://karmarkars.net, e de outros relatos publicados.
** Taylor Gandossy, "Taj Mahal Hotel chairman: we had warning", CNN.com Ásia, 30 de novembro de 2008, http://edition.cnn.com/2008/WORLD/asiapcf/11/30/india.taj.warning/index.html.

O SEGUNDO PRINCÍPIO: INTEGRAÇÃO DE *STAKEHOLDERS*

Ratan Tata e outros altos dirigentes da empresa participaram de 11 funerais e visitaram a família de todos os cerca de 80 colaboradores mortos ou feridos. Em 20 dias, o Grupo Tata estabeleceu um fundo de assistência para as vítimas sobreviventes e os familiares dos que se foram. Foi criado, ainda, um centro psiquiátrico em colaboração com o Instituto Tata de Ciências Sociais, bem como centros de emergência para fornecer comida, água, saneamento, primeiros socorros e aconselhamento para os membros da equipe e outras pessoas afetadas na região sul de Mumbai.

A empresa atribuiu um mentor para cada colaborador vitimado, a fim de garantir que a pessoa recebesse toda a ajuda necessária. Para os funcionários que viviam sozinhos em Mumbai, a companhia providenciou a vinda de familiares de outros lugares do país, acomodando-os no President Hotel, outra propriedade da corporação, por até três semanas.

Além de fixar uma remuneração de US$ 80 mil a US$ 187 mil para a família de cada membro falecido, o Grupo Tata ofereceu:

- Garantia de que a residência dos colaboradores falecidos seria transferida para o familiar mais próximo.
- Dispensa de todos os empréstimos e adiantamentos tomados pelas vítimas, independentemente do volume.
- Compromisso de continuar pagando o salário integral dos colaboradores mortos para sua família.
- Responsabilidade total sobre a educação de filhos e dependentes das vítimas, incluindo ensino superior, em qualquer lugar do mundo.
- Cobertura integral de cuidados de saúde para todos os dependentes pelo resto de sua vida.
- Atribuição de um mentor a cada pessoa.

A companhia ainda estendeu socorro e assistência à família daqueles que foram mortos nas proximidades do hotel e na estação de trem a poucos quilômetros de distância. Para Ratan Tata, essas pessoas eram seus vizinhos, daí a responsabilidade de ajudá-las. Ferroviários, policiais, ven-

COMUNIDADES PRÓSPERAS E ACOLHEDORAS

dedores ambulantes e pedestres que nada tinham a ver com a empresa receberam assistência de 10 mil rúpias indianas (cerca de US$ 200) por mês durante um semestre.

Os vendedores de rua que perderam seus carros receberam novos veículos. A neta de um deles, de apenas 4 anos de idade, havia sido atingida por quatro tiros durante o ataque. Ela foi transferida do hospital público para o Bombaim Hospital, no qual seu tratamento foi bancado pela família Tata. Até mesmo funcionários dos hotéis concorrentes próximos receberam cuidados.

Quando os líderes de RH da empresa apresentaram esse plano a Ratan Tata, sua resposta não foi "Quanto isso vai custar?", "Podemos arcar com isso?" ou "Não vamos abrir um precedente perigoso?". Em vez disso, Tata questionou: "Será que estamos fazendo o suficiente? Não podemos fazer mais?". A família Tata sabia que a reconstrução do hotel custaria milhões, mas fez questão de gastar muito mais para ajudar a reconstruir a vida das pessoas, em especial dos familiares daqueles que se sacrificaram para salvar os hóspedes.

Como construir uma cultura na qual os membros da equipe estão dispostos a pagar o mais alto dos preços? Isso certamente não estava escrito como um requisito ou uma expectativa no manual do colaborador. O gerente-geral Kang explica: "Cada funcionário do Taj se sentiu como se sua casa estivesse sendo atacada. Quando isso acontece, o que você faz? Você defende quem está lá dentro. Os valores familiares em que todos nós acreditamos fazem parte de nossa cultura corporativa [...] Os Tatas verdadeiramente mostraram que a organização tem uma alma. Estou muito orgulhoso de trabalhar para eles".

---

loja elegem as instituições da comunidade que querem ajudar. Quando promovemos um "dia de 5%", pedimos que as entidades a serem beneficiadas incentivem os próprios integrantes a fazer compras na loja nessa data. E assim se cria mais uma situação ganha-ganha: o Whole Foods Market ajuda a financiar os projetos das organização sem fins lucrativos, que, por sua vez, nos ajudam a vender mais. O evento gera empatia com os membros dessas

O SEGUNDO PRINCÍPIO: INTEGRAÇÃO DE *STAKEHOLDERS*

entidades – muitos deles têm sua primeira experiência com a loja e, depois, se tornam clientes regulares.

Essa estratégia filantrópica cria valor para os vários *stakeholders*. Os colaboradores aprovam, uma vez que podem contribuir com seu esforço e ver resultados imediatos, sem ter de abrir mão do próprio tempo ou dinheiro. Como também estão envolvidos na seleção das instituições beneficiárias, seu sentimento de satisfação e engajamento é ainda maior. Com frequência, a loja abre espaço no "dia de 5%" para que representantes da organização sem fins lucrativos divulguem seu trabalho entre nossos clientes. Isso pode representar uma vitória também para eles, que têm a chance de conhecer e se engajar em uma causa social localmente importante, a qual não conheciam e que os sensibiliza de alguma forma. A boa vontade de clientes, colaboradores e comunidade também cria valor para os investidores em longo prazo, por meio do aumento das vendas e dos lucros.

Cidadania global

O Whole Foods Market sente-se responsável para com todas as comunidades do mundo nas quais opera. Mantemos duas organizações sem fins lucrativos, e de atuação global, com metas ambiciosas: a Whole Planet Foundation, criada em 2005, e a Whole Kids Foundation, fundada em 2011.

Acreditamos que a melhor maneira de apoiar as comunidades em que atuamos é por meio da luta contra a pobreza, com programas de microcrédito. De início, trabalhamos exclusivamente com Mohammed Yunus e sua pioneira instituição Grameen Trust. A Whole Planet Foundation agora tem parceria com várias microfinanceiras locais, que já dinamizam a economia das comunidades. Temos nos dedicado à diligente tarefa de identificar os parceiros mais alinhados com nossos valores. Presentes em mais de cinquenta países, movimentamos acima de US$ 35 milhões em mais de 200 mil empréstimos concedidos. Os primeiros dados apontam que o valor médio emprestado é de US$ 133, e as mulheres somam 92% do público beneficiado. O dinheiro que volta para as microfinanceiras, a título de pagamento de empréstimos contraídos, é reinvestido em novos microcréditos, permanecendo nas comunidades – nenhum centavo retorna para a Whole Planet Foundation.

Considerando o efeito multiplicador dos empréstimos reembolsados e a alavancagem que a fundação proporciona a seus parceiros locais para buscar fontes adicionais de financiamento, o impacto da iniciativa já supera os US$ 130 milhões em empréstimos totais. Em apenas sete anos, melhoramos a vida de cerca de 1,2 milhão de pessoas pobres de vários países. Atualmente, temos negócios em 91 nações, 79 das quais são elegíveis para participação em nosso programa de microcrédito. A meta é atender todo segmento elegível dentro dos próximos cinco anos. Como o Whole Foods Market tende a seguir crescendo, nossa rede comercial se expandirá, de modo que esperamos, um dia, atuar no setor de microcrédito em todos os países.[3]

Filantropia consciente e valor para os *stakeholders*

A Whole Planet Foundation mostra como a filantropia consciente pode trazer benefícios aos investidores. Provavelmente nada do que fizemos em toda a história do Whole Foods Market levantou tanto o moral da organização do que o trabalho da fundação – os membros de nossas equipes estão tomados por entusiasmo e orgulho pelo que a empresa vem fazendo para combater a pobreza. É um grande exemplo de filantropia criando valor para cada um de nossos principais *stakeholders*.

Uma vez por ano, promovemos uma "campanha da prosperidade", que dura seis semanas, ao longo das quais coletamos doações de clientes para ajudar a Whole Planet Foundation a financiar mais linhas de microcrédito. Cartazes nas lojas e distribuição de folhetos dão visibilidade à iniciativa, e o retorno dos clientes tem sido incrível: a campanha da prosperidade de 2012 arrecadou US$ 5,6 milhões. Ao serem informados sobre o que a fundação vem fazendo em vários lugares do mundo, os clientes se sensibilizam. E, entre nossas lojas, já se estabeleceu uma disputa acirrada, com todas elas almejando ser a número um em arrecadação de sua região ou mesmo de toda a empresa.

Nossa equipe adora. Criamos um programa pelo qual os colaboradores podem se candidatar a um período de duas a quatro semanas de trabalho

O SEGUNDO PRINCÍPIO: INTEGRAÇÃO DE *STAKEHOLDERS*

voluntário em seis países onde operamos o microcrédito: Guatemala, Índia, Quênia, Peru, Gana e Brasil. É como se tivéssemos nosso próprio Corpo de Paz. Os funcionários doam seu tempo e esforço, e nós bancamos sua hospedagem, alimentação e transporte. Em sua maioria, os voluntários estão na faixa dos 20 anos, viajaram pouco e quase nunca viram a pobreza extrema de perto, mas são idealistas e querem fazer a diferença. A viagem costuma ser uma experiência transformadora. Quando voltam, eles se tornam embaixadores do programa para os outros colaboradores. O impacto é enorme, com as equipes se orgulhando e se apropriando desse propósito maior do Whole Foods Market. A sensação de que nossas intenções se expressam em ações e mudam o mundo espalha-se não só entre os participantes do programa, mas por todo o quadro de funcionários, que têm seu compromisso e energia renovados, por se verem como integrantes de um esforço que gera impacto positivo em vários lugares do planeta. O êxito do programa é tamanho que nos leva a repensar nosso propósito. Agora, achamos que um dos propósitos mais elevados do Whole Foods é o de ajudar a acabar com a pobreza. Isso não estava em foco há cinco anos, mas a iniciativa mudou nossa perspectiva e expandiu nossos horizontes.

Os fornecedores também ganham com esse programa. Em determinadas categorias, eles disputam o direito de integrar aquilo que chamamos de Suppliers' Alliance, grupo restrito de parceiros comprometidos a fazer contribuições de dinheiro predefinidas para a Whole Planet Foundation, em troca de tratamento diferenciado em nossas lojas: seus produtos ganham destaque e ocupam as posições de maior visibilidade nas gôndolas. Só há lugar para um fornecedor por categoria dentro dessa aliança filantrópica, e ser membro dela representa uma vitória significativa, com possibilidades concretas de melhores vendas e de conquista de novos clientes. É uma vitória também, claro, para a Whole Planet Foundation, que recebe mais doações. Além disso, nossos programas de voluntariado também estão abertos para a equipe desses fornecedores, o que lhes dá a chance de ampliar ainda mais seu engajamento.

Mas, afinal, o que ganham os investidores? Muita coisa, a começar pela instauração do sentimento de uma tremenda boa vontade entre todos os outros *stakeholders*. A iniciativa também gera um grande volume de exposição publicitária positiva e gratuita, espalhando a mesma boa vontade para com o Whole Foods Market por toda a comunidade. Embora seja difícil de calcular, estimamos que o investimento da empresa nesse programa esteja dando cerca de 1.000% de retorno para os investidores, na forma de prestígio, publicidade, reconhecimento de marca e elevação do moral interno, o que resulta em em maiores vendas, lucros e capitalização de mercado.

Obviamente, não estamos sozinhos nessa abordagem consciente da filantropia. A IBM, por exemplo, lançou sua própria versão de Corpo de Paz por meio de um programa chamado Corporate Service Corps: colaboradores da empresa se voluntariam a trabalhar em países emergentes, aplicando sua tecnologia e *expertise* em negócios a fim de contribuir para o crescimento socioeconômico local. O programa, que faz parte da iniciativa IBM's Global Citizen's Portfolio, serve ao desenvolvimento de lideranças, diante da tarefa de ajudar a solucionar questões socioeconômicas importantes. Três semanas depois de anunciar o Corporate Service Corps, a companhia já tinha recebido 5 mil inscrições. Cem colaboradores de alto nível – selecionados em 33 países e com média de dez anos de experiência na IBM – foram enviados para atuar em nações como Gana, Filipinas e Romênia.

De acordo com Stanley Litow, vice-presidente de cidadania corporativa e assuntos corporativos da IBM, o programa oferece um "triplo benefício: o benefício para as comunidades, resolvendo alguns de seus problemas; o benefício para o indivíduo, proporcionando-lhe um exemplar treinamento de liderança e desenvolvimento; e o benefício para a empresa, com o desenvolvimento de uma nova geração de líderes globais".[4]

De volta ao Whole Foods, o entusiasmo é grande com a recente criação de outra entidade filantrópica própria: a Whole Kids Foundation. Trata-se de mais um bom exemplo da evolução em nosso propósito. Quando começamos a trabalhar com mais profundidade na questão da alimentação saudável, muitos nos perguntaram: "O que vocês estão fazendo quanto à nutrição nas escolas?" ou "É espantosamente ruim a comida oferecida a nossos filhos; como o Whole Foods Market pode ajudar a resolver isso?". Nossa primeira reação foi defensiva. Não víamos o problema como nossa responsabilidade, e nos parecia que já fazíamos muito no que dizia respeito à educação alimentar. Nossos clientes e colaboradores, no entanto, destacaram a oportunidade de ir mais longe, pedindo que nos envolvêssemos a fundo na questão. Finalmente, percebemos que tínhamos de ouvir as partes interessadas – criamos a Whole Kids Foundation.

O SEGUNDO PRINCÍPIO: INTEGRAÇÃO DE *STAKEHOLDERS*

As atividades da fundação vão evoluir ao longo do tempo, mas o foco inicial é apoiar as escolas na oferta de alimentos mais nutritivos para as crianças. Fazemos isso por meio da instalação de bufês de saladas, da plantação de hortas escolares e da formação de professores em educação alimentar. A Whole Kids Foundation e seus parceiros já financiaram mais de mil bufês de saladas e centenas de hortas em todos os Estados Unidos. O objetivo é montar um bufê de saladas em toda escola norte-americana que assim o desejar, trabalhando com a cadeia de fornecimento de cada uma delas para ampliar o volume de frutas e verduras frescas à disposição das crianças. Infelizmente, a maioria dos estabelecimentos de ensino não oferece aos alunos comida fresca; quase tudo vem congelado ou enlatado. Embora cada vez mais carentes de frutas e verduras, nossos filhos não têm sido atendidos pelo sistema atual, dominado por interesses que privilegiam a oferta de leite, carne e alimentos processados industrialmente. (Eis mais um exemplo de "capitalismo entre amigos", com empresas se aproveitando do poder do governo para promover os próprios interesses, em detrimento da saúde e do bem-estar infantil.) As escolas têm de mudar suas práticas de contratação para substituir enlatados e congelados por itens frescos. Temos trabalhado com estabelecimentos de ensino interessados em tirar o maior proveito possível da produção local, fazendo sua conexão com produtores e fornecedores de alimentos frescos e saudáveis.

Outra responsabilidade que estamos assumindo é oferecer educação nutricional para professores e alunos. Isso passa pela montagem de programas e currículos escolares voltados para o ensino dos princípios de uma alimentação sadia. A Whole Kids Foundation também participa do Let's Move, projeto da primeira-dama Michelle Obama para combater a epidemia da obesidade infantil. A expectativa consiste em somar esforços com outras organizações sem fins lucrativos e entidades governamentais em prol da educação nutricional e da qualidade alimentar nas escolas.

Empresas conscientes e entidades sem fins lucrativos

As organizações sem fins lucrativos têm papel vital na sociedade, marcando presença em áreas nas quais o governo não atua por falta de competência e as empresas não entram pela ausência de viabilidade comercial. O poder público é burocrático, lento e excessivamente politizado. A iniciativa privada também é incapaz de suprir certas demandas sociais, uma vez que não geram retorno financeiro aceitável sobre o investimento.

As entidades sem fins lucrativos são, por definição, movidas por uma missão, de modo que compreendem muito bem o "propósito" no capitalismo consciente. Tal como qualquer outro negócio, possuem *stakeholders*. No entanto, no lugar de investidores que buscam retorno financeiro sobre o capital, têm doadores à procura do retorno psíquico proporcionado por suas contribuições – em geral definido como o progresso no cumprimento da missão.

Infelizmente, muitas dessas organizações operam com uma mentalidade indutora de ineficiência, estagnação e ineficácia. Em sua maioria, dependem de doações do setor empresarial e dos cidadãos comuns para existir – em outras palavras, não são autossustentáveis. Os negócios conscientes, contudo, podem ajudar a resolver esse desafio de sustentabilidade.

Falso muro

Muita gente acredita que existe uma substancial diferença ética entre as instituições de interesse público sem fins lucrativos e as organizações empresariais, como se houvesse um muro metafórico a separar umas das outras. De um lado estariam os entes, governamentais ou não, dedicados a servir ao bem comum sem fazer lucros – estes são vistos como altruístas entidades "do bem". De outro ficariam os representantes "do mal", supostamente motivados por egoísmo, ganância e preocupação exclusiva com o dinheiro. Essa descrição, na verdade, passa longe de refletir a maioria das empresas, principalmente as mais conscientes.

De muitas maneiras, quando atuam com consciência, as organizações sem fins lucrativos e as empresas conscientes têm grandes semelhanças: baseiam suas atividades em trocas voluntárias, não coercitivas, perseguem propósitos elevados, servem a todos os seus *stakeholders* e têm líderes conscienciosos. Ambas, sobretudo, criam valor para seus públicos de interesse. O muro que

O SEGUNDO PRINCÍPIO: INTEGRAÇÃO DE *STAKEHOLDERS*

as separa, portanto, tem de vir abaixo, pois precisamos tanto de umas como das outras para construir um mundo próspero.

Parceiros naturais

A iniciativa privada é uma aliada natural do setor filantrópico, e ambos devem caminhar de mãos dadas. Cada vez mais, os negócios conscientes almejam atender com efetividade aos anseios de seu importante *stakeholder* representado pela comunidade, e as organizações sem fins lucrativos podem contribuir para isso, aproveitando eventuais sinergias para cumprir seus propósitos sociais. No modelo típico de parceria, as empresas fornecem dinheiro, *expertise* operacional e capital intelectual, enquanto as entidades oferecem propósito, pessoas altamente motivadas e uma poderosa rede de relacionamentos. Trata-se de um sistema ganha-ganha, já que tanto um lado como o outro conseguem ser mais produtivos na geração de valor para as comunidades que desejam atender.

A Whole Planet Foundation, por exemplo, já trabalhou com dezenas de organizações sem fins lucrativos ao redor do mundo para tornar a operação de microcrédito mais eficaz. Essas parceiras aportam sua infraestrutura local e equipes extremamente dedicadas a seu propósito maior, enquanto o Whole Foods Market entra com o dinheiro necessário para que cumpram sua missão. A Whole Planet Foundation trabalha somente com organizações de comprovada competência e alinhadas com nossos valores centrais e propósito. O rigor no processo de seleção nos rendeu efetivas parcerias com diversas entidades internacionais, as quais se multiplicam conforme a fundação expande sua presença por diferentes regiões do mundo. Essas parcerias com instituições sem fins lucrativos são muito semelhantes a nossas parcerias com fornecedores. Quando se trabalha de forma colaborativa, obtém-se um valor muito maior para todas as organizações envolvidas e para os milhões de pessoas que estão se beneficiando desse esforço coletivo.

Também é natural que as empresas conscientes estabeleçam as próprias fundações e organizações sem fins lucrativos, nas quais podem aplicar sua *expertise* em gestão empresarial para obter bons resultados sociais. Além da

Whole Planet Foundation e da Whole Kids Foundation, também inauguramos a Animal Compassion Foundation, que logo se converteu em uma iniciativa pública filantrópica conhecida como Global Animal Partnership, com foco na melhoria das práticas de criação por meio do aprimoramento do bem-estar animal. Vamos discutir mais sobre entidades sem fins lucrativos no próximo capítulo.

Impostos

Os numerosos e diferentes impostos pagos pelas empresas aos governos não deixam de ser uma forma de apoio da iniciativa privada às comunidades. A carga tributária que incide sobre as companhias é muito maior do que se imagina. Nos Estados Unidos, os impostos corporativos estão entre os mais altos do mundo – mais de 39%, na soma de contribuições estaduais e federais –, sem contar os muitos outros tributos que se pagam sobre a propriedade, como empregador ou na forma de taxas específicas.[5]

Para ter uma ideia, no ano fiscal de 2011 o Whole Foods Market teve lucro depois de impostos de cerca de US$ 343 milhões e deixou um total de mais de US$ 825 milhões nos cofres do governo, em todos os níveis.[6] Os impostos recolhidos perfizeram, portanto, um total 24 vezes maior do que nosso investimento em filantropia (US$ 34 milhões, cerca de 10% do lucro líquido) e mais de duas vezes maior do que o lucro que nos foi permitido reter. Se a carga tributária das empresas fosse menor, nossos clientes pagariam preços mais baixos, nossas equipes ganhariam salários maiores e mais benefícios, os investidores teriam retorno mais substancioso e o volume de recursos para apoiar projetos sociais de organizações sem fins lucrativos seria bem maior.

Criação de valor para a sociedade

Por muito tempo, julgou-se a atividade empresarial menos nobre por perseguir a lucratividade, enquanto governo e organizações sem fins lucrativos

O SEGUNDO PRINCÍPIO: INTEGRAÇÃO DE *STAKEHOLDERS*

buscariam o bem social. Precisamos acabar com essa falácia. As companhias criam um enorme valor para todos os seus *stakeholders* e, portanto, também para a sociedade. Coletivamente, a iniciativa privada é a maior criadora de valor no mundo – as entidades governamentais e não lucrativas, por sinal, dependem da prosperidade e da riqueza construídas pelas empresas, que são a grande fonte de impostos e doações.

Para concluir este capítulo, voltemos ao extraordinário Grupo Tata, o negócio mais perenemente consciente que conhecemos. Desde seu início, há 144 anos, a corporação tem a ver com comunidade e construção de uma nação, conforme explicita sua declaração de propósito: "No Grupo Tata, somos empenhados em melhorar a qualidade de vida das comunidades que servimos. Fazemos isso lutando pela liderança e pela competitividade global nos setores de negócios em que atuamos. Nossa prática de devolver à sociedade o que ganhamos evoca confiança entre consumidores, funcionários, acionistas e comunidade. Estamos comprometidos em proteger esse patrimônio de liderança, com confiança na maneira pela qual conduzimos nosso negócio".[7]

O negócio não é "propriedade" da família. Dois terços das ações da empresa-mãe, Tata Sons, pertencem a fundos de caridade. Por meio deles, a Tata administra os dois maiores hospitais de câncer na Índia, nos quais metade dos pacientes recebe tratamento gratuito. Os fundos fiduciários também financiam as atividades do Indian Institute of Science, do Tata Institute of Fundamental Research e do Tata Institute of Social Sciences. A responsabilidade social está profundamente enraizada na cultura Tata, como uma questão de princípio. Não é vista como encargo adicional, mas como um custo essencial no processo de fazer negócios.[8]

Karambir Singh Kang diz: "Você não vai encontrar os nomes de nossos líderes na lista das pessoas mais ricas do mundo. Não temos ninguém citado na *Forbes*. Nossos líderes não estão aqui para servir a si mesmos; estão aqui pela sociedade e pelas comunidades a quem desejam servir. Nosso fundador, Jamshedji Tata, era um verdadeiro patriota, que acreditava na construção do país. Sem se importar se fosse aço, energia hidrelétrica, aviação civil ou locomotivas, ele apenas queria investir na estruturação de um país, nos alicerces sobre os quais uma nação se ergue".[9]

COMUNIDADES PRÓSPERAS E ACOLHEDORAS

A Tata segue a premissa de que uma empresa prospera sobre o capital social. Ou, como explica seu diretor-executivo, R. Gopalakrishnan: "Pensamos e agimos primeiro como cidadãos, e não como corporação. Nosso credo corporativo diz que, em uma livre-iniciativa, a comunidade não é apenas mais uma das partes interessadas no negócio; ela é, de fato, o verdadeiro propósito de sua existência".[10]

CAPÍTULO 10

Um ambiente saudável e vibrante

Cuidado, criatividade e estratégia orientam a reflexão das empresas conscientes acerca do meio ambiente, que também constitui um dos principais *stakeholders* do negócio e, por isso, merece os mesmos respeito e atenção dedicados a outras partes interessadas.

O ambiente, no entanto, é um *stakeholder* silencioso. Clientes, colaboradores, fornecedores, investidores e comunidades, todos expressam seus interesses e necessidades, mas quem fala pelo meio ambiente? Em geral, apenas ativistas, que, muitas vezes, por se orientarem por preconceitos e posições ideológicas pessoais, podem não traduzir exatamente aquilo que o meio ambiente, se pudesse falar, expressaria como suas questões mais urgentes.

Para algumas empresas, como a Patagonia, o meio ambiente, ou o planeta, é o *stakeholder* prioritário, faz parte do propósito maior. Para salvaguardá-lo, a Patagonia cuida com rigor do ciclo de vida de seus produtos, desde a concepção até a disposição final. O CEO Casey Sheahen explica: "Assumimos a responsabilidade completa por todos os produtos que fazemos.

O SEGUNDO PRINCÍPIO: INTEGRAÇÃO DE *STAKEHOLDERS*

Consertamos e reciclamos nossos produtos ou ajudamos as pessoas a vendê-los quando não precisam mais deles. Estamos tentando proteger toda a energia incorporada no produto para que não acabe desperdiçada em um aterro sanitário".[1]

Não há dúvida de que estamos diante de graves problemas ambientais. Alguns podem até ter causas naturais, mas esses fenômenos são, na maioria, consequências involuntárias do rápido crescimento industrial e do maior grau de prosperidade já alcançado ao longo dos últimos 200 anos. Entre elas incluem-se a escassez de água potável, a poluição, o declínio das fontes energéticas não renováveis, o esgotamento da pesca, o desmatamento e as mudanças climáticas.

Os novos desafios

Os desafios ambientais do século 21 são radicalmente diferentes daqueles enfrentados há 125 anos. Certos aspectos do meio ambiente têm melhorado, em especial para as pessoas que vivem em economias avançadas. Já desenvolvemos maneiras mais inteligentes de gerar energia e lidar com os resíduos. Antes do advento da eletricidade e dos carros movidos a gasolina, nossas grandes cidades eram fétidas, enfumaçadas, sujas e cobertas de fuligem. Esterco de cavalo e dejetos humanos, espalhados pelas ruas, estavam sempre ao alcance dos olhos e do nariz. Não se podia confiar na pureza da água servida pelo sistema público. Florestas inteiras vinham abaixo em ritmo veloz, para aproveitamento da madeira e para abrir espaço para a agricultura e a pecuária. A caça indiscriminada quase levou as baleias à extinção, dado o interesse pela gordura do animal, usada como combustível de lamparinas. Felizmente, bem a tempo, descobrimos como extrair energia do petróleo, e logo surgiram a lâmpada elétrica e o motor de combustão interna. As ruas ficaram mais limpas e as habitações, menos insalubres e mais confortáveis

Os desafios de hoje são muito diferentes. Em 1800, havia menos de 1 bilhão de nós no planeta, e cada indivíduo produzia e consumia em média cerca de US$ 650 em bens e serviços por ano.[2] Dada a maneira como as pessoas supriam suas necessidades por alimento, combustível e abrigo, o planeta tinha recursos de sobra para abastecer esse consumo. Atualmente, somos mais de 7 bilhões, cada qual produzindo e consumindo em média US$ 8 mil em bens e serviços por ano (valor estimado em dólar internacional de 1990).[3] Isso corresponde a US$ 56 trilhões em atividade econômica anual, um aumento de 86 vezes em comparação com os cerca de US$ 650 bilhões de 1800!

Vamos projetar o cenário daqui a 50 anos. Se o PIB *per capita* mundial crescer 3% ao ano e se a população planetária atingir os 9,6 bilhões de habitantes projetados pela ONU, a atividade econômica global equivalerá a US$ 300 trilhões anuais (em dólar internacional de 1990).[4] Olhando a projeção para daqui a 100 anos e assumindo que a população se estabilizará (como preveem muitos demógrafos) em cerca de 10 bilhões de pessoas, o PIB global de 2110 vai ser superior a US$ 1,5 quatrilhão, ou 27 vezes o valor atual.[5] O planeta certamente não suportará tamanhos consumo e produção, mas esse é o panorama futuro se mantivermos nosso atual estilo de vida.

É claro, contudo, que não vamos continuar fazendo as coisas da mesma forma. Nós, seres humanos, estamos sempre prontos a mudar o modo de fazer as coisas, desde que nos seja dada a liberdade de buscar novas soluções para velhos problemas. Para resolver os numerosos desafios ambientais coletivos dos próximos 100 anos, teremos de ser ainda mais criativos e inovadores do que fomos no passado. Isso significa desenvolver as melhores condições para que a engenhosidade humana brote em escala maciça.

O meio ambiente como *stakeholder*

Todos somos parte do meio ambiente. Vivemos nele, ele nos afeta e nós o afetamos. O meio ambiente literalmente percorre nosso corpo a cada momento da vida, pelo ar que respiramos, pela água que bebemos e pelos alimentos que ingerimos. Muitos dos impactos que causamos no meio ambiente não desaparecem, mas continuarão no futuro. Se poluirmos a água e o ar, teremos de beber e respirar poluição. Se desmatarmos as florestas, as consequências serão devastadoras para nossos filhos e netos, bem como para todas as outras espécies que compartilham o planeta conosco.

O SEGUNDO PRINCÍPIO: INTEGRAÇÃO DE *STAKEHOLDERS*

As empresas devem assumir total responsabilidade por seus impactos ambientais e conceber formas inovadoras para reduzi-los. Quando tratamos o meio ambiente como um dos principais *stakeholders*, passamos a buscar para ele soluções Win[6], assim como fazemos com as outras partes interessadas. A mentalidade focada no desenvolvimento de estratégias Win[6] é essencial – não se pode encarar a gestão e a responsabilidade ambiental como um tipo de fardo ou sacrifício. Empresas conscientes se recusam a aceitar *trade-offs* para o meio ambiente, assim como fazem em relação aos outros *stakeholders*.

Uma companhia consciente que minimiza seu impacto ambiental ao mesmo tempo melhora seu relacionamento com os clientes, levanta o moral dos membros da equipe e reduz o custo operacional dos negócios, todas medidas que deixam os investidores felizes. Eis dois exemplos simples: ao otimizar o consumo de energia, a empresa diminui despesas; ao reduzir o volume de resíduos, gasta menos dinheiro em embalagens e produtos descartáveis – ambas as iniciativas são boas para o negócio, para o meio ambiente e para as outras partes interessadas.

A abordagem ambiental consciente

Depois do reconhecimento do meio ambiente como um dos principais *stakeholders*, o primeiro passo da empresa é identificar o próprio impacto sobre ele, assumindo a total responsabilidade por eventuais soluções. Trata-se de um atributo fundamental para um negócio consciente. Uma vez que nos conscientizamos das consequências de nossas ações, é inaceitável ignorar os erros ou continuar a justificá-los como efeitos colaterais inevitáveis da criação de outros tipos de valor.

A maioria dos danos ambientais ocorridos no planeta não aconteceu deliberadamente. Com frequência, os críticos das empresas e da estrutura do capitalismo reduzem tudo a um conto moral, em que o mal, representado pelas corporações gananciosas, arrasa de modo malicioso e premeditado o meio ambiente. Em 99,99% do tempo, isso não é verdade. Retratar a questão dessa forma não é apenas errado e injusto, mas contraproducente. Em vez disso, devemos reconhecer que os maiores prejuízos ambientais têm sido consequências involuntárias de ações direcionadas para o bem – como a criação de produtos e serviços desejados pelos clientes, que geram emprego para os colaboradores, movimentam os negócios dos fornecedores e assim por diante.

Precisamos resolver as questões ambientais de maneira criativa e integrada. Nos últimos anos, o aquecimento global e as mudanças climáticas têm monopolizado a discussão, de modo que ficamos tão coletivamente focados nesse problema que acabamos desviando nossa atenção de outros desafios críticos, entre eles a disponibilidade de água doce, a pureza do ar, a sustentabilidade dos peixes e frutos do mar, o bem-estar animal e os impactos ambientais da pecuária, o desmatamento e a desertificação.

Whole Foods Market e o meio ambiente

O Whole Foods Market está envolvido em uma série de importantes iniciativas ambientais. Estas abrangem o apoio a manejos agrícolas sustentáveis, como cultivos orgânicos e produção local, reduzindo radicalmente nossa pegada energética, as iniciativas de construção verde e a mobilização para zerar o desperdício em nossas lojas. Como não há espaço neste livro para apresentar todas as nossas ações ambientais em detalhes, vamos nos concentrar em três das mais importantes: a produção pecuária sustentável, o bem-estar animal e a sustentabilidade dos peixes e frutos do mar.

Produção pecuária sustentável

Muitos dos mais graves problemas ambientais do planeta estão intimamente ligados à produção mundial de carne. Em 2006, a Organização das Nações Unidas para Alimentação e Agricultura (FAO) divulgou um extenso relatório, intitulado *Livestock's long shadow*, sobre esses impactos. O documento aponta estatísticas surpreendentes:

- 30% das terras do planeta são usadas pela pecuária;
- 33% dos grãos colhidos alimentam o gado;

O SEGUNDO PRINCÍPIO: INTEGRAÇÃO DE *STAKEHOLDERS*

- 70% da soja colhida alimenta o gado;

- 70% da área desmatada da Floresta Amazônica é de pastos;

- 33% da poluição das águas nos Estados Unidos é atribuída à pecuária;

- 18% dos gases de efeito estufa provêm do gado de corte – mais do que as emissões somadas de todas as formas de transporte (14%).[6]

Outra pesquisa revelou que a criação de animais de corte consome mais da metade da água usada nos Estados Unidos: gastam-se 2.400 litros de água para produzir um quilo de carne, mas apenas 25 litros para obter um quilo de trigo.[7] O norte-americano médio consome 124 quilos de carne por ano. Os animais criados para alimentação nos Estados Unidos produzem 130 vezes mais excrementos do que a população humana.[8] Desde 1980, a produção mundial de suínos e aves quadruplicou, e a de bovinos, ovinos e caprinos dobrou. A FAO prevê que até 2050 a produção de gado terá dobrado novamente.[9]

Além disso, o custo do consumo excessivo de alimentos de origem animal para a saúde humana tem sido bem documentado, demonstrando elevadas correlações com obesidade, diabetes, doença cardíaca e câncer.[10] O Whole Foods Market toma uma série de medidas para tentar mitigar o impacto que a disseminação do hábito de comer carne tem causado ao ambiente e à saúde humana:

1. Estamos educando nossos clientes e membros da equipe sobre as vantagens para a saúde de uma dieta baseada em alimentos integrais, em especial verduras e legumes. Não se trata de uma defesa direta da dieta vegan, mas encorajamos as pessoas a diminuir o consumo de itens de origem animal e aumentar o de verduras, frutas, cereais integrais, leguminosas, nozes e sementes. Pesquisas mostram que uma dieta de alimentos vegetais integrais pode prevenir e reverter muitas das mais graves e comuns doenças associadas ao estilo de vida.

2. Desenvolvemos continuamente as fontes de alimentos de origem animal. Privilegiamos produções que dispensam técnicas industriais convencionais nas criações – por exemplo, bovinos e ovinos 100%

UM AMBIENTE SAUDÁVEL E VIBRANTE

alimentados com capim ou porcos e aves engordados sem rações industrializadas. Acreditamos que animais criados assim causam danos ambientais muito menores e fornecem carne bem menos nociva à saúde humana.

3. Damos alta prioridade à melhoria das condições de bem-estar animal – nossos esforços são descritos a seguir.

Bem-estar animal

O Whole Foods Market é intensamente focado no tratamento dispensado aos animais na indústria da alimentação. Há mais deles no mundo do que pessoas. Todos os anos, 10 bilhões de animais terrestres (dos quais 9 bilhões de galináceos) e 51 bilhões de animais marinhos são abatidos para alimentar apenas a população norte-americana. Em todo o mundo, por ano, quase 60 bilhões de animais terrestres têm o mesmo destino.[11] Em sua grande maioria, antes do abate eles nem sequer podem ter o que poderíamos descrever como uma boa vida. São vistos como máquinas que produzem carne e leite, e não como seres sencientes com quem compartilhamos o planeta. Todo o foco industrial tem sido na redução de custos e no aumento da produção. O bem-estar dos animais, exceto quando afeta a produtividade de alguma forma, foi completamente ignorado.

Para o Whole Foods Market, essa é uma grave questão ética e ambiental. Nós nos recusamos a comercializar a vitela de bezerros criados sob confinamento, o *foie gras* de aves superalimentadas à força, a carne suína de produções que se utilizam de celas de gestação e os ovos de galinhas presas em gaiolas. Estamos fortemente empenhados em ajudar a criar alternativas aos métodos fabris adotados pelos grandes pecuaristas. Depois de oito anos de muita pesquisa, desenvolvemos um sistema de classificação de padrões de bem-estar animal para diferentes criações pecuárias. Montamos uma empresa sem fins lucrativos, mais tarde convertida em organização pública, chamada Global Animal Partnership (www.globalanimalpartnership.org), para supervisionar essas certificações. A classificação

O SEGUNDO PRINCÍPIO: INTEGRAÇÃO DE *STAKEHOLDERS*

prevê seis níveis, do grau 1 (criação sem grades nem gaiolas) ao grau 5+ (caso em que o bem-estar animal é uma preocupação prioritária e não há mutilações físicas dos bichos, que passam a vida toda na mesma fazenda onde serão abatidos).

Esse é um bom exemplo de Win[6], pois criamos um sistema que desencadeou uma corrida rumo à melhoria do bem-estar animal. Os fornecedores se empenham para melhorar sua classificação, porque isso traz publicidade positiva, valorização da marca e potencial para elevar os preços de seus produtos. Sendo naturalmente competitivos, eles almejam o grau mais alto que puderem alcançar, aperfeiçoando as técnicas de tratamento de suas criações. O sistema também favorece nossos clientes, que passam a ter acesso a produtos provenientes de criações que gozam de condições de salubridade e segurança muito superiores às práticas convencionais da indústria de alimentação – mais bem tratados, os animais levam uma vida saudável e sem estresse, o que influencia a qualidade final. Nossos investidores também se beneficiam, uma vez que, ao contribuirmos diretamente para a oferta de produtos tão diferenciados, melhoramos nossa posição competitiva. Nossos colaboradores, por sua vez, orgulham-se de trabalhar em uma empresa comprometida com a causa do bem-estar animal.

Sustentabilidade dos peixes e frutos do mar

Para o Whole Foods, outro grave problema ambiental se relaciona ao volume da produção pesqueira, que no caso de muitas espécies marinhas já supera os limites da sustentabilidade. Atuamos em conjunto com o Marine Stewardship Council (MSC) para comprar apenas peixes e frutos do mar com certificação de coleta sustentável. Também trabalhamos com o Monterey Bay Aquarium (MBA) e o Blue Ocean Institute (BOI) em favor da conscientização – tanto de nossos clientes e membros da equipe como dos meios de comunicação – a respeito das espécies mais ameaçadas. Rotulamos todos os nossos pescados com os selos de classificação MBA, BOI e MSC, usando um sistema de código de cores de acordo com o grau de sustentabilidade. Em 2012, suspendemos a venda em nossas lojas de todos os produtos classificados com a cor vermelha (indicativa de sustentabilidade perigosamente baixa).

UM AMBIENTE SAUDÁVEL E VIBRANTE

Curiosamente, depois que começamos a dar atenção à sustentabilidade da vida marinha, identificamos alternativas sustentáveis de forma relativamente rápida. Isso reforça a máxima de que as pessoas tendem a descobrir ou criar exatamente aquilo que procuram. Tome-se como exemplo o bacalhau do Atlântico, que já esteve entre as espécies mais abundantes no hemisfério ocidental, na era pré-colombiana. Em parte, essa grande abundância motivou a construção das indústrias pesqueiras da Nova Inglaterra e do Leste do Canadá. Nos últimos 400 anos, no entanto, as populações de bacalhau diminuíram 95%, a ponto de a espécie ter sido classificada com os selos vermelhos MBA e BOI.[12] Esse é um grande desafio para nossas lojas, em particular para as da área de Boston. A Nova Inglaterra alimenta-se de bacalhau há séculos. Os clientes de lá fazem questão da iguaria. Com a suspensão das vendas de espécies com selo vermelho nas lojas, nossas equipes de compra de pescado têm feito um esforço concentrado em busca de uma prática pesqueira sustentável para o bacalhau. E, felizmente, há pelo menos um fornecedor já em processo de certificação pelo MSC. No futuro, quando se elevar o nível de consciência acerca dessas questões, veremos mais empresas pesqueiras orientadas para a sustentabilidade.

Sucesso ambiental

As empresas prestam uma ajuda importante na solução de muitos problemas ambientais. Na verdade, os desafios nessa área dificilmente serão vencidos sem o comprometimento total da livre-iniciativa com a busca de respostas obtidas por meio de inovações empresariais. Não muito tempo atrás, as corporações foram consideradas o inimigo número um do movimento ambiental. Hoje, muitas das grandes companhias representam um farol de esperança, em um momento em que os governos e a sociedade civil parecem não obter grandes progressos. Conforme os negócios se tornarem mais conscientes, essa tendência só vai acelerar. Estamos confiantes de que a humanidade vai restaurar o *habitat* natural da Terra ao longo do tempo.

Eis alguns exemplos de empresas cujas iniciativas inovadoras sinalizam caminhos promissores, inspirando todo o ambiente de negócios:

O SEGUNDO PRINCÍPIO: INTEGRAÇÃO DE *STAKEHOLDERS*

3M

A 3M tem sido pioneira entre as empresas na redução do impacto ambiental. Muitos de seus produtos criados no passado eram prejudiciais à natureza. Para lidar com esse desafio de forma proativa, a 3M introduziu a iniciativa Pollution Prevention Pays, conhecida como 3P, em 1975. O programa, concebido para prevenir a poluição com produtos e fabricação, estava muito à frente de seu tempo. Estima-se que o 3P tenha evitado a produção de cerca de 1,3 milhão de toneladas de poluentes e economizado cerca de US$ 1,4 bilhão para a companhia. A 3M se vale de medidas como reformulação dos produtos, modificação de processos e equipamentos, reciclagem e reutilização de resíduos. Os membros da equipe participam voluntariamente do 3P, que completou mais de 8.100 projetos em 35 anos. O programa já ganhou inúmeros prêmios e é seguido pelas subsidiárias em todo o mundo, independentemente das normas de poluição específicas de cada país. Curiosamente, a empresa descobriu que os avanços decorrentes da iniciativa, com frequência, resultam na criação de produtos mais funcionais. Na unidade de Alexandria, no estado de Minnesota, por exemplo, a implementação de um novo processo para diminuir a emissão de poluentes não só melhorou o desempenho, como reduziu os custos de produção de um abrasivo industrial. O descarte final de produtos ecológicos também é mais fácil e menos oneroso.[13]

UPS

A UPS tem demonstrado elevada consciência acerca de seus impactos e colhido muitos benefícios com suas inovadoras práticas de sustentabilidade. A companhia sempre persegue o estado da arte no uso de tecnologias disponíveis para ampliar a eficiência de suas operações. Em 2010, com o emprego da telemática e da tecnologia GPS, realizou 350 mil entregas/dia a mais do que no ano anterior, rodando 53 mil quilômetros/dia a menos. Sua famosa regra de "proibido virar à esquerda" reduz os riscos de acidentes e atrasos de tráfego, além de poupar 32 milhões de quilômetros rodados por ano. A UPS

UM AMBIENTE SAUDÁVEL E VIBRANTE

também trabalha com os clientes para otimizar o aproveitamento de espaço das caixas de encomendas – além de levar menos enchimentos plásticos não sustentáveis, caixas menores abreviam o tempo da viagem de entrega.[14]

Posco

Desde a fundação, a siderúrgica sul-coreana Posco tem o compromisso de minimizar seu impacto ambiental. A plantação de mais de 2 milhões de árvores dentro dos limites de seu complexo siderúrgico, em Pohang, possibilita que a qualidade do ar na região seja tão boa quanto era antes da construção da fábrica. O letreiro na entrada de sua instalação principal é inspirador: "Os recursos são limitados, a criatividade é ilimitada".

Conciliar crescimento com baixo carbono é um imenso desafio para empresas como a Posco, que utilizam grandes quantidades de energia e produzem volumes enormes de dióxido de carbono em sua atividade. A Posco tentou transformar o que seria uma potencial ameaça em oportunidade: comprometeu-se publicamente em se tornar uma liderança global do crescimento verde, para impulsionar a gestão estratégica do carbono em todo o mundo.[15] Digno de nota é o desenvolvimento pela siderúrgica de uma nova tecnologia de produção de aço, chamada Finex, que reduz em mais de 95% a emissão de poluentes como dióxido de enxofre e óxido nitroso, além de baratear os custos em 15% (incluindo menor consumo de energia), na comparação com o método dos fornos tradicionais. A Posco já anunciou que vai licenciar a tecnologia para seus concorrentes, no intuito de aumentar a eficiência energética e diminuir a produção de poluentes em todo o setor siderúrgico.

Walmart

Um dos avanços mais animadores na questão ambiental vem do Walmart. O empenho da empresa na área, de início interpretado apenas como reação às críticas que vinha recebendo, evoluiu para algo muito mais amplo. O

O SEGUNDO PRINCÍPIO: INTEGRAÇÃO DE *STAKEHOLDERS*

Walmart lançou várias iniciativas que não só tiveram impacto positivo sobre o meio ambiente, como economizaram muito dinheiro – e, em alguns casos, até geraram novas receitas. Antes do que a maioria das grandes companhias, o Walmart percebeu que um poderoso *business case* podia ser construído por meio de medidas em prol da sustentabilidade ambiental, sem depender de subsídios do governo ou outros tipos de incentivo. A empresa se vale de sua força e de sua enorme escala para mudar não apenas as próprias práticas e as de seus fornecedores, mas também as de muitos concorrentes.[16] Eis algumas realizações do Walmart:

- Desde 2005, as emissões de carbono de suas lojas diminuíram mais de 10%, e a redução registrada por sua frota de caminhões foi ainda maior. A conquista tornou-se possível com a instalação de sistemas ecoeficientes de iluminação e refrigeração nas lojas e com a otimização dos percursos dos veículos: o planejamento das melhores rotas fez cair o consumo de combustível.

- A empresa tem ajudado seus fornecedores nos Estados Unidos e na China a reduzir emissões de carbono e contas de energia em uma escala de 20% a 60%.

- Uma importante iniciativa para reduzir as embalagens poupou centenas de milhões de dólares em custos de envio e materiais. Além de continuar a encolher os pacotes, a companhia quer torná-los recicláveis, esforço que deve resultar na economia de US$ 3,4 bilhões. O Walmart tem exigido que seus fornecedores de sabão em pó reduzam as embalagens dos produtos, poupando enormes quantidades de água, plástico, papelão e óleo diesel.

- O Walmart estabeleceu a meta ambiciosa de zerar seu envio de resíduos para aterros sanitários – já reduziu seu lixo em 81% em um programa-piloto na Califórnia. A ideia é encontrar novos usos para os materiais antes descartados, como a conversão de resíduos plásticos em camas de cães ou de restos de comida em adubo. Hoje, o varejista fatura cerca de US$ 100 milhões anuais com resíduos cujo descarte, até pouco tempo atrás, era uma despesa fixa.

UM AMBIENTE SAUDÁVEL E VIBRANTE
Quando existe vontade...

Todos temos muitos desafios ambientais sérios pela frente. As consequências da pressão de consumo por uma crescente e cada vez mais próspera população humana parecem tão sombrias que muitos de nós, por vezes, nos sentimos desanimados e incapazes de conter, e muito menos reverter, a deterioração de nosso meio ambiente.[17]

No entanto, há motivo para otimismo. Embora a maioria das pessoas não reconheça, muito se progrediu nos últimos cem anos no que tange à melhoria ambiental. O ar nos Estados Unidos é muito mais limpo hoje do que há um século. A qualidade do ar em Los Angeles melhorou drasticamente nos últimos 30 anos graças a uma inteligente política pública, que normatizou os escapamentos automotivos, tornou obrigatório o uso de conversores catalíticos e eliminou o chumbo na gasolina. Essa foi uma acertada abordagem governamental em relação aos direitos de propriedade, uma vez que o ar, como bem público, pertence a todos.

A boa notícia, portanto, é que podemos progredir – o que, de fato, já fizemos no passado recente. Muitos leitores devem se lembrar das sérias preocupações acerca do fenômeno da chuva ácida, nas décadas de 1970 e 1980. O dióxido de enxofre, emitido por usinas de energia, combinado com outros gases na atmosfera, aumentou o grau de acidez das precipitações para além do normal. Plantas e peixes começaram a morrer, espalhando o temor de que a chuva ácida destruiria ecossistemas em todo o mundo.

Para combater o problema, os Estados Unidos aprovaram por lei um sistema de comercialização de dióxido de enxofre. Muitas empresas e ambientalistas protestaram, mas criou-se ali um mecanismo de mercado que alinhava os incentivos de forma eficaz. A cada companhia permitia-se certo nível de poluição para operar seus negócios, com punição por multa caso esse limite fosse ultrapassado. De outro lado, ao instalar equipamentos antipoluição (os purificadores) e reduzir suas emissões para aquém do limite máximo permitido, a empresa tinha direito a um "saldo" de poluição, o qual podia ser vendido para organizações com dificuldades em cumprir suas metas. Os purificadores começaram então a ganhar escala e a ter seus preços reduzidos, acessíveis a um número cada vez maior de companhias. Estabeleceu-se, assim, o ciclo virtuoso: o custo de equipar-se para reduzir poluentes chegou a ficar

O SEGUNDO PRINCÍPIO: INTEGRAÇÃO DE *STAKEHOLDERS*

dez vezes menor. As emissões de dióxido de enxofre caíram pela metade e os ecossistemas danificados pela chuva ácida se recuperam bem.[18]

Outro caso de sucesso é o da renovação das florestas nos Estados Unidos. A maior parte dos desmatamentos no país ocorreu nos séculos 18 e 19, quando os pioneiros estabeleceram suas fazendas. Entre 1920 e 1990, a cobertura florestal manteve-se estável. A partir daí, vem aumentando progressivamente: cerca de 2 milhões de hectares de terra são devolvidos à floresta a cada ano. Há agora 40% mais madeira em florestas norte-americanas do que havia 50 anos atrás. Graças a isso, alguns cientistas estimam que os Estados Unidos já absorvem um volume de carbono equivalente ao que emitem.[19]

Globalmente, é claro, o desmatamento segue como um enorme problema. No entanto, a experiência dos Estados Unidos mostra que pode ser eficazmente enfrentado. Ao redor do planeta, verifica-se que, conforme os países se tornam mais prósperos, as condições ambientais melhoram. De acordo com a estatística, o crescimento econômico se revela prejudicial ao meio ambiente quando a renda *per capita* é de US$ 2 mil a US$ 8 mil, tornando-se benéfico para além desse patamar. Isso acontece porque pessoas com bom padrão de vida esperam e exigem melhorias ambientais, e geralmente são atendidas.[20]

Amor no lugar do medo

Alguns ativistas se recusam a reconhecer os impactos positivos das empresas sobre o meio ambiente. Ainda estão comprometidos com a ideia de um Armagedom ambiental e não se dispõem a abrir sua mente e mudar seus pontos de vista. Muitos acreditam no medo como o mobilizador mais eficaz: quanto mais temerosas as pessoas, menos complacentes elas seriam. No entanto, o medo leva a criatividade a entrar em curto-circuito, inibe a inovação e dificulta a solução de problemas. Diante do medo, as pessoas passam a se encolher emocionalmente e a se alienar. Isso já aconteceu antes com muitos problemas ambientais.

O relacionamento de longo prazo da empresa com o meio ambiente deve se basear no amor e no cuidado, mesmos sentimentos dedicados aos outros *stakeholders*. Quem opera a partir do medo e da culpa pouco faz. Cuidado e amor são estratégias muito melhores para resolver as questões ambientais.

UM AMBIENTE SAUDÁVEL E VIBRANTE

Vamos enfrentar nossos desafios nessa área da mesma forma como enfrentamos com sucesso todos os demais desafios: com elevação da consciência, incentivo à criatividade e à inovação e reconhecimento e premiação ao comportamento virtuoso. O papel do governo é crucial: cabe a ele decretar regulamentos ambientais sólidos, cientificamente validados, que impeçam operadores inescrupulosos de prosperar à custa das empresas mais conscientes e conscienciosas. Precisamos fortalecer o sistema imunológico da sociedade, para isolar e rejeitar práticas nocivas e insustentáveis.

Temos toda a capacidade de reverter os problemas ambientais do planeta. É hora de parar de apontar o dedo para eventuais responsáveis e de começar a agir de maneira consciente e mais cuidadosa em relação ao planeta.

CAPÍTULO 11

O círculo externo de *stakeholders*

Todos os *stakeholders* têm importância, mas alguns são mais críticos para o sucesso da organização do que outros. A prioridade que a empresa dá a seus interlocutores diretos varia conforme o tipo de negócio: as partes interessadas que são decisivas para uma companhia podem ter pouca influência em outra. No entanto, há um elemento de identificação comum: elas integram o chamado círculo interno de *stakeholders*, envolvendo-se em trocas voluntárias com a organização para benefício mútuo.

Clientes, colaboradores, investidores, fornecedores, comunidades e meio ambiente são os principais *stakeholders*. Pode-se argumentar que "voluntariedade" não se aplica ao meio ambiente, o que o excluiria desse seleto grupo, mas, por sua importância para todos nós, é aceitável mantê-lo. Existem, ainda, outras partes interessadas no negócio – concorrentes, ativistas, críticos, sindicatos, mídia e governo –, e todas exercem impacto sobre a empresa e podem influenciar os públicos do círculo interno. Como não costumam se envolver em trocas voluntárias com a organização para benefício mútuo, é

O SEGUNDO PRINCÍPIO: INTEGRAÇÃO DE *STAKEHOLDERS*

possível caracterizar esses elementos como círculo externo de *stakeholders*. Excepcionalmente, algumas companhias têm sindicatos e governos entre seus principais interessados e, portanto, os inclui no círculo interno.

Concorrentes

A maioria das empresas não pensa nos concorrentes como partes interessadas, mas como inimigos a serem esmagados na arena do mercado – note como é comum o uso de metáforas de guerra quando se fala dos competidores comerciais. Entretanto, há uma forma mais construtiva de encarar os concorrentes: como aliados na busca da excelência mútua. Bons adversários ajudam uma empresa a melhorar e evoluir, ao apresentarem as escolhas feitas pelos *stakeholders* deles. A concorrência é um estímulo constante para não nos tornarmos complacentes e tolerantes quanto à baixa qualidade. Concorrentes criam e inovam, lançam ideias, estratégias, produtos e serviços sobre os quais não tínhamos pensado antes.

    Esse ponto de vista construtivo nos leva a refletir sobre o que podemos aprender com nossos competidores. Em tese, um forte concorrente direto tem muito a nos ensinar (e vice-versa), mais do que qualquer outra pessoa ou organização. No entanto, em sua maioria, as companhias olham criticamente para seus oponentes, concentrando-se em pontuar seus erros e desvantagens – e, de fato, será possível apontar muitas ações tolas ou estrategicamente imprudentes. Quando adotam tal postura crítica, porém, os líderes do negócio podem pecar por arrogância e acomodação. Com esse tipo de mentalidade, não se aprende coisa alguma.

    Uma atitude muito mais madura ante os concorrentes é olhar para o que estão fazendo certo, para os pontos nos quais eles são melhores do que nós. É preciso ter inteligência emocional, autoconsciência e humildade para reconhecer quando o competidor nos supera. Isso pode nos ensinar muito e nos ajudar a melhorar.

    Todo bom negócio melhora tanto por meio das próprias inovações como pela imitação criativa. No Whole Foods Market, ficamos excitados quando um concorrente faz algo melhor do que nós. Não nos sentimos inseguros,

O CÍRCULO EXTERNO DE *STAKEHOLDERS*

achando que somos piores do que ele – ao contrário, vemos isso como uma oportunidade de desenvolvimento. Gostamos de visitar as lojas rivais para ver o que andam fazendo de bom. Muitas vezes, conseguimos assimilar as inovações de nossos competidores e espalhá-las internamente mais rápido do que eles mesmos. Isso porque desenvolvemos uma forte capacidade de organização para captar ideias, cultivá-las, aperfeiçoá-las e disseminá-las por toda a empresa de forma rápida. E ideias brotam de toda parte – colaboradores, clientes, fornecedores, concorrentes.

Sam Walton, o lendário fundador do Walmart, frequentemente visitava seus concorrentes a fim de aprender coisas novas com eles e, depois, utilizá-las para descobrir como melhorar o Walmart. Ele também mandava os gerentes do Walmart para outras lojas, com a recomendação de só voltar quando tivessem identificado algo que os concorrentes estavam fazendo melhor. Em sua autobiografia, Walton admitiu que provavelmente passou mais tempo dentro dos mercados Kmart do que o CEO daquela empresa.[1] O Kmart nunca teve a mesma orientação para o aprendizado do Walmart – uma das razões pelas quais este prosperou, enquanto o concorrente desapareceu.

Os competidores devem ser vistos como *stakeholders* por conta, principalmente, de seu potencial para nos ajudar a aprender e crescer. Nesse sentido, eles têm, sim, uma participação em nosso negócio, assim como nós temos nas organizações deles. Como diferentes times de um mesmo campeonato, vamos pressionar uns aos outros para cumprir nosso potencial. Se nos vemos diante de oportunidades mútuas para aprender e crescer, a relação torna-se um ganha-ganha: todas as partes se beneficiam, assim como seus respectivos clientes e outros *stakeholders*.

Quando há propósitos maiores mais ou menos alinhados, os concorrentes também podem se tornar companheiros de uma mesma jornada. Somos muito questionados sobre a entrada do Walmart no negócio de alimentos orgânicos. De um lado, claro, isso dificulta nossa vida – trata-se de um concorrente formidável. Sua presença nos obriga não só a melhorar, mas também a inovar mais rápido, buscar diferenciação e incorporar produtos que sabemos que o Walmart não vai vender. Temos de evoluir.

De outra perspectiva, o ingresso do Walmart no negócio orgânico pode ser visto como uma validação de nosso propósito ou, ainda, como uma ajuda

O SEGUNDO PRINCÍPIO: INTEGRAÇÃO DE *STAKEHOLDERS*

extra para cumprirmos esse objetivo maior, que é estimular a agricultura sustentável e trazer alimentos mais saudáveis para a dieta das pessoas. Se alguém tivesse dito 25 anos atrás que o Walmart venderia alimentos orgânicos no futuro, não teríamos acreditado. Tê-lo hoje como concorrente é uma prova de que o Whole Foods Market e o setor orgânico percorreram um longo caminho, mas penetraram com sucesso no *mainstream*. Por esse prisma, a competição direta com o Walmart é uma excelente novidade, para nós e para o mundo.

Ativistas e críticos

Uma organização muitas vezes está sujeita a ser confrontada por críticos e ativistas. Esse público, por defender valores diferentes, tende a ser visto como uma força adversária pela empresa. Entretanto, pode-se abordá-lo de maneira mais consciente, reconhecendo que tal grupo enxerga o negócio de uma forma que você não consegue ver – trata-se de uma visão alternativa de como a companhia poderia ser. Claro que não é preciso abraçar essas ideias. Na verdade, pode-se até rejeitá-las como completamente equivocadas, impraticáveis ou contrárias ao propósito corporativo. Ainda assim, é muito importante envolver-se com os ativistas. Assim como os concorrentes, eles nos oferecem uma oportunidade potencial para aprender e crescer. Ed Freeman costuma dizer que "por trás de cada militante há uma nova ideia de negócio".

Não estamos sugerindo aqui que é divertido lidar com pessoas que nos tratam com desconfiança e hostilidade. Ao contrário, é muito desagradável ouvir duras críticas de quem não está inteirado de todos os aspectos do negócio. Esse público pode não gostar de você ou até mesmo considerá-lo um vilão; no entanto, com frequência, aporta informações valiosas, que podem ajudá-lo a alavancar seu negócio.

Em 2003, os ativistas dos direitos dos animais armaram piquetes por ocasião da reunião anual do Whole Foods Market para nos forçar a suspender a venda de carne de pato de determinado fornecedor. Distribuíram panfletos – que acreditávamos conter informações imprecisas – e falaram mal de nossa empresa para quem quisesse ouvir. De início, ficamos muito aborrecidos. Afinal, aquela era nossa reunião anual com os acionistas, e os militantes

O CÍRCULO EXTERNO DE STAKEHOLDERS

estavam tentando arruiná-la. Não eram pessoas preocupadas com o Whole Foods Market. Podiam até ser donos de um punhado de ações, mas foram ao evento com uma clara agenda própria. Ou seja, queriam nos intimidar e coagir. Ninguém gosta disso.

Contudo, como CEO, comecei a dialogar com uma das ativistas, Lauren Ornelas, depois de terminada a reunião. Na época, eu acreditava que o Whole Foods Market atingira os melhores padrões de bem-estar animal nos Estados Unidos, superiores ao de qualquer outro varejista de alimentos. A conversa continuou por *e-mail* nos meses seguintes. Lauren admitiu que eu era bem-intencionado e idealista, mas me acusou de ter informações superficiais sobre o bem-estar dos animais. E desafiou-me: "Você precisa estar mais bem informado. Você é o CEO de uma grande corporação e, falando com franqueza, nem sabe do que está falando". Fiquei surpreso com a dureza da declaração, mas encarei o desafio. Naquele verão, dediquei-me à leitura de uma dúzia de livros sobre a indústria pecuária e o bem-estar animal. E, por fim, percebi que ela estava absolutamente certa: eu era muito ignorante sobre o tema. Fiquei horrorizado com o que aprendi. Ficou claro, para mim, que muitas das acusações feitas à indústria da carne eram pertinentes. Pessoalmente, mudei minha dieta e, como resultado dessa experiência, tornei-me vegano. No entanto, eu também queria que o Whole Foods Market passasse a se envolver com o movimento de bem-estar animal, para que seus ativistas pudessem nos ajudar a melhorar os padrões de nossos fornecedores. Senti que tinha a responsabilidade de me empenhar para que a cadeia de fornecimento oferecesse um tratamento melhor a suas criações de animais.

Foi o início de uma evolução consciente da empresa para uma maior preocupação com o assunto. O Whole Foods Market adotou o programa de classificação de bem-estar animal da Global Animal Partnership, em favor de nossos clientes. Hoje até a concorrência manifesta interesse em fazer negócios com essa parceria global. Estamos vendo o início de uma provável revolução na indústria alimentícia, o que não teria acontecido se os ativistas do bem-estar dos animais não tivessem protestado naquela nossa reunião anual ou se houvéssemos pedido à polícia para expulsá-los dali. Ao dialogarmos com eles de maneira proativa, nossa empresa evoluiu. Aprendemos, crescemos e nos transformamos em um negócio melhor depois de tudo isso.

O SEGUNDO PRINCÍPIO: INTEGRAÇÃO DE *STAKEHOLDERS*

Sindicatos

Os sindicatos compõem uma categoria interessante de *stakeholders*. Tal como acontece com os ativistas, é longa a história de antagonismos entre eles e as empresas. Esses conflitos, em geral, têm sido muito prejudiciais em longo prazo para todas as partes interessadas das companhias, incluindo os próprios sindicatos e os trabalhadores que representam. Para que floresçam plenamente, as empresas têm de evoluir de maneira a formar parcerias Win[6] que agreguem valor para todos os *stakeholders*. Isso exige que tanto os líderes de um lado como os do outro se tornem mais conscientes e adotem um espírito de cooperação e parceria.

Os sindicatos começaram a crescer em meados do século 19, em resposta às más condições de trabalho nas fases iniciais da Revolução Industrial. Os trabalhadores quase não tinham direitos, e os empresários relutavam em mudar essa situação. Os primeiros esforços pela sindicalização envolveram, em geral, muita violência de ambos os lados. A desorganização derivada da explosão do crescimento industrial e suas consequências sobre o chão de fábrica deram margem, enfim, à constituição de sindicatos fortes, que passaram a reivindicar melhores salários e condições laborais.

Não há dúvida de que os sindicatos surgiram principalmente por causa do erro das empresas ao não enxergar que sua mão de obra, afinal, compunha-se de seres humanos. Os trabalhadores eram vistos como engrenagens de uma máquina industrial, e raros empresários se sensibilizavam com seu bem-estar.

Os sindicatos se tornaram poderosos conforme o setor industrial cresceu no século 19 e na primeira metade do século 20, com adesão cada vez maior de trabalhadores. A sindicalização no setor privado atingiu um pico de 36% em 1945, quando começou a declinar, chegando a 6,9%.[2] As organizações sindicais de funcionários públicos eram, em sua maioria, ilegais, até que o presidente Kennedy, em 1962, baixou uma ordem executiva permitindo a negociação coletiva na burocracia federal. Os sindicatos de servidores públicos passaram, então, a crescer muito e agora representam cerca de 36% de todo o funcionalismo estatal.[3] Argumentos convincentes têm dado conta de que essas entidades estão elevando tremendamente os custos dos governos, com ameaça de solvência em longo prazo de muitas administrações municipais, estaduais e federais.[4]

O CÍRCULO EXTERNO DE *STAKEHOLDERS*

O Whole Foods Market emprega mais de 67 mil pessoas, e nenhuma delas tem filiação sindical, apesar de operarmos em um segmento da economia altamente sindicalizado. Em certo sentido, os sindicatos competem com as empresas pelos corações e mentes dos membros da equipe. Nossa crença é a de que, quando a companhia faz uma boa gestão de seus colaboradores, criando valor para eles e respeitando-os como *stakeholders* prioritários, evita-se com sucesso a sindicalização. Uma empresa consciente sabe que tratar bem os funcionários é a coisa certa a fazer – não precisa ser coagida a agir dessa maneira. Não há necessidade de sindicatos quando o negócio opera com uma filosofia voltada para os *stakeholders* e se os profissionais são reconhecidos como atores importantes, que merecem remuneração justa, bem como o direito de serem felizes e prosperarem no ambiente de trabalho.

Relacionamento com sindicatos

Embora acreditemos que a melhor abordagem consiste em torná-los desnecessários, os sindicatos estão presentes no cotidiano de muitas empresas. Nesse caso, vale o esforço para se relacionar com eles de modo construtivo, em vez de demonizá-los como adversários. A ideia é reconhecê-los como *stakeholders* externos da organização e buscar estabelecer parcerias ganha-ganha com eles, assim como se faz com qualquer outra parte interessada. A Southwest Airlines exemplifica isso, mantendo um relacionamento predominantemente positivo e ganha-ganha com os sindicatos de seus colaboradores: o aumento da produtividade e da eficiência é o resultado obtido do trabalho ombro a ombro com entidades sindicais, as quais também colhem benefícios para seus filiados. Questionado sobre como cultivou relações tão cordiais com os sindicalistas ao longo de décadas, o ex-CEO da Southwest Airlines Herb Kelleher deu uma resposta simples e poderosa: "Eu só os tratei como seres humanos". Colleen Barrett, ex-presidente da companhia, acrescentou: "Todos só querem ser tratados com algum respeito". A executiva nos disse que, nas reuniões entre sindicato e direção, os participantes sentavam-se lado a lado, misturados, e não na tradicional configuração de embate, com uns de frente para os outros. Um observador desavisado não saberia diferenciar os executivos dos sindicalistas.[5]

O SEGUNDO PRINCÍPIO: INTEGRAÇÃO DE *STAKEHOLDERS*

O caso Madison

No Whole Foods Market, as experiências de relacionamento com os sindicatos foram, infelizmente, quase completamente de adversários. Nós nos orgulhamos de nosso compromisso de cuidado para com nossos colaboradores e da satisfação e felicidade demonstradas pela maior parte deles. Anos atrás, organizações sindicais mantiveram piqueteiros (nenhum deles era membro de nossa equipe) por até 18 meses na frente de várias lojas, tentando convencer os clientes a nos boicotar. Também patrocinaram vários ataques organizados contra nós, a fim de manchar a reputação da marca.

Em 2002, os membros da equipe de nossa loja em Madison, Wisconsin, por uma pequena maioria, votaram a favor da sindicalização, fato que, mais tarde, revelou-se uma jogada ensaiada: vários sindicalistas tinham se empregado ali com o objetivo exclusivo de organizar o pleito e grande parte deles se demitiu logo depois da votação. Foram feitas muitas promessas aos membros da equipe quanto às conquistas trabalhistas caso se sindicalizassem: aumento do salário, do período de férias e do percentual de descontos na loja, melhora da cobertura pelo plano de saúde, liberalização do *dress code* e assim por diante. Nos Estados Unidos, essa tática é comum no curso das campanhas de sindicalização, e as muitas restrições previstas na regulamentação do National Labor Relations Board impossibilitam as empresas de confrontar com eficácia essas promessas irrealistas. Ironicamente, uma vez que esse órgão público seja notificado sobre o início da campanha de sindicalização, as companhias ficam proibidas de citar quaisquer planos de melhoria na remuneração ou nas condições laborais.

A filiação dos colaboradores da loja de Madison foi um choque para mim, pessoalmente. Pensei: "Nossa, como isso é possível?". Era um claro indício de que não estávamos fazendo um trabalho bom o suficiente para garantir a felicidade da equipe. Do contrário, o sindicato não teria triunfado. Tomei para mim a responsabilidade de descobrir onde tínhamos errado e o que fazer para melhorar. Viajei todo o país e visitei cada loja nos 12 meses seguintes, promovendo diálogos face a face e reuniões em grupo com nossos colaboradores. A ideia era ouvir e aprender, para entender de que forma o Whole Foods Market poderia melhorar como empresa e como local de trabalho, identificando o que

O CÍRCULO EXTERNO DE *STAKEHOLDERS*

a liderança tinha de fazer para chegar lá. Foi uma experiência fascinante, e eu aprendi muito. Por exemplo, compreendi que precisávamos melhorar muito nosso seguro-saúde, o que levou a aperfeiçoamentos que resultaram no sistema em vigor atualmente.

Nesse sentido, aquela votação em Madison foi importante para ajudar o Whole Foods Market a se tornar uma empresa melhor, por causa da forma como reagimos ao que tínhamos visto como revés. A competição com os sindicatos pelos corações e mentes dos colaboradores nos ajudou a evoluir. Como era previsto, os sindicalistas não cumpriram as promessas feitas aos membros da equipe de Madison, cuja loja não testemunhou nenhuma melhoria no mesmo período em que promovíamos muitos avanços no resto da empresa. Os colaboradores de Madison sabiam de tudo o que acontecia nas demais lojas – ampliação dos benefícios de saúde, aumento da hora extra, elevação salarial –, mas ficavam à margem das novas vantagens porque tinham de esperar a data de negociação coletiva do contrato pelo sindicato. Em razão dessa inflexibilidade, o pessoal de Madison logo percebeu que algo dera errado. Doze meses depois de se sindicalizar, a equipe da loja pediu sua desfiliação. Na verdade, jamais houve assinatura de acordo de sindicalização por parte de Madison ou de qualquer outra loja Whole Foods Market.

Mídia

A empresa também precisa considerar os meios de comunicação como *stakeholders*, gerindo seu relacionamento com eles em conformidade com esse *status*. É importante entender o que querem, a fim de estabelecer uma parceria construtiva, explorando sinergias capazes de gerar valor para os dois lados.

A mídia privilegia três matérias-primas: controvérsia, conflito e mudança. Às vezes, força a mão para que algo pareça mais controverso do que de fato é ou enxerga conflito onde ele não existe, além de demonstrar um interesse permanente em identificar e destacar a mudança, seja ela positiva ou negativa.

Os meios de comunicação tradicionais têm de evoluir e se tornar mais conscientes. Isso significa redescobrir seu propósito maior, que, supõe-se, consiste em buscar e disseminar o que é verdadeiro. Um bom jornalista investigativo

O SEGUNDO PRINCÍPIO: INTEGRAÇÃO DE *STAKEHOLDERS*

tem paixão por desenterrar a verdade. No entanto, hoje, muitas pessoas parecem ter perdido a confiança no jornalismo, por perceber que a honestidade perdeu terreno para o interesse em fazer com que as notícias rendam um público maior, por meio do sensacionalismo ou da transformação da imprensa em fonte de entretenimento.

Em certa medida, a mídia foi filosoficamente corrompida pela filosofia pós-moderna de que não há verdade objetiva, apenas interpretações subjetivas dependentes de contexto e ponto de vista. Dessa perspectiva, todas as interpretações são vistas como igualmente válidas, mas aquela atrelada à ideologia dominante torna-se o prisma através do qual a maioria vê a realidade. As pessoas, então, distorcem as coisas para adaptá-las a seus preconceitos ideológicos, em vez de basear-se em fatos e provas para fazer com que suas crenças evoluam. Realidade do contexto e ponto de vista sempre vão existir, mas, se a mídia resgatasse sua busca da verdade objetiva, talvez pudesse recuperar a confiança pública e desempenhar um papel mais benéfico em nossa sociedade.

Quando funcionam bem, os meios de comunicação impulsionam melhorias em todas as instituições da sociedade, incluindo as empresas, uma vez que promovem maior nível de abertura, transparência e prestação de contas. Claro que há riscos de exagero nesse papel – muitos empresários já sentiram o peso de investigações jornalísticas imprecisas e tendenciosas. Mas, em geral, não há dúvida de que uma mídia livre proporciona benefícios sociais significativos.

Tradicionalmente, os profissionais dos meios de comunicação de massa (imprensa escrita, televisão e rádio) atuam como intermediários para as empresas, interpretando os eventos sobre os negócios para o mundo exterior. As companhias, de fato, não tinham maneiras de se conectar diretamente com muitos de seus *stakeholders*, exceto pelas interpretações fornecidas pelos meios de comunicação ou pela publicidade onerosa. Isso tornou as empresas dependentes da mídia e vulneráveis às interpretações, mal-entendidos e filtros dos comunicadores responsáveis por explicar os acontecimentos. Agora, com as mídias sociais (Facebook, Twitter, YouTube) e os *sites* corporativos, ficou muito mais fácil entrar em contato direto com os *stakeholders*, sem a necessidade de intermediação dos meios tradicionais. As mídias sociais criaram uma revolução, pois permitiram às empresas uma conexão

O CÍRCULO EXTERNO DE *STAKEHOLDERS*

mais direta e permanente com seus públicos prioritários, o que é muito estimulante. No Whole Foods Market, temos uma equipe de comunicação focada em mídia espontânea (principalmente por meio de relações públicas), mídias sociais, comunicação *in-store* e envolvimento com a comunidade. Nós ainda interagimos com os meios de comunicação tradicionais, porém cada vez mais vemos a internet como a via mais importante para nos relacionarmos de maneira construtiva com os *stakeholders*. Muitas empresas reservam enormes orçamentos de publicidade para ter 100% de controle sobre suas mensagens transmitidas à sociedade. A informação, assim, sai como essas companhias querem, mas carece da credibilidade fornecida pela mídia espontânea ou pelo relato isento de repórteres, articulistas e blogueiros sobre o negócio – abordagem que o Whole Foods facilita a cada dia, com grandes resultados.

Governo

O governo é uma parte interessada importante para todas as empresas. Em alguns casos específicos, trata-se do *stakeholder* número um. Por exemplo, companhias dos setores de saúde ou utilidade pública entendem que o governo está em toda parte e deve ser tratado como principal público. Para os negócios que atendem o setor de defesa nacional, o governo é o mais importante cliente e *stakeholder*.

Não há dúvida de que o governo desempenha papel importante na sociedade. A questão é quão significativo esse papel deve ser. Em que ponto o poder público deixa de ser útil e passa a ser ditatorial e nocivo à empresa? Em alguns setores, como saúde e educação, o governo tornou-se tão poderoso e dominante que o empreendedorismo e a inovação minguaram. Para além da discussão sobre a dimensão do papel estatal, o que realmente importa é se o governo age ou não de maneira consciente, se cria valor ou o destrói.[6]

Quando se trata de negócios, a responsabilidade do Estado é ser um árbitro imparcial: apenas instaura um sistema de direitos de propriedade, certifica-se de que as empresas seguem as regras e assegura condições equitativas de concorrência. Algumas regras são boas e necessárias para fazer uma

O SEGUNDO PRINCÍPIO: INTEGRAÇÃO DE *STAKEHOLDERS*

sociedade melhor. Outras são um incômodo contraproducente, que podem custar muito caro: de acordo com a Small Business Administration (SBA), os custos totais de regulamentação nos Estados Unidos somam cerca de US$ 1,75 trilhão por ano, quase duas vezes mais que todos os impostos de renda individuais recolhidos em 2009.[7] O fardo da regulamentação recai desproporcionalmente sobre as pequenas empresas. O estudo da SBA mostra que o custo por colaborador, para negócios com menos de 20 funcionários, é de US$ 10.585, valor 36% maior do que o verificado em companhias de grande porte.[8]

Alguns regulamentos criam salvaguardas importantes para a saúde pública e o meio ambiente, mas o exagero deles tende apenas a proteger os interesses das empresas existentes e desestimular o empreendedorismo. Muitas regulamentações governamentais em educação, saúde e energia, em particular, inibem o impulso capitalista inovador que poderia revolucionar esses setores críticos da economia.

Milhares de novas normas são adicionadas a cada ano, e praticamente nenhuma é extinta. Uma reforma simples, mas que faria uma diferença monumental, seria exigir que todas as normas federais tivessem prazo de vigência de no máximo dez anos, ao fim dos quais se faria uma análise obrigatória e independente do custo-benefício, para verificar se criaram valor ou prejuízo social.

Em um mercado competitivo, não importa a magnitude que atinja, uma companhia nunca adquire poder coercitivo sobre clientes, colaboradores ou outras partes interessadas. O que a empresa pode fazer é ofertar a cada um de seus *stakeholders* um menu de opções, para livre escolha. A única instituição da sociedade a deter o poder coercitivo é o governo, o que o torna extremamente poderoso e potencialmente ameaçador. Só o Estado pode prender pessoas, tomar seus bens e, em alguns casos extremos, condená-las à morte. Governos construtivos podem algo bom e saudável, mas, quando se corrompem ou acumulam demasiado poder, tornam-se muito perigosos.

Em vários países democráticos, o poder público tem sido corrompido pelo *lobby* de interesses específicos. Algumas empresas, sindicatos e governos compõem alianças espúrias para obter vantangens para uns poucos, em

O CÍRCULO EXTERNO DE *STAKEHOLDERS*

detrimento do bem-estar de muitos. Essas alianças distorcem o sistema, que passa a colocar o benefício próprio acima do coletivo, contando com o poder coercitivo estatal para proteger e defender suas posições.

Os responsáveis pelas regulamentações governamentais, com frequência, são egressos dos próprios setores sobre os quais legislam e sabem que, quando deixarem a política, podem garantir um lucrativo contrato de trabalho nessas áreas. Em tais situações, não é de estranhar que as normas muitas vezes sejam criadas para beneficiar certos setores (ou determinadas empresas de um setor) em vez de servir ao interesse público.[9]

Existem inúmeros exemplos de favores especiais concedidos a quem possui conexões influentes. Diante desses favorecimentos, as pessoas costumam culpar as empresas por seu papel corruptor. No entanto, o governo é igualmente culpado. Esse tipo de compadrio entre o público e o privado representa o maior perigo para o capitalismo de livre-iniciativa. O risco, especialmente grande nas economias emergentes, é um problema mundial e agrava-se nos Estados Unidos, justificando a posição de muitos que condenam o capitalismo. Entretanto, esse conluio "entre amigos" nada tem de capitalista – não passa de uma perversão do capitalismo de livre-iniciativa.

Um bom governo é absolutamente essencial. Se ele se deixa corromper, porém, é impossível haver um saudável sistema capitalista de livre-iniciativa. Precisamos do estado de direito, mas nossos regulamentos e impostos devem ser aplicados de forma justa para todos e têm de ser definidos de modo a colocar a sociedade em primeiro lugar, sob o princípio orientador da busca do bem comum e com salvaguardas à liberdade individual.

Uma resposta criativa e construtiva para o conflito

Nossa visão sobre o relacionamento com concorrentes, ativistas e sindicatos é perpassada por um tema comum: conflitos devem ser tratados de maneira construtiva, não importa qual seja o *stakeholder* que desenvolva um relacionamento adversário com a empresa. Conflitos só são ruins quando reagimos mal a eles. Sem enfrentamentos, nunca haveria mudanças. Responder a eles com criatividade pode ser um importante gatilho para uma transformação

O SEGUNDO PRINCÍPIO: INTEGRAÇÃO DE *STAKEHOLDERS*

positiva. Ed Freeman tem razão ao sublinhar que toda divergência entre as partes interessadas guarda uma oportunidade de negócio.

Mary Parker Follett, pioneira pensadora da gestão, escreveu que existem três respostas possíveis para o conflito: dominação pela parte mais forte; conciliação entre as partes, que chegam a um meio-termo, mas ficam insatisfeitas por não ter suas aspirações plenamente atendidas; ou integração, com os dois lados aproveitando a situação para encontrar uma solução que funcione para todos e não prejudique ninguém. A integração permite que cada parte alcance seu melhor, superando suas expectativas mais favoráveis. Eis algo pelo qual vale a pena lutar, e é disso que trataremos a seguir.

CAPÍTULO 12

A interdependência dos *stakeholders*

Bill George, ex-CEO da Medtronic e professor de liderança na Harvard Business School, entende bem a natureza interdependente dos *stakeholders* de uma empresa. Para ilustrar a ideia, ele recorre à imagem do círculo virtuoso. Tudo começa com o propósito e os valores corporativos, que atraem os colaboradores certos para a companhia e os inspiram. Isso leva à inovação e à excelência do serviço ao cliente, o que se reflete, em seguida, no crescimento da participação de mercado, das receitas, dos lucros e, por fim, em mais valor para o acionista. George diz: "Esse é um círculo virtuoso consolidado. Não dá para inverter o jogo, começando pelo valor para o acionista e traçando o caminho contrário. O relógio só funciona de uma forma. Se começar com o propósito de satisfazer os analistas de risco e os acionistas focados no curto prazo, você destruirá a empresa: vai prejudicar a inovação e o serviço ao cliente, não terá funcionários motivados e, por fim, anulará qualquer valor que tenha sido construído para o acionista. Foi o que aconteceu com General Motors, The Home Depot, Sears, Kodak, Motorola e uma série de outras empresas".[1]

O SEGUNDO PRINCÍPIO: INTEGRAÇÃO DE *STAKEHOLDERS*

Além do pensamento analítico

Uma das ideias mais desafiadoras e importantes sobre gestão e liderança envolve a compreensão das relações entre os *stakeholders*. O conflito entre as várias partes interessadas é inevitável ao longo do tempo, simplesmente porque cada participante sempre quer mais. No entanto, em geral, as pessoas criam separações analíticas entre *stakeholders* e as consideram definitivas: veem os grupos dissociados uns dos outros e do próprio negócio, com cada um perseguindo seus interesses específicos.

Trata-se de uma forma de reducionismo, pois ignora as relações que os interessados mantêm com a empresa e entre si. Nenhuma organização complexa, autoadaptável e evoluída pode ser compreendida de modo apropriado apenas pela análise de suas partes individuais. O negócio é maior do que a soma delas. Isso inclui também a inter-relação, a interconexão, os propósitos compartilhados e os valores comuns que os vários *stakeholders* estabelecem em seu processo de coevolução. A argamassa que une os tijolos mantém a parede em pé. Quando compreendemos plenamente a dinâmica do sistema de negócios como um todo, com todas as suas interdependências e oportunidades de cooperação voluntária para benefício mútuo, a visão fica mais bela e inspiradora.

Ed Freeman sugere que harmonizar os interesses dos *stakeholders* se assemelha a tocar música ou fazer arte. A maioria de nós foi ensinada a pensar analiticamente, dividindo as coisas para examiná-las em partes. A inteligência analítica é importantíssima e tem nos servido bem em muitos aspectos, em especial nas áreas de ciência e tecnologia. No entanto, apresenta limitações quando se trata de estudar os *stakeholders*, pois tende a segregar os públicos de interesse, atribuindo a cada um deles uma motivação alimentada por interesses próprios, o que leva à necessidade de *trade-offs* para resolver os frequentes conflitos despertados pela divergência de aspirações. Escapa-lhe, porém, a visão da complexidade do todo, ou, como diz a famosa expressão, "olha para as árvores, mas não enxerga a floresta". Para compreender as relações entre as partes interessadas, é necessário algo mais: a inteligência sistêmica.

A inteligência analítica permitiu grande avanço para a humanidade, tendo levado dezenas de milhares de anos para se desenvolver. Mesmo hoje, temos de trabalhar duro para cultivá-la em nossa mente. Ela é a base para a

A INTERDEPENDÊNCIA DOS *STAKEHOLDERS*

lógica e a razão, que nos brindaram com o Iluminismo e o avanço da ciência. Entretanto, a holística inteligência sistêmica – que Ken Wilber chama de "consciência integral", e Don Beck e Chris Cowan, de "consciência de segunda camada" – reflete um avanço na consciência humana tanto individual como coletiva.[2] No século 21, essa habilidade de raciocínio se torna cada vez mais importante, de modo que precisamos incentivar e ensinar os indivíduos a desenvolvê-lo. Sem a capacidade holística da inteligência sistêmica, parte de nosso discurso sobre capitalismo consciente não fará sentido para muitas pessoas. Elas serão capazes de entender a segregação dos *stakeholders* em categorias e os conflitos entre eles, mas não a unidade e a harmonia que emergem quando eles se integram como um todo.

Quando estudam anatomia, os alunos de medicina têm de dissecar cadáveres para examinar cada parte: fígado, coração, vasos sanguíneos, cérebro. Aprendem a identificar os diferentes órgãos e os memorizam. No entanto, como lidam com um corpo sem vida, não conseguem observar a dinâmica das relações vitais entre eles, como conjunto – podem apenas imaginar seu funcionamento. Os estudantes tentam aprender sobre o ser humano olhando o corpo como uma máquina composta por peças separadas. Isso é necessário, mas não suficiente. Somos compostos de cerca de 100 trilhões de células vivas, todas em estreita cooperação umas com as outras. Diferentes células têm funções distintas, algumas mais especializadas do que outras. Elas mantêm intrincadas relações de interdependência, que precisamos entender melhor.

Muitos acreditam que o atual paradigma médico não nos serve mais, uma vez que ainda considera o corpo como um conjunto de peças, à semelhança de um automóvel. Basta ver as analogias usualmente empregadas. Pensamos nos alimentos como combustível que nos dá energia, e não como fonte fundamental que nos mantém vitais e saudáveis. Quando ficamos doentes, identificamos qual parte do corpo não está funcionando bem e tomamos remédios para corrigir o "defeito". Caso isso não funcione (como costuma acontecer), partimos para a troca da "peça" ou para a instalação de algum acessório que a faça funcionar, por meio de cirurgias: *stents*, marca-passos, transplantes renais, próteses de quadril, por exemplo. A medicina tornou-se uma cara oficina de consertos e distribuição de primeiros socorros, produtos farmacêuticos, dispositivos médicos e cirurgias, com foco principalmente nos

O SEGUNDO PRINCÍPIO: INTEGRAÇÃO DE *STAKEHOLDERS*

sintomas das doenças. Os médicos fariam bem se invertessem seu ponto de vista e baseassem sua atividade na preservação da boa saúde, ensinando às pessoas os benefícios de um estilo de vida saudável, com alimentação equilibrada, exercícios físicos, descanso apropriado, atitudes positivas e assim por diante. A mesma mentalidade aplica-se muito bem às empresas.

Descoberta de sinergias ocultas

Assim como não é possível compreender a saúde ou a vida dividindo-as para estudar suas partes isoladas, não se pode entender a essência do capitalismo consciente sem uma visão holística dos sistemas, capaz de desvendar as relações de interdependência das empresas com seus *stakeholders* e também das partes interessadas entre si.

O primeiro obstáculo é o *trade-off* de mentalidade, típico do modo de pensar analítico. Esta é uma das ideias mais importantes deste livro: se você procurar *trade-offs*, sempre vai encontrá-los. É garantido. Os seres humanos possuem um forte viés de confirmação.[3] Se esperamos ver algo, já estamos propensos a começar a vê-lo. Mesmo quando não existem potenciais conflitos e *trade-offs*, nossa mente analítica sempre está pronta a evocá-los, e eles logo se apresentam a nossos olhos.

Felizmente, o mesmo também vale para as sinergias: se procurarmos por elas, também é quase certo que vamos achá-las. No entanto, muitos simplesmente não conseguem compreender a natureza dos sistemas e as interdependências, uma vez que sua consciência ainda não desenvolveu as habilidades para tanto. É como tentar explicar a neve para um ilhéu do oceano Pacífico: a pessoa não tem a experiência necessária para compreendê-la.

Não é fácil harmonizar simultaneamente as necessidades e as preocupações de todas as partes interessadas. No entanto, é necessário. O caminho para isso é concentrar-se na criação de valor, e não na divisão dele. Não devemos buscar a melhor forma de distribuir encargos e benefícios para os *stakeholders*, e sim procurar criar o maior valor possível para todos eles.[4] Precisamos pensar em fazer o bolo crescer, em vez de apenas nos preocuparmos em cortá-lo em fatias iguais.

A INTERDEPENDÊNCIA DOS *STAKEHOLDERS*

O câncer da falta de cooperação

Retomando o tema biologia, entendemos que o câncer é uma metáfora útil para ilustrar como o mau relacionamento entre *stakeholders* afeta muitas empresas. O corpo humano tem cerca de 100 trilhões de células, que interagem de forma cooperativa para sobreviver, crescer e se reproduzir. O câncer é uma ruptura da interdependência harmoniosa entre elas, da qual depende a boa saúde. Um tumor começa quando algumas células sofrem mutação e começam a se dividir e a crescer, ignorando o sistema imunológico do organismo, que alerta que tal crescimento é prejudicial para o corpo. Um sistema imunológico saudável é capaz de desligar, destruir e reciclar as células mutantes e rebeldes, a fim de restaurar a saúde do indivíduo. No entanto, se houver fragilidades imunológicas (por causa da genética, de dietas desequilibradas, de atitudes mentais negativas, do estresse ou do uso de tabaco, drogas ou álcool), o câncer pode resistir aos mecanismos de proteção do corpo e continuar crescendo. A menos que o sistema imunológico reaja, o tumor permanece se expandindo e se espalhando até matar seu hospedeiro (e a si próprio).

Na analogia com a saúde organizacional, o câncer seria a falta de cooperação tanto dentro da empresa como entre ela e seus *stakeholders*. Se não encontramos interdependências dentro da companhia e se não conseguimos criar relações Win[6] com as principais partes interessadas, em breve um dos *stakeholders* pode se tornar excessivamente dominante e ameaçar o bem-estar coletivo. Em qualquer sistema interdependente, é muito prejudicial o contínuo *trade-off* de interesses entre os diferentes grupos. Organizações que recorrem a isso declinam e, por vezes, morrem. Qualquer parte interessada que busca maximizar os próprios interesses sem se preocupar com os outros atores interdependentes é uma ameaça perigosa à saúde do todo. Quando o excesso de poder e egoísmo se apossa de uma categoria de *stakeholders*, ela pode crescer e se espalhar como um tumor maligno a ponto de destruir a organização hospedeira e eliminar a si mesma. Isso pode acontecer com qualquer público de interesse, mas costuma envolver com mais frequência investidores, executivos seniores e colaboradores.

O câncer organizacional mais comum resulta do credo generalizado de maximizar os lucros e o valor para os acionistas. Quando o investidor é visto

O SEGUNDO PRINCÍPIO: INTEGRAÇÃO DE *STAKEHOLDERS*

como o único público que importa, ignorando-se a interdependência e o valor intrínseco dos outros *stakeholders*, há alto risco de o negócio desenvolver um tumor que pode entrar em fatal processo de metástase. Vale lembrar que esse privilégio ao investidor foi o que, em grande parte, desencadeou a recente crise financeira mundial. Muitas instituições financeiras concentraram-se apenas em maximizar seus lucros em curto prazo, negligenciando os possíveis impactos nocivos sobre suas outras partes interessadas e sobre a sociedade em geral. Os gestores daquelas companhias não olharam para o bem comum nem para o sistema de negócios como um todo. Por fim, sua estratégia míope explodiu, não só prejudicando as empresas diretamente envolvidas (embora algumas tenham gozado de generoso tratamento pelo governo), mas arrastando toda a economia dos Estados Unidos e de boa parte do mundo.

A segunda ameaça à saúde da relação entre *stakeholders* vem de equipes de executivos seniores que buscam maximizar a própria remuneração sem uma correspondente criação de valor. Com frequência, esses líderes pouco se preocupam com a equidade interna ou com o desempenho empresarial como um todo. Em algumas companhias, a remuneração dos executivos é alta a ponto de exercer forte impacto sobre os lucros. Esse tipo de câncer organizacional muitas vezes se origina do excesso na concessão de opções de ações de curto prazo. Motivados pela chance de fazer grandes lucros na bolsa de valores, os executivos acabam tomando decisões que sacrificam a competitividade futura para maximizar os lucros imediatos. Com isso, cortam as relações Win[6] estabelecidas com os outros *stakeholders*, alterando unilateralmente os termos de troca entre eles – por meio do aumento de preços aos clientes, do corte de salários, benefícios ou até mesmo vagas do quadro de colaboradores, da pressão crescente sobre os fornecedores para obter mais descontos. Isso pode aumentar os lucros, a cotação das ações e a remuneração da alta administração no curto prazo, à custa da sustentabilidade do sucesso em base mais duradoura. *Stakeholders* infelizes logo se descomprometem com a empresa e passam a minar sua viabilidade.

Os colaboradores estão associados à terceira causa comum do câncer da falta de cooperação. Os membros da equipe são vitais para o sucesso. No entanto, às vezes podem tornar-se egoístas, prejudicando todo o sistema de

A INTERDEPENDÊNCIA DOS *STAKEHOLDERS*

negócios do qual fazem parte. Em algumas organizações que não estão rigorosamente submetidas à disciplina do mercado, tendem a desenvolver uma cultura reivindicatória. Também vemos isso quando fortes sindicatos perseguem os próprios interesses de curto prazo e ignoram o bem coletivo dos outros *stakeholders*. Nos Estados Unidos, a ação de sindicatos mais poderosos (ao lado de falhas de gestão, é claro) tem minado a competitividade em longo prazo dos setores automobilístico, siderúrgico e aéreo.

Declaração de Interdependência

A Declaração de Interdependência é um manifesto singular, criado no Whole Foods Market em 1985 depois de um conflito entre os fundadores do negócio.[5] O conflito levou à saída de um deles, e houve um racha na empresa. Contratamos um consultor externo, Chris Hitt (que mais tarde integrou-se ao negócio), que nos conduziu por um processo de esclarecimento acerca de visão e valores corporativos. Isso nos ajudou a identificar e explicitar os valores com os quais havíamos operado nos cinco anos anteriores – em outras palavras, tomamos consciência de nossos valores inconscientes. Hitt foi o primeiro a sublinhar a natureza interdependente de nossos *stakeholders* para os líderes da empresa e outros públicos. A declaração foi então criada, com participação direta de 60 membros da equipe (na época, 10% do total de colaboradores). Juntos, decidimos o que realmente importava e, conscientemente, definimos os valores que balizam a operação do negócio. Em 1985, a declaração tornou-se nossa Constituição, o documento orientador que permitiu ao Whole Foods Market crescer e evoluir. Atualizada nos anos subsequentes, a Declaração de Interdependência contém ideias hoje entranhadas no DNA da organização.

Muitos dos valores do capitalismo consciente já estão presentes na maioria das empresas, as quais, no entanto, ainda não estão plenamente conscientes deles. A tomada de consciência sobre tais valores pode abrir caminho para a construção de uma sociedade melhor. Ao dar às pessoas a linguagem e a estrutura de que elas precisam, viabiliza-se que sua energia seja aproveitada de forma construtiva.

O SEGUNDO PRINCÍPIO: INTEGRAÇÃO DE *STAKEHOLDERS*

Future Search: criação conjunta do futuro

O Whole Foods realizou seu primeiro evento Future Search em 1988, passando a repeti-lo a cada cinco anos.[6] Esse poderoso processo geralmente dura três dias e reúne de 100 a 125 participantes, entre clientes, colaboradores, fornecedores, investidores, alguns diretores e todos os membros da liderança sênior. Durante cada Futuro Search, discutimos como queremos que a empresa evolua e qual é o sonho coletivo das partes interessadas. As pessoas trazem suas perspectivas específicas. Ao conectá-las ao todo do sistema, podemos fazer progressos extraordinários em um curto espaço de tempo. Se apenas a liderança fosse envolvida, teríamos de adivinhar as impressões de cada um dos *stakeholders*, com grande margem de erro. Com representantes de todos os grupos de interessados juntos, na mesma sala, ninguém precisa de poderes divinatórios.

É claro que os participantes representam apenas um corte transversal dos pensamentos e desejos de todos os nossos *stakeholders*. Só podemos trazer uma dúzia de clientes para o evento, e eles com certeza não falam pelos mais de 20 milhões de pessoas que frequentam nossas lojas. Da mesma forma, é limitado o número de membros da equipe, fornecedores e investidores. No entanto, sua perspectiva específica é valiosa. Eles apreciam o Whole Foods Market de maneiras próprias e distintas, veem a empresa de diferentes perspectivas e podem relatar vividamente sua visão para o resto do grupo. Também podem transcender sua identidade estreita e desenvolver um verdadeiro sentimento de pertencimento e identificação com toda a organização.

É fascinante observar as interações que ocorrem quando todas as partes do sistema se reúnem. Fizemos o primeiro Future Search três anos depois de nossa Declaração de Interdependência. O processo foi tão forte que decidimos repeti-lo periodicamente. O intervalo de cinco anos é considerado suficiente para atualizar a consistência da visão orientadora, sendo longo o bastante para permitir sua implementação e refinamento. Foi inspirador observar nossa visão evoluindo desde o primeiro Future Search. Olhando para trás, podemos ver quanto o Whole Foods Market avançou com base nas visões articuladas nessas reuniões.

Talvez não haja verdade mais importante em nosso livro do que esta: "Tudo o que projetamos coletivamente pode ser criado e trazido para a realidade".

A INTERDEPENDÊNCIA DOS *STAKEHOLDERS*

Juntos, criamos a realidade futura, e é por isso que devemos fazê-lo de forma consciente, colaborativa e responsável. O Bom, o Verdadeiro, o Belo e o Heroico manifestam-se no mundo por meio da força de nossos sonhos coletivos.

Proprietários, investidores e controle legal

Otimizar o valor para todos os *stakeholders* interdependentes não significa perder o controle legal do negócio para os investidores. Proprietários e investidores devem controlar legalmente a empresa, para evitar sua exploração pela gestão e outras partes interessadas. Isso ocorre porque eles são os últimos da fila a colher os benefícios do negócio. Os clientes são os primeiros: encontram os produtos ou serviços que desejam e são atendidos com rapidez ao efetuar a compra – ou até antes disso, uma vez que, em um restaurante, por exemplo, as pessoas comem antes de pagar. Os colaboradores prestam serviços e são pagos em curto prazo, periodicamente. Os fornecedores recebem seu dinheiro de acordo com os termos e prazos acordados. O governo recolhe seus impostos mensal e trimestralmente. Depois que toda a cadeia é atendida – com bens, salários, pagamentos ou impostos –, chega a vez dos proprietários e investidores. Eles têm direito a tudo o que sobrar, os lucros residuais. Por serem beneficiados por último, devem ter controle legal e fiduciário do negócio, para que não sejam enganados pelos gestores ou outros *stakeholders*. Os investidores geralmente exigem essas condições como requisito para aplicação de seu capital.

Como os acionistas possuem a corporação, mas são pagos por último, a partir dos lucros residuais do negócio, é essencial que detenham a palavra final, por meio do conselho de administração, sobre a gestão da empresa. Devem ter o poder supremo de até demitir a alta gestão, em caso de insatisfação com o desempenho da companhia.

Na próxima parte do livro, analisaremos o terceiro princípio do capitalismo consciente: a liderança consciente.

PARTE 3

O TERCEIRO PRINCÍPIO

Liderança consciente

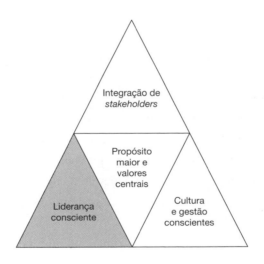

Uma das mais poderosas declarações de propósito recentemente feitas vem da Pivot, firma de consultoria especializada em desenvolvimento de lideranças: "Líderes melhores = mundo melhor".[1] A liderança tem grande importância, por uma razão mais ampla

O TERCEIRO PRINCÍPIO: LIDERANÇA CONSCIENTE

do que o desempenho organizacional. A qualidade de nossos líderes afeta a qualidade de nossa vida. Todo bom líder dá contribuições, grandes e pequenas, para tornar o mundo um lugar melhor – um dia, uma vida e uma empresa de cada vez.

Uma liderança consciente talvez seja o elemento mais importante do capitalismo consciente. Sem ela, quase nada mais importa: mesmo a melhor e mais escrupulosa corporação pode se desviar de seu propósito e até ser destruída quando contrata ou promove o líder errado.

De militares e mercenários a líderes missionários

Nosso entendimento sobre o que constitui uma grande liderança mudou conforme nossa consciência coletiva se elevou. Líderes, como todas as pessoas, normalmente são motivados por uma combinação de poder, dinheiro e propósito.

Historicamente, as empresas foram moldadas por uma visão militarista. Assim, a cultura de liderança baseada em comando e controle foi herdada pela cultura corporativa. As companhias atraíam pessoas motivadas principalmente pela oportunidade de exercer o poder. Tendo a organização militar como modelo, passou-se a ver o ambiente de negócios como praça de guerra e difundiu-se o mito de que "os melhores guerreiros dão os melhores líderes". As empresas tomaram emprestada até mesmo a linguagem bélica, ao falarem de estratégias e táticas e usarem expressões como "engajar a linha de frente" ou "capturar o *market share*".[2]

Com fortes líderes contratados no comando, muitas das grandes empresas começaram a ser vistas como organizações administradas mais em benefício dos gestores do que dos acionistas. Isso desencadeou um movimento pelos direitos dos acionistas, que teve como consequência a adoção da prática de recompensar fortemente os CEOs que fizessem subir a cotação das empresas na bolsa de valores. Tais executivos, então, passaram a receber salários exorbitantes e grandes quantidades de opções de ações. A justificativa era incentivar os gestores, cuja riqueza pessoal aumentaria na mesma medida em que os papéis se valorizassem. Com isso, o estilo de liderança mudou, com o viés

O TERCEIRO PRINCÍPIO: LIDERANÇA CONSCIENTE

militar perdendo espaço para o modo "mercenário". Líderes alinhados com esse estilo baseiam sua gestão nos números, tendendo muitas vezes a enxergar o negócio como uma abstração. Em geral, não têm paixão por nenhuma atividade em particular, nem necessariamente apreciam o exercício do poder em si mesmo. São como uma espécie de pistoleiros de aluguel, capazes de estimular as empresas a desempenhar mais e, assim, aumentar seu valor de mercado. No entanto, esses líderes quase sempre operam com horizontes de curto prazo e tendem a ignorar os interesses alheios aos dos acionistas, uma vez que seu enriquecimento pessoal está ligado ao preço das ações. Muitas vezes, adotam medidas prejudiciais para o negócio em longo prazo. Sua abordagem de liderança está focada na submissão dos outros, o que é particularmente ineficaz na geração de entusiasmo entre os membros da equipe.

Empresas conscientes têm líderes emocional e espiritualmente maduros. São pessoas motivadas pela oportunidade de servir ao propósito do negócio e a seus *stakeholders*, e não por poder e enriquecimento pessoal. Sabem desenvolver e inspirar, orientar e motivar. Comandam pelo exemplo. Não são militares nem mercenários, e sim líderes missionários que incorporam a mensagem de Mahatma Gandhi: "Devemos ser a mudança que queremos ver no mundo".

Líderes conscientes são pessoas fortes, donas de excepcional coragem moral e capacidade para resistir ao escrutínio constante e às críticas daqueles que enxergam os negócios de forma mais tradicional. Acima de tudo, veem-se como guardiões da empresa, buscando nutri-la e preservá-la para as futuras gerações, e não como caçadores de ganhos de curto prazo para proveito próprio e do atual círculo de *stakeholders*.

A ascensão dos valores femininos

Por milênios, as comunidades humanas e as instituições sociais operaram, em sua maioria, segundo características "masculinas": agressividade, ambição, competição e dominação do lógico-analítico lado esquerdo do cérebro. Os mundos da política e dos negócios exemplificaram essas características, exigindo-as, de fato, de seus líderes bem-sucedidos.

O TERCEIRO PRINCÍPIO: LIDERANÇA CONSCIENTE

Agora, contudo, assistimos a um significativo reconhecimento de valores "femininos", como carinho, compaixão, cooperação e qualidades associadas ao intuitivo lado direito do cérebro, anunciando uma mescla harmoniosa dessas características humanas em nosso trabalho e em nossa vida. Empresas conscientes certamente incorporam ambas as perspectivas, sejam elas lideradas por homens ou mulheres.

Em todo o mundo, as mulheres têm hoje mais acesso à educação, ao emprego e às oportunidades e já constituem maioria no mercado de trabalho dos Estados Unidos. Seu acesso ao ensino superior tem se elevado de modo drástico. Um século atrás, elas eram menos de 20% dos estudantes universitários norte-americanos. Hoje, representam quase 60% dos alunos de graduação e 70% dos que cursam pós-graduação. Os números são semelhantes em muitos outros países. Em média, as mulheres também têm melhor desempenho acadêmico. Como resultado, em breve a maioria das profissões de colarinho branco provavelmente será dominada por elas, incluindo áreas como direito, medicina e educação.

Além disso, as mulheres que ascendem a posições de poder hoje são diferentes de suas antecessoras. No mundo dominado por homens de algumas décadas atrás, as únicas que conseguiam chegar até o topo do poder (em empresas ou países) eram as que se mostravam mais duronas do que o mais durão de seus pares masculinos. Golda Meir, em Israel, Indira Gandhi, na Índia, e Margaret Thatcher, na Grã-Bretanha, demonstraram isso. A premiê britânica ganhou a alcunha de Dama de Ferro, enquanto Indira Gandhi ironicamente se dizia o único homem de seu gabinete. As lideranças femininas atuais parecem mais confortáveis com sua feminilidade, reconhecendo e respeitando a sabedoria inerente à abordagem de cuidado e carinho adotada nas organizações que dirigem. Anne Mulcahy, da Xerox, Indra Nooyi, da PepsiCo, Terri Kelly, da W. L. Gore & Associates, e Sally Jewell, da REI, comprovam essa mudança com seus estilos de liderança.

Curiosamente, à medida que envelhecem, muitos homens também começam a exibir mais de suas qualidades femininas na maneira como lideram e se relacionam com as pessoas. Em parte, isso tem a ver com alterações hormonais, mas também reflete a experiência de vida. Da mesma forma, muitas mulheres tornam-se mais assertivas e independentes conforme

O TERCEIRO PRINCÍPIO: LIDERANÇA CONSCIENTE

amadurecem. Combinadas, essas transformações apontam para a ascensão contínua dos valores femininos em nossa cultura, afetando todas as grandes instituições sociais.

O setor empresarial apresenta uma dicotomia interessante. Nos Estados Unidos, as mulheres possuem mais de 40% das empresas privadas e começam 70% dos novos negócios.[3] No entanto, pouquíssimas figuram como CEOs ou diretoras de grandes corporações de capital aberto, fato que com frequência é interpretado como atitude hostil aos valores familiares e femininos. As mulheres detêm cerca de 15% dos assentos nos conselhos de empresas da *Fortune 500*. O mesmo *ranking* das maiores companhias registra 18 CEOs mulheres, apenas 3,6% do total – em 2000, eram três representantes, ou 0,6%. Uma pesquisa Gallup sobre a confiança nas instituições sociais, contudo, revela dados curiosos: 65% dos entrevistados dizem confiar nas pequenas empresas, segmento em que a representatividade feminina é alta, enquanto somente 19% mostram a mesma disposição ante as grandes corporações, nas quais, como vimos, as mulheres estão sub-representadas.

Essas estatísticas evocam uma questão: se os chamados valores femininos tivessem sido dominantes no passado, será que teríamos vivido as mesmas crises que abalaram a economia nos últimos anos? Ou, como perguntou Christine Lagarde, diretora-gerente do Fundo Monetário Internacional: "E se o Lehman Brothers fosse Lehman Sisters?".

Liderança e gestão

Liderança e gestão não são sinônimos. Liderança tem a ver principalmente com mudança e transformação; gestão, com eficiência e implementação. Líderes são arquitetos de alto nível, construtores e reformadores do sistema, enquanto gestores se encarregam de garantir que o sistema funcione direito, aplicando ações corretivas quando necessário. Quem lidera tem uma sensibilidade sistêmica inerente, que lhe permite entender quando é preciso fazer um grupo de pessoas se comportar como um sistema ou quando há necessidade de alterar o sistema todo, a fim de provocar mudanças nesse comportamento.

O TERCEIRO PRINCÍPIO: LIDERANÇA CONSCIENTE

A abordagem da não violência de Mahatma Gandhi chegou a ser contestada por um professor de história, que citou seu "conhecimento especializado" para argumentar que aquela filosofia pacifista jamais funcionaria. Gandhi respondeu: "Senhor, seu trabalho é ensinar história, enquanto o meu é criá-la".[4] Gestores não fazem história; líderes conscientes fazem: eles imaginam e dão concretude àquilo que não existia e que muitos acreditavam impossível de ser feito.

Não estamos sugerindo que as empresas precisam de mais liderança e menos gestão. Tanto uma como outra são necessárias, na medida certa e de forma que se complementem. Em outras palavras, as abordagens de liderança e gestão precisam ser harmônicas. John Kotter, professor da Harvard Business School, ensina: "Gestão demais sem liderança suficiente leva a muita estabilidade e foco no interior da empresa. Isso acaba resultando em estagnação, declínio e, provavelmente, morte da organização. Liderança demais sem gestão suficiente também é perigoso: a empresa fica sem capacidade organizacional, disciplina operacional e eficiência, e os negócios podem tornar-se muito arriscados".[5]

Nesta parte do livro, primeiro discutiremos as qualidades dos líderes conscientes e, depois, apresentaremos algumas sugestões para quem pretende se tornar um deles. Em seguida, na parte 4, abordaremos as culturas conscientes e o tipo de filosofia de gestão necessário para permitir que as empresas cumpram todo seu potencial.

CAPÍTULO 13

Qualidades de um líder consciente

Líderes conscientes dão amostras cotidianas de várias das mais admiradas qualidades dos seres humanos. Em geral, revelam-se capazes de identificar e dar visibilidade às alegrias e belezas de cada desafio a ser cumprido e acreditam firmemente no trabalho como uma oportunidade de contribuir para a construção de um futuro melhor. Como vivem de acordo com a própria vocação, são pessoas autênticas, apaixonadas pelo que fazem e dispostas a compartilhar sua paixão com quem estiver a sua volta. Dedicam-se ao exercício de liderar pessoas de maneira incansável: a rotina extenuante parece lhes renovar, em vez de drenar, as energias, inspirações e motivações.

Em geral, os líderes conscientes desenvolvem apuradas inteligências sistêmica, espiritual, emocional e analítica. Destacam-se pela inclinação à liderança generosa, à integridade sólida e à grande capacidade de cuidar e de amar.

Não existe um modelo de liderança "tamanho único". Líderes conscientes partilham diversas características, mas cada um deles destaca-se pelo que tem de mais singular. Em geral, contudo, apresentam elevado nível de autoconhecimento e sabem identificar as próprias convicções e motivações mais profundas. Não tentam ser quem não são. Segundo Bill George, ex-presidente-executivo da Medtronic, "a liderança eficiente é autêntica, e a autenticidade não é uma característica, mas ser quem você de fato é. Isso envolve saber quem você é e quais são seus objetivos. O verdadeiro norte é aquilo em que acreditamos com mais convicção, o que nos define de forma verdadeira – nossos valores, crenças, paixões e os princípios que orientam nossa conduta".[1]

Tipos de inteligência

Nos últimos anos, graças sobretudo ao trabalho desenvolvido por Robert Kegan e Howard Gardner, professores da Harvard University e psicólogos do desenvolvimento, conseguimos compreender o potencial e as capacidades humanas de forma bem mais completa. A pesquisa independente feita por Kegan e Gardner demonstra que os seres humanos são dotados de distintos tipos de inteligência e em proporções diferentes.[2] Em sua maioria, os líderes conscientes revelam elevada inteligência analítica – modalidade medida pelos testes de QI –, hoje praticamente um pré-requisito para o desempenho da liderança eficiente em grandes e complexas organizações. Sabe-se, no entanto, que de pouco adianta um QI alto desacompanhado de inteligência emocional (IE), inteligência espiritual (IES) e sistêmica (IS) – ações e decisões orientadas exclusivamente pelo vetor analítico podem resultar em uma postura prejudicial no ambiente corporativo. Existe sempre o risco de tomar decisões equivocadas com base em avaliações de curto prazo, que desconsideram uma perspectiva mais ampla do que é bom para todos os *stakeholders* em longo prazo. Esse tipo de liderança – com alto QI, mas foco limitado de análise – pode resultar em erros de avaliação, por exemplo. Os relacionamentos, a gestão dos *stakeholders* e a avaliação precisa dos valores e propósitos são essenciais para liderar com eficiência no complexo mundo do século 21, e a inteligência analítica, por si só, não habilita os profissionais a lidar com esses aspectos.

QUALIDADES DE UM LÍDER CONSCIENTE

Uma diferença crucial entre os tipos de inteligência está no fato de que o QI muda muito pouco depois que a pessoa ingressa na vida adulta, enquanto as habilidades emocional, espiritual e sistêmica podem se aperfeiçoar durante toda a vida.

Inteligência emocional

A IE combina as inteligências intrapessoal (capacidade de autoconhecimento) e interpessoal (capacidade de entender as intenções e os desejos dos outros). A autopercepção, essência do que entendemos como consciência ampla, constitui o primeiro pilar da inteligência emocional. A empatia, ou a facilidade para perceber e compreender as emoções alheias, corresponde ao segundo pilar. Líderes com alto coeficiente de inteligência emocional, não por acaso, vêm se tornando cada vez mais valorizados e disputados por todo tipo de empresa – com o aumento da complexidade da sociedade contemporânea e a diversificação de perfis dos *stakeholders*, cresce a demanda por executivos aptos a se comunicar e a compreender os outros de maneira eficaz.[3]

O Whole Foods Market chegou à conclusão de que, para o exercício da liderança, a inteligência emocional é bem mais importante do que o QI elevado. Nossas lojas são organizadas em grupos autogeridos, que se concentram atentamente em proporcionar um atendimento de alta qualidade aos clientes. Não podemos nos dar ao luxo de contar com profissionais com apuradíssima capacidade analítica, mas que se comportam com arrogância, insensibilidade ou indelicadeza. Por isso, nosso plano de desenvolvimento de carreira leva em conta a inteligência emocional (o capítulo 14 explica com mais detalhes como desenvolver a IE).

Inteligência espiritual

Líderes conscientes com frequência se destacam por esse atributo, definido por Danah Zohar e Ian Marshall no livro *Inteligência espiritual* como a

O TERCEIRO PRINCÍPIO: LIDERANÇA CONSCIENTE

capacidade "que usamos para acessar nossas percepções, valores, objetivos e motivações mais intensos. É [...] nossa inteligência moral, que nos confere a inteligência inata para discernir o que está certo do que é errado. É por meio dela que praticamos a bondade, a verdade, a beleza e a compaixão em nossa vida".[4] A inteligência espiritual nos ajuda a descobrir nossas metas pessoais mais elevadas, tanto na profissão como na vida pessoal. Líderes conscientes com alto nível de IES exibem uma capacidade notável para ajudar a alinhar suas empresas aos objetivos corporativos mais elevados. Também contam com o peculiar discernimento para perceber quando as coisas começam a sair dos trilhos. Um bom exemplo de liderança espiritualmente inteligente é Howard Schultz, empreendedor responsável pelo imenso sucesso da Starbucks. Em 2008, a rede enfrentou um período bastante árduo, com queda no movimento. A empresa optou então por fechar seis unidades que apresentavam resultados considerados insuficientes, eliminar 12 mil postos de trabalho (dos 200 mil que haviam sido criados) e dar baixa em ativos de US$ 340 milhões das lojas fechadas. Schultz acreditava que sua empresa tinha se afastado do propósito original e perdido o rumo ao se orientar apenas pela busca do crescimento e de retornos financeiros mais vultosos. Isso aconteceu alguns anos depois de o executivo deixar o posto de CEO. De acordo com suas próprias palavras, ele decidiu voltar ao cargo para reconectar a empresa a seus objetivos centrais. "Desde o início, sempre acreditamos que a única forma pela qual poderíamos superar as expectativas de nossos clientes era superando as expectativas de nossos colaboradores. Assim, por causa das pressões externas e da catastrófica crise financeira, era hora de voltarmos para a proximidade da comunicação direta com nossos profissionais, galvanizando nossa empresa em torno de um objetivo essencial e pedindo para que compreendessem o que estava em jogo."[5]

Depois que Schultz voltou para recolocar a Starbucks nos trilhos, resgatando o sentido de autenticidade, a empresa passou por uma transformação incrível. O desempenho de vendas de algumas lojas evoluiu de –6% no exercício de 2009 para 8% em 2011, o lucro líquido mais do que triplicou e, em três anos, o valor das ações negociadas na bolsa de valores passou de cerca de US$ 7 para mais de US$ 50.

QUALIDADES DE UM LÍDER CONSCIENTE

Inteligência sistêmica

Outra característica que os líderes conscientes costumam compartilhar é a inteligência sistêmica, explicada no capítulo anterior. Para esses indivíduos, pensar em sistemas é algo que acontece de forma natural: eles conseguem ter uma visão panorâmica ao mesmo tempo que compreendem como as diversas partes que compõem o todo se associam e se comportam ao longo do tempo. Essa abordagem lhes permite antecipar as consequências – tanto imediatas como de longo prazo – de uma iniciativa. Graças ao talento intuitivo de compreender a dinâmica dos sistemas, são, em geral, excelentes arquitetos organizacionais. Além de identificar a raiz dos problemas, eles rapidamente estabelecem sua relação com possíveis falhas na estrutura organizacional e elaboram soluções consistentes e de efeito duradouro, em vez de improvisar paliativos para aliviar os sintomas.

Líderes conscientes também *captam* a essência dos sistemas, uma vez que sentem a interconectividade e a singularidade de cada sistema em si.[6] Em consequência, conseguem evitar diversos tipos de contratempos. Essa capacidade é muito bem ilustrada por um relato de Bian Que, médico chinês que viveu há 2.300 anos. A história fala sobre três irmãos, todos médicos. O mais velho, famoso por adotar procedimentos drásticos em pacientes com doenças em estágio avançado, recebia constantes homenagens pelas tentativas heroicas de salvar as pessoas. O irmão do meio, com sua extrema precisão no diagnóstico dos sintomas das doenças, era muito procurado para curar enfermidades menos graves e contava com o apreço da comunidade. Por sua vez, o irmão caçula tinha o talento de identificar as tendências de uma doença antes mesmo que o paciente apresentasse algum sintoma e cuidava para que as pessoas preservassem a saúde. Quase anônimo, nunca gozou do mesmo prestígio e reconhecimento dos irmãos mais velhos, porém salvou mais vidas do que os dois.[7]

Muitos líderes do mundo empresarial e político, a exemplo do médico primogênito e mais famoso, só lidam com crises. Quase sempre, assistem impassíveis às coisas se complicarem, entrando em ação apenas à beira do colapso. Então, tentam resolver o problema tomando decisões drásticas, que, em geral, não funcionam. Líderes conscientes têm uma conduta semelhante

O TERCEIRO PRINCÍPIO: LIDERANÇA CONSCIENTE

à do terceiro irmão: são capazes de eliminar problemas antes que eles se transformem em dificuldades sérias, as quais podem resultar em uma crise. Ainda que seu talento não seja reconhecido ou recompensado, esses são os líderes mais eficientes, dotados de apuradas sensibilidade e capacidade de avaliação sistemática.

No próximo capítulo, analisaremos como os líderes podem desenvolver sua inteligência sistêmica.

Liderança servidora

O grande humanitarista e vencedor do Prêmio Nobel Albert Schweitzer afirmou: "Não sei qual será o destino das pessoas, mas de uma coisa eu sei: as únicas que se sentirão realmente felizes serão aquelas que se esforçaram para ajudar os outros e encontraram maneiras para fazer isso". Líderes conscientes – com suas agudas inteligências analítica, emocional, espiritual e sistêmica – conhecem muito bem a importância da prestatividade como instrumento para que as empresas cumpram seu potencial mais elevado. E também sabem que ajudar os outros conduz a maior satisfação pessoal.

Esse tipo de liderança se pauta pelo segredo de quem passa pela vida disposto a servir: fazer os outros felizes gera felicidade. A iniciativa de mão dupla cria valor para quem ajuda e para quem é ajudado, ao mesmo tempo que beneficia a coletividade ao redor. Líderes que sabem e apreciam ajudar cultivam a nobre virtude da generosidade. Eles abraçam valores transpessoais – como bondade, justiça, verdade, amor, alívio do sofrimento, salvação ou iluminação de quem está próximo –, o que os conduz a níveis ainda mais altos de consciência.[8]

A trajetória de Buckminster Fuller ilustra bem o poder de uma liderança servidora. Aos 32 anos, Fuller vivia em péssimas condições em uma área pobre de Chicago. Sua filha tinha acabado de morrer vítima de poliomielite e meningite viral. Deprimido e cada vez mais afundado na bebida, cogitava seriamente o suicídio. Uma noite, ao cruzar uma ponte, parou para avaliar a possibilidade de jogar-se dali para a morte certa. Perguntou para si mesmo qual era o sentido da vida. O que fazia nossa existência valer a pena? Em uma súbita inspiração espiritual, teve uma grande ideia. Ele ia "fazer uma experiência, a fim de determinar quanto uma pessoa isoladamente poderia contribuir para modificar o mundo e beneficiar toda a humanidade".[9] A resposta para sua indagação, afinal, foi que "a vida vale muito a pena". Nos 55 anos seguintes, até morrer, Fuller patenteou mais de 2 mil inventos, escreveu 25 livros e entrou para a história como um dos maiores pensadores, inventores e líderes servidores que o planeta já conheceu. A teoria "buckminster-fulleriana" – fazer todo o bem possível em benefício de todos – pode ser adotada por qualquer pessoa. E alguns líderes servidores mostram exatamente como fazer isso.[10]

Integridade: a síntese das virtudes

Talvez a virtude mais importante de um líder consciente seja a integridade. Muita gente acredita que se trata apenas de um sinônimo de honestidade, porém, quando se faz uma análise mais rigorosa, entende-se que a integridade constitui uma virtude bem mais ampla: embora envolva também uma postura honesta, não se limita a manter-se apenas sob a regência da verdade. A palavra tem origem no termo latino *integritas*, que designa algo "inteiro, completo". Ela abrange uma ideia ampla de autenticidade, justiça, confiabilidade e coragem, mas também envolve a realização daquilo que acreditamos ser condizente com nossos valores e a opção mais correta em qualquer circunstância, ainda que essa escolha resulte em alto custo pessoal.

Como apenas heróis ou santos agem assim o tempo todo, a integridade definitivamente não é atributo dos mais comuns. No entanto, também não se pode considerá-la um artigo raro. Todas as pessoas podem e devem aspirar a uma vida íntegra – unificando seus valores e virtudes e expressando-os como ações dentro do contexto de uma comunidade maior, o que inclui o ambiente de trabalho. Quem tem sua integridade contestada pode ser acusado de hipócrita, oportunista, condescendente ou até de covarde, do ponto de vista ético.[11]

O TERCEIRO PRINCÍPIO: LIDERANÇA CONSCIENTE

Entre os líderes históricos que ficaram famosos pela postura íntegra estão Sócrates, Abraham Lincoln, Gandhi, Martin Luther King Jr., Nelson Mandela, Aleksandr Solzhenitsyn, Margareth Thatcher e Liu Xiaobo. Essas personalidades excepcionais, com seus exemplos de coragem, nos inspiram a buscar níveis mais elevados de integridade.

Capacidade de amar e de cuidar

Líderes conscientes têm grande capacidade de amar e cuidar de outras pessoas, pois reconhecem a importância de eliminar o medo do ambiente corporativo. Quando combina habilidades intelectuais especiais com a capacidade de administrar aspectos que vão além da esfera funcional – como o amor e o cuidado –, a liderança exerce o verdadeiro poder. Martin Luther King entendeu isso muito bem: "O poder essencialmente resulta da capacidade de atingir objetivos. É a força necessária para promover mudanças sociais, políticas e econômicas [...] Em sua melhor forma, é o amor implementando as demandas por justiça, e a justiça pode ser o poder corrigindo tudo o que contraria o amor".[12]

Medo é o contrário do amor. Uma empresa paralisada pelo temor perde a capacidade de promover a criatividade ou a inovação na prática. Pessoas com medo se mantêm vigilantes, defensivas e limitadas aos próprios interesses (vamos falar sobre amor e cuidado no capítulo 15).

Como agem os líderes conscientes

Líderes conscientes se esforçam para exercer um impacto positivo no mundo por meio das empresas em que atuam. De maneira genuína, incorporam um sentido de objetivo comum, o que permite que as demais pessoas se identifiquem e se envolvam com o trabalho que realizam. Isso faz com que todos cresçam e até mesmo desenvolvam as próprias habilidades de liderança, mantendo sempre a clareza e a coerência na hora de fazer escolhas morais difíceis.

QUALIDADES DE UM LÍDER CONSCIENTE

Uma diferença positiva

"A conquista de riqueza, benefícios e poder" é uma das muitas definições simplistas para o sucesso. Líderes conscientes, no entanto, compreendem que o significado dessa palavra muda conforme avançamos em nosso caminho em busca de uma consciência mais elevada. Hoje, cada vez mais pessoas entendem o sucesso como um processo que necessariamente passa por deixar um impacto positivo e duradouro para o mundo.

Líderes conscientes dedicam-se consistentemente a melhorar o mundo. Ao assumirem responsabilidades, não o fazem para manter o *status quo*, mas para produzir uma diferença positiva. Querem aliviar o sofrimento humano e contribuir para o desenvolvimento de outras pessoas, porém só conseguem atingir tais objetivos quando mobilizam os demais a se esforçar no mesmo sentido. Líderes eficientes nunca precisam forçar ninguém a nada – liderar de fato implica injetar inspiração e motivação no outro, para que ele decida sozinho a dar os próprios passos.

Compromisso com os objetivos comuns

Os melhores líderes conscientes são mercadores da esperança e empreendedores do significado. Envolvem sempre os colegas em questões que abrangem identidade e propósito e formam organizações que passam a carregar em seu DNA os objetivos mais elevados – e uma das formas mais eficientes de obter tal resultado é o relato de histórias. Como mostra a pesquisa de Gardner, as pessoas só conseguem promover mudanças profundas quando a decisão envolve o que elas sentem. Os relatos contados constituem a maneira mais poderosa de envolver as pessoas emocionalmente, levando-as a pensar, sentir e a se comportar de modo diferente. Gardner descobriu que líderes eficientes contam três tipos de histórias: "quem eu sou", "quem somos nós" e "para onde vamos".[13]

Como as pessoas crescem e evoluem

A trajetória humana deve ser a do crescimento constante e do desenvolvimento pessoal. Além da vida particular, no âmbito dos relacionamentos com a família e os amigos, o trabalho constitui outra ótima fonte de oportunidades

O TERCEIRO PRINCÍPIO: LIDERANÇA CONSCIENTE

de evolução para todos – porém sem esquecer o fato de que alguns encontram mais satisfação e apelo em atividades não remuneradas, como as tarefas que exercem em casa ou em organizações voluntárias.

Líderes conscientes tratam todas as pessoas com respeito, não importa qual seja sua posição hierárquica ou função desempenhada. O famoso empreendedor indiano J. R. D. Tata, que liderou de maneira marcante o Grupo Tata, demonstrava essa qualidade em tempo integral. Em determinada ocasião, alguns trabalhadores em greve se manifestaram em frente ao escritório do executivo, agitando cartazes e gritando palavras de ordem. Ao olhar pela janela, Tata viu em primeiro lugar seres humanos, e não apenas funcionários descontentes. Procurou o gerente de recursos humanos e determinou: "Eles têm o direito de se manifestar, mas não é bom que fiquem assim, expostos ao sol. Por que você não oferece uma bebida e pede que se acomodem em um lugar com sombra?".[14]

Líderes conscientes reconhecem os talentos e habilidades únicos de cada pessoa e sabem estimular seus aspectos positivos, alocando os indivíduos em cargos e posições favoráveis para que demonstrem seu melhor desempenho e possam dar sua maior contribuição para a empresa como um todo. Debashis Chatterjee, diretor do Indian Institute of Management Kozhikode, explica tudo isso da seguinte forma: "Todos temos capacidades e talentos, mas, se pedirmos para alguém algo que não faz parte de suas habilidades naturais, seremos injustos – é como pedir a um cavalo para voar ou a um pássaro para cavalgar [...] As empresas crescem porque as pessoas as fazem crescer, e as pessoas, por sua vez, crescem dentro das empresas".[15]

Escolhas morais árduas

Com frequência, os líderes enfrentam dilemas nos quais precisam fazer uma escolha entre possibilidades que, de acordo com o ponto de vista, podem parecer todas corretas. Joseph Badaracco, professor de ética na Harvard Business School, ressalta que muitas questões morais são fáceis, uma vez que envolvem uma escolha entre algo claramente errado e algo indubitavelmente certo. O grande desafio para um líder, no entanto, se configura quando ele tem de escolher entre "o que está certo e o que também está certo [...] Decidir entre duas opções corretas é muito mais difícil, pois os líderes se

QUALIDADES DE UM LÍDER CONSCIENTE

sentem impulsionados para direções bem diferentes por fatores que constituem responsabilidades verdadeiras".[16] Nesses casos, líderes conscientes agem de acordo com as diretrizes da empresa e com seus valores essenciais, a fim de fazer escolhas que resultem no maior valor em longo prazo para todos os *stakeholders*. Em vez de sacrificar o maior valor pelo valor inferior, procuram estratégias capazes de contemplar ao mesmo tempo diversas variáveis.

Uma escolha difícil que enfrentamos no Whole Foods, por exemplo, envolve nossos compromissos simultâneos de vender uma seleção completa de alimentos de origem animal (porque mais de 95% de nossos clientes procuram esses itens) e de contribuir para a saúde e a longevidade dos clientes, além da preocupação corporativa em relação aos cuidados tomados pelos fornecedores na criação e no abate dos animais. Pesquisas mostram que o consumo de alimentos de origem animal além dos recomendados 10% do total diário de calorias está associado ao aumento dos casos de obesidade, doenças cardíacas, acidente vascular cerebral e câncer.[17] De um lado, queremos satisfazer, agradar e alimentar nossos clientes; de outro, desejamos ajudá-los a se manter saudáveis. Essas são duas de nossas propostas de valor mais importantes. Como podemos atender a esses valores aparentemente contraditórios? Buscamos fazer isso de duas maneiras.

Em primeiro lugar, tentamos orientar as pessoas sobre a importância de uma dieta equilibrada, composta sobretudo de alimentos integrais de origem vegetal, com pouco processamento – esses são os itens mais saudáveis, que deveriam responder por 90% do consumo total de calorias pelo ser humano. Em segundo lugar, trabalhamos o tempo todo para melhorar a qualidade e as condições de criação dos animais que dão origem ao alimento que vendemos. Todas as nossas lojas, por exemplo, oferecem hoje carne bovina e ovina de animais engordados natural e exclusivamente com pasto e que, por isso, resultam em produtos com menos gorduras saturadas e totais. Também vendemos ovos e carnes de frango, suína e de peru de animais criados com alimentação natural. Orientamos os clientes a escolher frutos do mar com baixo teor de mercúrio e ricos em ômega-3, como é o caso do salmão sustentável pescado em mar aberto.

Acreditamos que nossa estratégia dupla – de orientar as pessoas sobre a importância de ingerir sobretudo alimentos com baixo processamento e itens vegetais integrais, combinada com a melhoria das condições dos produtos animais que comercializamos – constitui uma abordagem do tipo ganha-ganha.

Os perigos da liderança carismática

Líderes não precisam necessariamente ser carismáticos para apresentar desempenho eficiente. A rigor, carisma e força de vontade são qualidades capazes de gerar resultados extraordinários, da mesma forma como podem exercer um efeito destrutivo. Quando o poder e a virtude não estão lado a lado, é grande o risco de resultados desastrosos – como a história da humanidade já comprovou, sobretudo no século 20, com exemplos como Hitler, Stálin e Mao Tsé-tung.

Líderes conscientes aproveitam "os melhores anjos de nossa natureza", no sentido dos ideais partilhados. São bastante determinados, mas, no caso, essa característica não decorre das demandas egoicas nem da busca de autorrealização. Em vez de tentar impor desejos individuais no ambiente de trabalho, eles se esforçam para identificar e reforçar o espírito coletivo.

Em geral bastante discretos e realistas, líderes conscientes comandam por meio do exemplo, e não do charme pessoal ou da força de sua autoridade: sua motivação consiste em construir grandes e sólidas organizações, capazes de resistir ao tempo. De sua parte, líderes carismáticos tendem a criar estruturas que dependam deles – desse modo, quando se afastam, não demora muito para que se inicie a desintegração organizacional. Um dos mais famosos líderes carismáticos de todos os tempos foi Alexandre, o Grande, que ao longo de apenas 11 anos conquistou o mundo – seu império, contudo, não sobreviveu a sua morte. Nesse sentido, alguns especialistas no assunto acreditam que o verdadeiro teste da eficiência de um líder está na forma como ele transfere seu legado ao sucessor e no que acontece depois disso.[18]

É claro que alguns líderes conscientes também são pessoas bastante carismáticas, porém o carisma não constitui uma característica obrigatória. Herb Kelleher, que há muitos anos esteve à frente da Southwest Airlines, é uma das personalidades empresariais mais carismáticas do último meio século, mas também uma das mais autênticas. Outros profissionais, aquinhoados com muito menos carisma, comandaram o negócio depois de Kelleher, porém a empresa de alguma forma soube preservar sua cultura única e o histórico de sucesso. Kelleher construiu uma grande companhia com base em valores sólidos e no registro de êxitos, e esperamos que a organização preserve por muitas décadas a integridade de seus valores e de sua essência peculiar.

Todos os líderes correm o risco de cair na armadilha do narcisismo – especialmente os mais carismáticos. A melhor maneira de combater essa ameaça é contar com a orientação de conselheiros confiáveis, como *coaches*, colegas e amigos com perspectiva independente, sem medo de revelar as verdades que precisam ser ditas.

A importância da liderança

Hoje, mais do que nunca, a liderança é muito importante. O líder do terceiro milênio deve se basear no poder dos objetivos, do amor, do cuidado e da compaixão. A liderança consciente é totalmente humana; integra os universos masculino e feminino, o coração e a mente, o espírito e a alma. Sabe combinar a eficiência e a sistematização ocidentais com a sabedoria e a eficácia do mundo oriental.

No entanto, os antigos modelos de liderança deixaram suas marcas. Durante milênios, a maioria dos homens (e de fato se tratava mesmo de pessoas do sexo masculino) almejou se tornar líder pela sede de poder ou pelo anseio por riquezas. Ninguém, então, hesitava em instrumentalizar o medo, a opressão e a crueldade para atingir os objetivos pessoais. Contudo, o sucesso que esses líderes atingiram não teve vida longa, uma vez que suas atitudes fomentaram as rebeliões do futuro e a ascensão de um novo líder, igualmente desprovido de limites ético-morais.

Situação totalmente diferente acontece em algumas empresas contemporâneas, comandadas por líderes movidos pela aspiração de servir aos outros e aos objetivos mais elevados da organização, além do desejo de desenvolver e inspirar as pessoas. Ambientes assim conduzidos, segundo o autor Fred

O TERCEIRO PRINCÍPIO: LIDERANÇA CONSCIENTE

Kofman, caminham rumo "à paz e à felicidade das pessoas, ao respeito e à solidariedade da comunidade e à realização das metas da empresa".[19]

No próximo capítulo, apresentamos algumas ideias específicas sobre como é possível passar por transformações pessoais a fim de desenvolver uma liderança cada vez mais consciente.

CAPÍTULO 14

A construção do líder consciente

Uma empresa só evolui, aprende e cresce quando seus líderes, em especial o CEO, também estão aprendendo e crescendo. Um fundador estagnado nos níveis psicológico e espiritual pode bloquear toda a essencial evolução organizacional de uma companhia. Em alguns casos, é preciso trocar a liderança para que o negócio retome sua linha evolutiva. A Ford Motor Company, por exemplo, chegou ao topo e exerceu enorme impacto mundial sob o comando de Henry Ford. Porém, quando as circunstâncias do mercado mudaram, a obstinada recusa do empresário em se adaptar à realidade passou a prejudicar a empresa. Na história do Whole Foods Market, por mais de uma vez, a companhia não conseguiu evoluir coletivamente até que eu mesmo me capacitasse para isso — em outras palavras, em certas ocasiões fui o responsável por reter a evolução do negócio. Meu crescimento pessoal habilitou o Whole Foods a também se desenvolver.

O líder, portanto, pode ser o obstáculo que trava o desenvolvimento da organização, impedindo-a de atingir seu potencial pleno. Por esse motivo, toda

O TERCEIRO PRINCÍPIO: LIDERANÇA CONSCIENTE

pessoa que exerce a liderança deve ter sempre o desejo de aprender e crescer: isso será benéfico não só para a própria vida, mas também para a existência de tudo com que nos relacionamos – incluindo o negócio e as pessoas que estão em torno dele.

Para se tornar um líder consciente, há um requisito básico: querer. Sem alta intencionalidade, simplesmente não acontece. O crescimento pessoal nunca é fácil. Exige muito esforço e, em geral, envolve alguma dor, na medida em que cometemos erros e aprendemos com eles.

Siga o coração e encontre seu propósito

A vida é curta; a morte é certa; ninguém dura para sempre. Como, então, devemos viver nossa vida? Para nós, a resposta é clara: temos de nos comprometer a seguir o coração e fazer o que mais amamos e o que torna nossa existência mais significativa.

Para descobrir seus propósitos pessoais mais elevados, tente identificar as coisas que realmente importam para você. Quais são suas paixões, seus anseios mais profundos? Se você pudesse fazer qualquer coisa no mundo, o que faria? Seu coração sabe as respostas e está sussurrando-as agora mesmo, enquanto você lê estas palavras. Acalme sua mente, ouça o murmúrio interior e siga o que ele diz. Essa comunicação pode vir na forma de palavras suaves ou talvez como uma espécie de sabedoria intuitiva, mas em qualquer dos casos há uma certeza tranquila quanto a sua verdade. O coração será sempre seu melhor guia na vida, desde que você desenvolva a autoconsciência para ser capaz de escutá-lo e a coragem para segui-lo.

Isso, no entanto, envolve dois aspectos importantes. Em primeiro lugar, é preciso aprimorar o autoconhecimento, que nos permite saber se realmente estamos na trilha ditada pelo coração ou se nos perdemos pelo caminho. Quem segue o coração (e não apenas o ego, como a maioria de nós costuma fazer) aproveita as verdadeiras paixões do viver: faz o que mais ama e preenche a existência com energia, criatividade, alegria e propósito. Sente-se mais vivo, em pleno movimento dentro do fluxo da vida.

A CONSTRUÇÃO DO LÍDER CONSCIENTE

Quando alguém deixa de seguir o coração, acontece o contrário: a energia vital cai, a criatividade diminui, falta verdade ao senso de propósito e paira a sensação de infelicidade. Isso significa ficar alheio ao fluxo da vida, à deriva, trabalhando ativamente contra a orientação do coração. Diante dessa situação, a solução é simples: escolher novamente. Reconectar-se consigo mesmo. Enquanto estamos vivos, nunca é tarde. Somos livres para escolher o caminho que o coração nos sussurra o tempo todo.

O segundo aspecto crucial tem a ver com o medo: é necessário aprender a lidar com ele para seguir o coração. O medo nos impede de atingir nosso pleno potencial. Ele se apresenta de várias formas: medo do ridículo, do fracasso, da rejeição, da constatação de não sermos bons o suficiente – às vezes, medo até de nossa própria grandeza latente. Infelizmente, ninguém pode superar o medo por nós. Temos de aprender a dominá-lo por nossa conta.

O *insight* mais importante, aqui, é que o medo raras vezes reside no presente. Quase sempre está relacionado ao futuro, a algo que pode vir a acontecer. Quando concentramos toda a atenção no momento presente, o medo diminui muito ou até desaparece. Isso nos leva a outro dado relevante: o medo, invariavelmente, é uma criação mental, que quase nunca se materializa no mundo físico. Podemos, então, dissolvê-lo em nossa mente por meio do autoconhecimento, que nos permite fazer a escolha consciente de não deixar que a energia dos temores tome nossos pensamentos. Ao contrário, devemos nos concentrar com intensidade ainda maior no momento presente, em que não há lugar para o medo. Temos de aprender a fazer isso, para nos livrar de sentimentos negativos e nos conectar a nosso coração e a nossos propósitos mais elevados. Práticas contemplativas, que nos ensinam a acalmar a mente e focar a atenção, podem ser de grande valia para nos ajudar a superar o medo.

A citação a seguir, do maravilhoso romance de ficção científica *Duna*, de Frank Herbert, já inspirou muitas pessoas quanto à luta contra esse sentimento:

Eu não temerei.
O medo é o assassino da mente.

Medo é a pequena morte que traz a obliteração.
Enfrentarei meu medo.
Não permitirei que ele passe sobre mim ou através de mim.
E, quando ele se for, voltarei minha visão interna para olhar sua trilha.
Por onde o medo passou nada restou.
Apenas eu permaneço.[1]

Modelos

Um caminho de crescimento pessoal é a inspiração em modelos: pessoas que admiramos e queremos imitar. Somos naturalmente atraídos por aqueles que encarnam os ideais e virtudes de caráter que tanto gostaríamos de perceber em nós mesmos. Vale dizer que, em geral, já trazemos todas essas qualidades em nosso interior; falta apenas desenvolvê-las plenamente.

Na vida, é muito saudável ter pessoas admiráveis que nos sirvam de exemplo. Elas podem ser nossos amigos, pais, irmãos ou professores. Podem ser personagens históricos, como Abraham Lincoln, Martin Luther King ou Gandhi, ou personalidades contemporâneas, as quais não conhecemos pessoalmente, mas que gostaríamos de imitar, a exemplo de Nelson Mandela ou Muhammad Yunus. Para os seguidores de crenças religiosas específicas, a inspiração vem tanto de Moisés, Jesus ou Maomé como de Patanjali, Krishna ou Buda, entre outros. Às vezes, até mesmo personagens fictícios servem de modelo, por expressarem virtudes invejáveis, como o advogado Atticus Finch, do livro *O sol é para todos*, de Harper Lee, ou o bruxo Alvo Dumbledore, mestre de Harry Potter na série criada por J. K. Rowling.

Uma decisão consciente deve preceder seu esforço de imitar as virtudes das pessoas que lhe servem de modelo. Faça a si mesmo perguntas como: "O que Warren Buffett faria nessa situação?" ou "Como é que meu pai teria lidado com isso?". Ao se questionar dessa maneira, você é impulsionado a crescer, uma vez que a resposta provavelmente seria: "Eles teriam feito as coisas de forma prudente e cuidadosa. Teriam agido com integridade. Teriam, talvez, escolhido o caminho difícil, porém correto". Nós podemos fazer as mesmas escolhas.

A CONSTRUÇÃO DO LÍDER CONSCIENTE

Coaches e mentores

Um bom *coach* ou mentor tem poder transformador. Em minha carreira no Whole Foods Market, meu pai foi meu mentor desde o momento em que cofundei a empresa, aos 25 anos de idade, até eu chegar à casa dos 40. Na faculdade, estudei humanidades – filosofia, religião, história e literatura –, mas nunca encarei nenhum curso na área de negócios. Então, no início da companhia, meu conhecimento ou experiência com negócios eram praticamente zero. Felizmente, meu pai sabia muito sobre a área. Ele havia sido o primeiro professor de contabilidade da Rice University, tendo depois atuado na prática, inclusive como bem-sucedido CEO de uma empresa de capital aberto. Sua orientação, combinada com as centenas de livros de negócios que li, me deu a base de que precisava para errar pouco e ainda aprender rapidamente com os erros que cometia. Não acredito que teria obtido sucesso se não contasse com ele como treinador e mentor. Na verdade, estou certo de que teria destruído o Whole Foods Market em minha juventude.

No entanto, também pode chegar um momento em que precisamos nos desligar de nossos mentores. Isso aconteceu comigo quando completei 40 anos. O Whole Foods Market tinha aberto capital havia pouco tempo, com muito sucesso. Meu pai, 32 anos mais velho do que eu, havia se aposentado, e grande parte de seu patrimônio estava aplicado em ações do Whole Foods Market. Como não queria pôr em risco quase tudo o que tinha, ele, compreensivelmente, tornou-se cada vez mais conservador, aconselhando-me a conduzir a empresa de modo diferente do que eu julgava apropriado. Meu pai queria ver o negócio crescer lentamente, com segurança total, enquanto eu almejava um desenvolvimento muito mais rápido.

Para mim, o grande momento veio quando percebi que não queria nem precisava mais dele como treinador ou mentor. Nossas divergências empresariais estavam começando a interferir na estreita relação entre pai e filho. Discutíamos com frequência, em especial nas reuniões do conselho. Depois de meses me angustiando com a deterioração de nosso relacionamento, finalmente decidi lhe pedir para se retirar do conselho do Whole Foods Market. Isso foi extremamente difícil, porque eu o amava muito e não queria magoá-lo nem prejudicar nossa relação. Fui a seu escritório e disse: "Pai, tenho 40 anos de idade. A mentorização do negócio acabou. Para melhor ou para pior, agora vou seguir em frente por minha conta. Ainda gosto de você estar em minha vida e de sua solidariedade, mas tenho de tomar as grandes decisões do Whole Foods Market e nem sempre posso ou quero seguir seus conselhos". Acrescentei que ele poderia permanecer como consultor não remunerado da companhia e que eu gostaria de continuar a lhe pedir opiniões sobre decisões importantes, porém insisti em sua demissão do conselho de administração. Agradeci por tudo o que fizera por mim e disse quanto eu o amava. Foi um enorme salto em meu crescimento pessoal, pois não deixava de ser o fim da dependência emocional em relação a meu pai. Isso me ajudou a acelerar meu crescimento em novas direções.

Meu pai ficou magoado. Um ano mais tarde, no entanto, ele admitiu que eu tomara a decisão certa, e acabamos nos tornando mais próximos do que nunca.

Cultivo de virtudes

Os indivíduos desenvolvem seu caráter cultivando virtudes mais elevadas e emoções positivas. Universais e atemporais, elas ajudam qualquer um a crescer; amor, coragem, integridade, generosidade, gratidão, compaixão, perdão e temperança são algumas delas. Todas definem uma boa pessoa e fazem parte de uma boa vida. Essas qualidades afirmativas quase nunca aparecem em nossa vida por acaso. É preciso um empenho consciente para cultivá-las dentro de nós.

Em última análise, a aspiração a encarnar essas virtudes nos permite galgar um nível espiritual superior. É essencial que nos esforcemos para encarná-las, praticando-as vida afora. Não se trata de tarefa fácil, pois exige determinação, consistência, perseverança e força de vontade. O filósofo Ralph Waldo Emerson descreveu esse processo: "Semeie um pensamento e colha uma ação, semeie uma ação e colha um hábito, semeie um hábito e colha um caráter, semeie um caráter e colha um destino".

O cultivo intencional do caráter, por pura vontade, é uma ideia que saiu de moda há algum tempo, e os livros de autoajuda que defendem isso são alvo de piada entre muitos intelectuais. Imensamente popular na era vitoriana, no século 19, o conceito de autoaperfeiçoamento consciente entrou em declínio na segunda metade do século 20, com o desenvolvimento de teorias psicológicas que diminuíram a importância da autorresponsabilidade. Isso foi lamentável: cultivar o caráter de modo consciente, por meio da prática das virtudes mais elevadas, ainda é uma das principais estratégias para o crescimento pessoal. O estudo seletivo de livros de autoajuda pode se revelar catalisador para muitas pessoas.[2]

Desenvolvimento da inteligência emocional

"Conhece-te a ti mesmo" é a frase cunhada por Sócrates que ilustra uma ancestral maneira pela qual o indivíduo pode aprender e crescer. O autoconhecimento também figura como uma das principais qualidades identificadas por Daniel Goleman em seu impactante livro *Inteligência emocional*. Nossas emoções, até certo ponto, são janelas para a alma. Há todo um universo dentro de nós, esperando para ser descoberto. Podemos aprender muito sobre nós mesmos quando temos consciência de nossas emoções e entendemos o que as faz aflorar. Ao longo do tempo, conforme cresce nossa autoconsciência, nos tornamos melhores observadores de nossas experiências emocionais e questionamos: "Por que isso me deixa tão zangado?", "Por que aquilo me anima tanto?", "Por que invejo essa pessoa?", "Por que isso me faz feliz?", "Isso que estou sentindo é amor?". Cada emoção é uma janela que permite vislumbrar o que somos e com que nos preocupamos.

Se não temos consciência de nossos sentimentos, valores, aspirações e ideais, passamos a vida em uma sequência de impulsos e desejos, sem nos darmos conta das motivações por trás daquilo que fazemos. Elevar o grau de autoconhecimento é um processo contínuo que dura toda a vida.

As emoções emergem de nossas diversas interpretações acerca de situações e eventos vividos. Com frequência, não percebemos que temos ampla liberdade para fazer essas interpretações da maneira como quisermos. A raiva, por exemplo, é uma emoção baseada no julgamento de que fomos injustiçados de alguma forma e de que precisamos de reparação por meio da punição de quem nos prejudicou. No entanto, se mudarmos nossa interpretação sobre o que nos despertou a raiva, é provável que ela diminua. Não somos capazes de

O TERCEIRO PRINCÍPIO: LIDERANÇA CONSCIENTE

controlar totalmente nossas emoções, mas com certeza podemos nos tornar mais conscientes, assumindo a responsabilidade por elas, aprendendo com elas e, quando for o caso, transcendendo-as, o que impulsiona nossa consciência para um nível mais elevado.[3]

À medida que nos conscientizamos de nossas emoções, começamos a perceber que muitas delas – inveja, ressentimento, cobiça, amargura, rancor, raiva e ódio – empobrecem a vida. Não contribuem em nada para nosso bem-estar. São todas emoções humanas naturais, mas aferrar-se a elas não torna nossa existência melhor. De outro lado, emoções como amor, generosidade, gratidão, compaixão e perdão são expansivas e melhoram a vida. Elas nos enriquecem. Ao cultivar nosso caráter, devemos privilegiar as emoções que nos elevam e neutralizar as que nos prejudicam, assim que nos conscientizamos de sua presença. Essa é a essência do controle pessoal e da inteligência emocional.

Quem almeja se transformar em um líder consciente precisa cultivar sobretudo a empatia, a capacidade de sentir o que o outro sente.[4] Faz-se necessário crescer para além do próprio egocentrismo. As crianças são naturalmente egocêntricas, mas, à medida que crescem emocionalmente, desenvolvem as capacidades de empatia e compreensão em relação ao outro. O foco da preocupação deixa de ser autocentrado para se transferir, em primeiro lugar, para a família e os amigos, estendendo-se em seguida para a comunidade. Além disso, praticamente todo ser humano pode ser digno de nossa atenção, simpatia, compreensão e até mesmo amor – sentimentos, aliás, que podemos dedicar também a animais e a toda forma de vida. O potencial para o amor é virtualmente ilimitado, mas tudo começa com empatia.

Será que o amor começa com a capacidade de amar a si mesmo? Eis uma pergunta complicada. Nos últimos anos, a sociedade tem enfatizado bastante as questões da autoestima e do amor-próprio. É claro que queremos amar a nós mesmos, mas só isso não basta. No entanto, demasiadas pessoas param por aí. Como resultado, emergimos como uma sociedade profundamente narcisista nos Estados Unidos.[5] Nós adoramos celebridades, e milhões de pessoas almejam a fama pela fama, e não como reconhecimento por suas habilidades ou realizações pessoais. Isso não é emocionalmente inteligente. Na verdade, reflete um nível muito baixo de desenvolvimento global. Não estamos pregando contra o amor-próprio. Apenas acreditamos que, à medida que desenvolvemos nossa capacidade de amar e cuidar, devemos expandi-la para que tenha abrangência cada vez maior e se torne mais e mais inclusiva.

Desenvolvimento da inteligência sistêmica

É essencial entender efetivamente o sistema de negócios maior do qual fazemos parte. Para tanto, precisamos de uma bem desenvolvida inteligência sistêmica (IS), como mencionado anteriormente. Não se trata de uma habilidade tradicionalmente reconhecida, admirada, incentivada ou recompensada por nossa sociedade. Mas agora, no século 21, com organizações cada vez mais complexas em um mundo cada vez mais interdependente, fica difícil estimar quão valioso é esse tipo de inteligência.

Como podemos desenvolver a IS? Em primeiro lugar, temos de reconhecer que ela é diferente da inteligência analítica (medida pelo QI), embora ambas se complementem. A inteligência analítica está na capacidade de comparar as coisas e dividi-las em partes, para que possamos analisá-las isoladamente. É a base para a lógica, uma ferramenta claramente muito útil e que os sistemas educacionais têm desenvolvido razoavelmente bem, pelo menos nos níveis mais altos. No entanto, como mencionado, outros tipos de inteligência também são fundamentais.

Uma forma de desenvolver a IS consiste em estudar disciplinas que incorporam princípios sistêmicos – como a ecologia, a ciência das relações dos organismos vivos entre si e com o meio ambiente. Acima de tudo, a IS contempla os relacionamentos, o modo como as coisas se conectam; sem analisá-las em separado, vislumbra como elas funcionam juntas.

Uma boa maneira de desenvolver a IS no contexto empresarial é pensar no negócio como um sistema de *stakeholders*. Todas as partes interessadas existem enquanto se relacionam umas com as outras e com a empresa. O líder consciente sabe que suas decisões estratégicas têm de considerar seu impacto sobre a criação de valor para cada um dos públicos de interesse. É preciso antecipar se a tomada de decisão pode prejudicar de alguma forma um ou mais *stakeholders*, se vai dar margem a *trade-offs* indesejáveis, se há estratégias

O TERCEIRO PRINCÍPIO: LIDERANÇA CONSCIENTE

alternativas para evitar isso ou se não seria possível conceber soluções capazes de gerar mais valor para o sistema interdependente como um todo.

Os exercícios que desenvolvem a inteligência emocional (IE) e a inteligência espiritual (IES) também podem ajudar a incrementar a IS. Isso porque é essencial aprender a desacelerar a mente: a velocidade tende a fragmentar as coisas, enquanto um ritmo menos apressado proporciona muito mais atenção ao aqui e agora e à dinâmica das coisas relacionando-se entre si, como partes de um sistema maior. Como sempre, a intencionalidade desempenha papel importante. É preciso realmente querer enxergar as relações intrínsecas de um sistema para poder desenvolver a IS. Só assim nossa mente poderá evoluir nesse sentido – o que, acredito, vale muito a pena.

Evolução da consciência

Líderes conscientes não são estáticos, porque o ser humano não é estático. Vivemos em dinâmica evolução. Vários teóricos e pesquisadores relatam evidências de que tendemos a evoluir para níveis cada vez mais elevados de consciência e complexidade. Uma das mais importantes contribuições da psicologia do desenvolvimento tem sido demonstrar que a elevação da consciência geral acontece por etapas distintas ou ondas de desenvolvimento. Eis algumas conclusões interessantes:

- O trabalho de Jean Piaget revela como a inteligência cognitiva se desenvolve ao longo de distintos, universais e transculturais estágios da infância.[6] O mais alto nível de inteligência cognitiva ou analítica descrita em sua obra era o que ele chamava de operatório formal, ou a capacidade de pensar logicamente.

- A pesquisa de Abraham Maslow sobre a hierarquia das necessidades humanas coloca no nível mais primário as de natureza física e no nível mais elevado as de ordem psicológica, como a necessidade de autorrealização.[7] Empresas conscientes ajudam os *stakeholders* a atender às necessidades de todos os níveis, incluindo as mais abstratas e sofisticadas.

A CONSTRUÇÃO DO LÍDER CONSCIENTE

- Clare Graves e seus alunos Don Beck e Christopher Cowan demonstram com pesquisas como indivíduos e culturas tendem a evoluir em termos de uma hierarquia de valores com base em suas visões de mundo.[8] A teoria postula oito estágios, ou ondas de desenvolvimento, de valores. Tais etapas podem ser aplicadas tanto a indivíduos como a culturas inteiras. Esse trabalho tem especial importância por estabelecer a distinção entre os níveis de consciência: tradicional, modernista, pós-modernista, de segunda camada e integral. Acreditamos que a visão e os valores do capitalismo consciente expressos neste livro são consistentes com a teoria de segunda camada apresentada no livro *Spiral dynamics*, de Beck e Cowan, e com o trabalho de Ken Wilber sobre a consciência integral.

- A pesquisa de Lawrence Kohlberg e Carol Gilligan sugere que, ao longo do tempo, a ética das pessoas tende a passar por vários níveis de desenvolvimento, da "obediência para evitar a punição" no primeiro estágio para a mais elevada etapa da "justiça universal e amor".[9]

- Jane Loevinger, com base na obra de Erik Erikson, mostra como nosso ego se desenvolve em fases distintas ao longo do tempo.[10] Ela teoriza que esse desenvolvimento pode contemplar até nove níveis, da infância a um estágio totalmente integrado. Líderes conscientes tendem a operar nos níveis mais altos da escala de Loevinger.

As pessoas têm grande dificuldade em compreender ou apreciar completamente os estágios de desenvolvimento mais elevados ou mais complexos do que seu próprio nível. Soa como uma ameaça à autoestima a possibilidade de que nossa atual etapa pessoal não corresponda ao topo da escala do desenvolvimento humano, razão pela qual a maioria de nós prefere ignorar, rejeitar ou colocar em descrédito a existência desses estágios superiores. Como resultado, cada estágio de desenvolvimento tende a assumir uma forma própria de ortodoxia, o que mantém as pessoas estagnadas em determinado nível.

Líderes conscientes mantêm distância de qualquer tipo de rígida ortodoxia ideológica. Ao contrário, esforçam-se para elevar sua consciência por sobre essas questões, de diversas maneiras. A evolução da consciência pessoal não

O TERCEIRO PRINCÍPIO: LIDERANÇA CONSCIENTE

é benéfica apenas para o próprio indivíduo, mas contribui muito para que a consciência de outras pessoas e organizações também se eleve.

A vida é aprendizado e crescimento

O ser humano tem potencial para aprender e crescer durante toda a vida. Por isso, é triste quando o aprendizado e o crescimento são interrompidos. Assim que isso acontece, começamos a morrer – biológica, psicológica e espiritualmente.

Na vida, somos sempre confrontados com a escolha entre a segurança da estabilidade e o risco do crescimento. É fácil se acomodar em uma vida sem desafios e conduzida por rotinas maçantes – uma "vida de desespero silencioso", segundo Thoreau. Milhões de pessoas vivem assim. Contudo, isso nunca acontece quando aprendemos e crescemos continuamente. Essa é a mais rica forma de viver, porque traz mais amor, melhores amizades e maiores resultados. Líderes conscientes voluntariamente continuam a evoluir ao longo de sua vida, desafiando-se a ser e a fazer mais.

Para aprender e crescer, é preciso correr riscos e estar disposto a errar. Infelizmente, muitas pessoas são tão defensivas que se revelam incapazes de admitir seus erros – portanto, incapazes de crescer. Defendem suas decisões a todo custo e atacam qualquer um que tente apontar suas falhas. Ignoram que os erros propiciam incríveis oportunidades de aprendizado e crescimento. Não se trata de fazer a apologia dos equívocos, mas de tentar aprender com eles o mais rápido possível e seguir em frente. Se não aprendermos assim, vamos continuar errando até não conseguirmos mais lidar com as consequências.

Uma das formas mais poderosas de crescer – como pessoa e como líder – é por meio de nossos relacionamentos, especialmente com quem temos ligações estreitas, como o cônjuge ou companheiro, pais, filhos, amigos e colegas de trabalho. Potencialmente, todos com quem interagimos são nossos professores e podem nos ajudar a mudar e melhorar – basta apenas abrirmos o coração e a mente. Vale relembrar aqui que até as relações com ativistas e críticos do negócio, por exemplo, propiciam mudanças positivas em nossa visão de mundo e nas práticas empresariais.

A CONSTRUÇÃO DO LÍDER CONSCIENTE

Experimente um exercício: trate cada pessoa que você encontrar como um ser iluminado. Encare tudo o que elas disserem e fizerem – não importa quão estranhas, severas ou mesmo cruéis possam se revelar – como uma ajuda para tornar você uma pessoa melhor. Cada interação passará a ser vista, então, como uma nova oportunidade de aprendizado e crescimento. Todo mundo se transforma em nosso professor, o que acelera o crescimento pessoal de maneiras inesperadas. Trata-se de um divertido porém desafiador exercício, que pode ser realizado a qualquer momento, mas que deve ser praticado conscientemente. O lado mais interessante de tratar as pessoas como verdadeiros luminares é que muitas delas passam a corresponder a essa visão, tornando-se muito mais amáveis e gentis – ou seja, sintonizam-se com o modo como nos relacionamos com elas. De certa forma, ao agir assim nós lhes damos permissão para que sejam mesmo pessoas superiores e elevadas.[11]

Outro exercício útil em nossa busca de mais autoconsciência é manter um diário de sentimentos, pensamentos, sonhos ou o que mais vier à mente. Tende a ser bastante revelador, anos mais tarde, ler o diário e ver o que pensávamos e sentíamos naquele momento. Ele também serve como um registro histórico do estágio pessoal em que nos encontrávamos, para que, olhando retrospectivamente, possamos ter uma ideia de nosso crescimento. No entanto, o mais importante é que a prática ajuda os líderes a se tornarem mais conscientes também em tempo real. Recomenda-se, ainda, manter um diário de gratidão: à noite, você escreve agradecimentos por tudo de bom que aconteceu durante o dia. Isso ajuda a manter o foco nas coisas positivas e contribui para o relaxamento e a tranquilidade antes do sono, além de construir uma melhor perspectiva da vida e de seus relacionamentos com os outros.

A crise como maravilhosa oportunidade de crescimento

Quando os problemas crescem em torno de nós e começamos a nos sentir oprimidos, as estratégias que podem ter sido eficazes no passado em geral deixam de funcionar. Às vezes, cometemos erros tolos e temos de arcar com suas consequências naturais. Pode-se entender isso como um chamado para

O TERCEIRO PRINCÍPIO: LIDERANÇA CONSCIENTE

o crescimento a um plano superior. O conjunto de nossas habilidades para a vida talvez se mostre insuficiente para ultrapassar essa situação de crise.

Experimentei isso em 2007, quando a Federal Trade Comission tentou bloquear a proposta de fusão do Whole Foods Market com o Wild Oats Markets. Em sua investigação, a comissão baixou *e-mails* de meu computador, descobriu muitas coisas sobre mim não relacionadas aos negócios e, em seguida, vazou para a mídia que eu estava usando um nome de tela para postar, no Yahoo!, boletins financeiros focados no Whole Foods Market e no Wild Oats.

Eu vinha fazendo tais *posts* como uma forma de conversa anônima e entretenimento por uns oito anos e não vejo nada de errado nisso (embora tivesse parado de postar quase um ano antes do vazamento para a mídia). Todo mundo que comentou esses boletins financeiros também utilizou nomes de tela, de modo que ninguém sabia quem era quem. Adorei debater com os outros participantes sobre o Whole Foods Market, o Wild Oats e outros varejistas de alimentos de um jeito que não teria sido possível caso os demais soubessem que eu era. Nenhum participante levou essa atividade a sério. Foi apenas uma forma de entretenimento. Infelizmente, deu margem a um escândalo na mídia. Debruçaram-se sobre alguns de meus comentários críticos ao Wild Oats e vários outros francamente favoráveis ao Whole Foods Market (todos tirados do contexto original). Passei, então, a ser oficialmente investigado pela Securities and Exchange Commission (SEC) e pelo quadro de diretores do Whole Foods Market.

A coisa toda era bizarra para mim. Eu estava apenas me divertindo quando publiquei esses *posts*. Não via como alguém poderia ser prejudicado, como de fato não foi. Entretanto, aquilo se transformou em um monstrengo. Minha reputação foi manchada e fui tachado como um ser desprezível pela mídia. Muitos, indignados, exigiam publicamente minha demissão. Todas as habilidades que eu tinha adquirido não pareciam úteis nessa situação. Passei a viver um dia de cada vez, gastando muito de meu tempo em conversas com os advogados.

Como as investigações pela diretoria e pela SEC estavam em curso, eu nem sequer podia me defender publicamente. Não tinha permissão para escrever, falar com a imprensa, gravar vídeos, aparecer na televisão ou qualquer outra coisa para apresentar meu lado da história. Tive de ouvir em silêncio os ataques incrivelmente distorcidos da mídia, enquanto as investigações se desenrolavam, com dezenas de advogados examinando cada palavra e cada sinal de pontuação de cada *post*, à procura dos "significados secretos" que eu queria transmitir ao mundo.

Algumas coisas me ajudaram a passar pela crise. Uma delas foi que me concentrei apenas no processo. Tentei expandir minha consciência mais ampla e não ser demasiado defensivo. Quando as pessoas estão sob estresse intenso, tendem a se retrair, buscar um lugar que lhes seja familiar e seguro. No entanto, na maioria das vezes, a melhor estratégia é a oposta, ou seja, é hora de expandir, de abrir o coração e a mente, de expor a própria vulnerabilidade, por mais paradoxal que isso possa parecer. Foi o que fiz, apesar de ter sido muito difícil e, não raro, prejudicial.

Também me envolvi em várias práticas espirituais. Meditei com muito mais frequência do que antes e por períodos mais longos. Fiz exercícios de "respiração holotrópica", um processo incrível que eu já experimentara várias vezes. Essa técnica psicológica e espiritual me ajudou a voltar a ter contato com muitos de meus sentimentos mais profundos e com minhas mais elevadas aspirações de vida.[12] Eu apenas me entreguei à prática, completamente. Acessei um lugar em meu coração onde o que quer que acontecesse seria bom para mim. Decidi que não ficaria na defensiva e não desistiria. Queria continuar a tentar alcançar os sonhos e objetivos que faziam parte de meus mais altos propósitos pessoais. Queria continuar a seguir meu coração, não importando para onde ele me levasse.

A partir do momento em que tomei a decisão definitiva de seguir meus propósitos maiores, as coisas começaram a clarear de forma rápida. A SEC terminou sua sondagem (na verdade, tecnicamente não houve uma investigação formal), concluindo que eu não tinha feito nada ilegal. O quadro de diretores do Whole Foods Market chegou à mesma conclusão. Olhando para trás, posso ver agora que cresci tremendamente como pessoa, não por causa do que aconteceu, mas por conta da maneira como reagi à crise.

Por mais dolorosas que sejam, as coisas ruins que temos de enfrentar podem ser nossas maiores oportunidades para crescer. É uma pena desperdiçar uma crise de liderança, porque se trata de uma grande ocasião para nos tornarmos mais conscientes e crescer como pessoas e líderes. Quando a vida vai bem, há uma tendência à estagnação e à complacência. Os desafios, por sua vez, nos empurram para um nível mais alto. Nenhuma crise é agradável e ninguém espera por ela. Mas, caso aconteça, não deve ser desperdiçada como oportunidade de aprendizado e desenvolvimento.

Aquele episódio me deixou uma importante lição. Aprendi que sou uma figura pública. Em algum ponto ao longo do caminho, eu havia me tornado semifamoso. Não penso em mim como celebridade, claro, mas sou alguém sobre quem os meios de comunicação escrevem com alguma frequência. Percebi que, em tudo o que fizesse a partir daquele momento, teria de me perguntar: "Como eu me sentiria se o que estou fazendo agora fosse publicado na primeira página do *Wall Street Journal* e do *New York Times* ou se fosse noticiado na televisão?". Eis um exercício muito recomendável para líderes de empresas, uma vez que não devemos fazer nada que possa nos envergonhar. Essa foi minha maior lição.

Não acho que errei ao postar boletins financeiros no Yahoo!, mas aquilo foi muito embaraçoso para a empresa e deu margem a distorções acerca de meus motivos e atos. Portanto, foi um erro de julgamento de minha parte. Como resultado, deixei de escrever em quaisquer quadros de avisos sob nomes de tela desde que assumi como co-CEO do Whole Foods Market. Só publico textos na internet sob meu próprio nome. Também estou muito consciente de que as pessoas podem, e provavelmente vão, replicar para os outros tudo o que escrevo, portanto sou mais cauteloso no que digo, faço e publico. Isso não significa temor da desaprovação alheia. Ainda expresso minhas opiniões pessoais publicamente quando é apropriado fazê-lo. Às vezes sou polêmico, mas peso bem as consequências e determino se posso arcar com elas sem me sentir constrangido ou envergonhado.

A importância da saúde física

Além da saúde emocional e espiritual, o líder consciente precisa estar fisicamente tão bem quanto possível para manter sua eficácia. Isso é essencial para alcançar o pleno potencial como profissional e como ser humano. Quem é saudável tem mais vitalidade, mais disposição para a alegria e muito mais resistência ao estresse e às doenças. Atuar como CEO de uma grande empresa é um trabalho muito desgastante. Há pressão vinda de uma série de direções, e é preciso estar em boas condições físicas para lidar com tudo isso.

Em primeiro lugar está a atenção à dieta. Alimentação é a base para a saúde e a vitalidade. Os norte-americanos, em geral, comem muito mal: 68% estão acima do peso, e 34% sofrem de obesidade.[13] Os Estados Unidos apresentam alta incidência de doenças cardíacas, câncer, diabetes e doenças autoimunes, males em grande parte evitáveis por estarem associados a estilos de vida – daí o imperativo de uma dieta adequada. Sintetizamos nossa concepção de alimentação saudável em quatro princípios:

1. *Alimentos integrais*: priorize alimentos integrais em estado natural ou com pouco processamento, livres de aditivos artificiais, adoçantes, corantes e conservantes.

2. *Hortaliças*: coma principalmente verduras e legumes crus ou cozidos, frutas, grãos integrais, nozes e sementes – não mais do que cerca de 10% das calorias consumidas devem ser provenientes de alimentos de origem animal.

3. *Riqueza em nutrientes*: privilegie os itens mais ricos em micronutrientes – vitaminas, minerais, antioxidantes e fitoquímicos – na relação com seu conteúdo calórico total. Verduras, legumes e frutas lideram essa lista.

4. *Gorduras saudáveis*: estão presentes em itens integrais (isto é, minimamente processados e refinados) e em quase todos os alimentos vegetais. Nozes, sementes e abacate são fontes muito ricas e, embora saudáveis, têm de ser consumidos em pequenas quantidades. Minimize ou evite o consumo das gorduras derivadas de óleos vegetais (itens não integrais, altamente calóricos e nada nutritivos) e restrinja os alimentos de origem animal a no máximo 10% do total de calorias ingeridas.

Coisas incríveis aconteceram no Whole Foods Market entre colaboradores adoentados que adotaram esse tipo de dieta. Diabetes e doenças cardíacas

O TERCEIRO PRINCÍPIO: LIDERANÇA CONSCIENTE

foram revertidos, e as pessoas normalizaram seu peso, muitas vezes perdendo mais de 40 quilos, sem contar o fortalecimento do sistema imunológico.[14] Nosso corpo é capaz de curar-se de forma bastante rápida, desde que paremos de nos envenenar e passemos a consumir os alimentos saudáveis de que precisamos para melhorar nossa saúde.

Praticar exercícios regularmente também é indispensável. Sob o estresse do trabalho, muitos negligenciam tal aspecto, mas é crucial reservar tempo para isso. Se você viaja muito, leve na bagagem um tapete e um bloco de ioga, para se exercitar no quarto de hotel. Ou então apenas saia e dê uma boa caminhada. Muitos hotéis também têm salão de ginástica. Sempre há tempo para fazer o que é verdadeiramente importante. Quando alegamos falta de tempo para o exercício físico, o que estamos dizendo é que não valorizamos muito a própria saúde.

Outro ponto fundamental consiste em estar consciente de quais toxinas você anda colocando em seu corpo. Todo mundo sabe que fumar é terrível para a saúde. Ainda que muitos fumantes acreditem que o cigarro os ajude a relaxar e administrar seu estresse, trata-se de um veneno viciante, que mina sistematicamente o bem-estar físico.

O álcool constitui outra droga legalmente aceita cujo consumo é percebido como relaxante e antiestressante. Também convém evitá-lo ou, no máximo, consumi-lo em pequenas quantidades, em geral no contexto de um grupo de convivência, ocasião em que terá os efeitos mais positivos.

O abuso mais comum de drogas se refere à cafeína, por conta do consumo quase universal de café, chá, refrigerantes do tipo cola e as chamadas bebidas energéticas. Estima-se que 90% dos adultos dos Estados Unidos consomem cafeína todos os dias, por sua natureza viciante.[15] A cafeína nos dá apenas a ilusão de maior energia, porque simplesmente a toma emprestada de nossas reservas para nos estimular, o que resulta em eventual queda energética assim que o efeito da substância acaba. O uso pesado de cafeína nos desgasta lentamente ao longo do tempo. É um estimulante que afeta nossas glândulas suprarrenais, gradualmente nos envelhece e nos drena a vitalidade.[16] Nada saudável, a cafeína deve ser consumida apenas de vez em quando, não diariamente. Tanto o café como o chá pode podem ser apreciados na forma descafeinada.

Naturalmente, as drogas ilegais de todos os tipos devem ser evitadas. Recomendamos também o uso criterioso de medicamentos. Os norte-americanos costumam exagerar na medicação que promete manter a saúde e a vitalidade. Contudo, não se trata de substâncias nutritivas, e todas têm algum efeito tóxico sobre o corpo.[17]

Por fim, não há como não falar da importância do sono e do relaxamento, bem como da utilização de técnicas de controle do estresse. Infelizmente, muitos adultos norte-americanos não dormem bem, por causa da combinação de estresse com uso regular de álcool, cafeína e nicotina. Vale evitar soníferos e medicamentos do gênero, substituindo-os por técnicas de relaxamento. A meditação ou a simples audição de uma bela música ajudam muito a controlar o estresse e a melhorar a qualidade do sono.

Práticas contemplativas

Práticas contemplativas, como meditação, ioga, *tai chi chuan*, exercícios de respiração, cânticos, visualizações e orações, são muito valiosas para ajudar a transformar o indivíduo em um líder mais consciente. Todas exigem que você deixe a preocupação com o tempo de lado para poder se encontrar consigo mesmo, o que é fundamental para a autoconsciência, amplia a percepção acerca dos próprios sentimentos e desacelera a mente.

Em sua maioria, as grandes religiões têm cultivado tradições meditativas clássicas. O mais importante a fazer é manter uma prática regular. Não adianta ter apenas uma compreensão teórica da meditação: a prática faz toda a diferença, e sua regularidade é que garante o resultado. Um tipo de meditação budista, chamada "Vipassana", pode ser feita até no trabalho.[18] Não requer que você esteja sozinho, faça exercícios de respiração, cante ou se concentre em um mantra. É uma disciplina que lhe permite estar totalmente presente e consciente em cada momento, em vez de perdido na própria vibração mental. Com frequência, ficamos ausentes mesmo quando estamos no meio de uma conversa com alguém, dando atenção apenas aos próprios pensamentos. No entanto, dedicar sua total presença diante de uma pessoa é a melhor forma de homenageá-la: ela sente quando realmente está sendo ouvida.

O TERCEIRO PRINCÍPIO: LIDERANÇA CONSCIENTE

Em meio à jornada diária de trabalho, é fácil ser levado pelo turbilhão de acontecimentos e se esquecer de ficar consciente e atento ao momento presente. Em certo sentido, esse alheamento equivale a voltar a adormecer, ainda que de olhos abertos. Contudo, quando isso acontece, o importante é conseguir retomar o foco no presente de maneira imediata – trata-se de algo simples, que se pode praticar todos os dias. Quando adotada como complemento de outras práticas contemplativas, a meditação Vipassana se agrega à vida diária com facilidade ainda maior.

Sabedoria atemporal

Há sabedoria em toda parte, e precisamos estar abertos a ela. No mundo moderno, tendemos a ignorar grande parte da sabedoria ancestral, por considerá-la pouco relevante em nossa sociedade tecnológica avançada. Na verdade, porém, muito do saber antigo é atemporal. Outra tendência comum é a de as pessoas rejeitarem tradições de fora de seu país, ao mesmo tempo que acolhem com facilidade produtos e alimentos de outras culturas. Devemos estar dispostos a abraçar a sabedoria de onde quer que ela venha, e podemos encontrar grande valor ao estudar qualquer uma das grandes tradições filosóficas e espirituais.

Somos privilegiados por ter, hoje, todo o conhecimento coletivo do mundo e a sabedoria dos tempos antigos, disponíveis para acesso a qualquer hora, em qualquer lugar e praticamente de graça. Não temos de nos restringir apenas ao que dizem nossos mentores, embora alguns deles tenham muito a oferecer. Nós podemos "dialogar" com Buda de manhã, com Peter Drucker à tarde e com Jane Austen à noite. É enriquecedor passar nosso tempo em contato com os seres mais sábios e iluminados que a humanidade já produziu. Eles nos instigam a evoluir com nossas aspirações, na medida em que aprendemos lições valiosas que nos serão úteis por toda a vida.

Infelizmente, a verdade é que muitos só leem, ouvem e veem lixo. Assim como devemos comer alimentos saudáveis e evitar a *junk food*, é urgente nutrirmos nossa mente com os melhores pensamentos e ideias de todos os tempos, e não com bobagens sem substância real. Uma indulgência ocasional

– seja um hambúrguer, um programa de auditório na televisão ou um livro inócuo – não prejudica ninguém, mas o problema começa quando a grande maioria se vicia nisso, enchendo seu corpo, sua mente e sua alma com inutilidades. Eventualmente, todos sofreremos as consequências dessas escolhas.

O crescimento pessoal é uma escolha

Em última análise, nosso maior desafio como líderes é o de gerir e conduzir a nós mesmos, fazendo escolhas sábias para aprender, crescer e evoluir como seres humanos. O mundo atual oferece escolhas quase ilimitadas, como reflete Peter Koestenbaum: "Chegamos a níveis tão explosivos de liberdade que, pela primeira vez na história, temos de gerir nossa própria mutação. Cabe a nós decidir o que significa ser uma pessoa bem-sucedida. Essa é a tarefa filosófica de nossa época".[19]

Nesse contexto, também são praticamente ilimitadas as oportunidades para servir e recompensar nossas organizações, nossas famílias e nós mesmos, em termos pessoais. Em primeiro lugar, cada um de nós tem de se tornar mais consciente, agir de modo a ajudar a transformar o mundo em um lugar melhor e, em seguida, compartilhar sabedoria. Essa é a jornada do herói.

Encerramos este capítulo com uma reflexiva citação de Steve McIntosh:

> No reino da consciência e da cultura, a evolução é uma rua de mão dupla. Suas influências persuasivas nos movem não só em busca de nossa própria ascensão, para melhorarmos a nós mesmos, mas também para tentar melhorar as coisas na Terra durante nossa breve passagem pelo mundo. Ou seja, não só somos convocados a galgar estágios mais elevados, mas também a espalhar a sabedoria desses estágios mais elevados para os níveis que precisam de assistência. Nosso mundo está cheio de angústia e sofrimento, e aqueles que atingiram os estados mais altos de consciência têm o sagrado dever de usar a luz para fazer a diferença.[20]

PARTE 4

O QUARTO PRINCÍPIO
Cultura e gestão conscientes

 cultura é uma força poderosa, porém invisível, e precisamos lidar com isso de maneira bastante consciente. De acordo com a declaração de Edgar Schein, considerado o "pai" da pesquisa organizacional, feita na Academy of Management Conference de

O QUARTO PRINCÍPIO: CULTURA E GESTÃO CONSCIENTES

Montreal de 2010, "a cultura é o maior fator coercitivo de nossa sociedade. Se alguém não se adequar às normas culturais, pode ser jogado em uma prisão ou enviado para um hospital psiquiátrico". Segundo o co-CEO do Whole Foods Market Walter Robb, "a cultura de uma empresa representa o espaço no qual reside a riqueza e a complexidade das pessoas e onde brilha seu aspecto humano. Portanto, é a parte mais poderosa. Quando ela é edificada, alimentada e desenvolvida ao longo do tempo, torna-se um verdadeiro fator de diferenciação e uma valiosa arma competitiva". Empresas conscientes têm culturas peculiares, que ajudam a fortalecer o propósito maior e a manter a harmonia de interesses entre os *stakeholders*. Culturas conscientes são autossustentáveis, autocurativas e propensas à evolução. São resistentes (mas não impermeáveis) a mudanças na liderança ou no contexto externo. A cultura de uma organização e a forma de abordar a administração devem estar em harmonia. Uma empresa que conta com uma cultura rígida e inspirada na disciplina funciona melhor com uma abordagem do tipo controle e comando. Culturas conscientes são bastante diferentes e exigem uma diretriz gerencial baseada na descentralização, na autonomia e na colaboração.

Nesta parte, primeiro discutiremos alguns dos principais elementos culturais de uma empresa consciente. Em seguida, descreveremos os tipos de abordagens gerenciais mais eficazes para permitir que essas empresas atinjam seu potencial pleno.

CAPÍTULO 15

Culturas conscientes

A cultura de uma empresa pode funcionar como um sério obstáculo ao sucesso ou como origem de vigor e de vantagem competitiva consistentes. Como acontece com tantas coisas na vida e também no mundo dos negócios, é preciso intenção e esforço conscientes para criar e preservar uma cultura positiva e vibrante. Segundo James Heskett, da Harvard Business School, "uma cultura forte pode ajudar ou prejudicar o desempenho de uma empresa. Pode representar até a metade da diferença no lucro operacional entre duas organizações que atuam no mesmo setor. Formar a cultura é uma das atribuições mais importantes de um líder; essa atribuição pode ser ignorada, mas apenas por pouco tempo e sob sérios riscos".[1]

Atribui-se a Peter Drucker, um dos primeiros estudiosos da gestão consciente (ao lado de Mary Parker Follett e Douglas McGregor), a frase "a cultura devora a estratégia no café da manhã". Drucker não estava diminuindo o papel da estratégia, que sempre foi e sempre será importante. Mas uma grande estratégia sem um propósito convincente pode ser comparada a uma

O QUARTO PRINCÍPIO: CULTURA E GESTÃO CONSCIENTES

bela estrada que não leva a nenhum lugar ao qual as pessoas queiram ir. Da mesma forma, uma estratégia muito bem concebida e associada aos propósitos da empresa pode se revelar pouco útil se a cultura for incompatível ou baseada no medo, na desconfiança e na hostilidade.

Walter Robb, co-CEO do Whole Foods Market, descreve a cultura da empresa:

> Na essência do Whole Foods Market estão os valores centrais que representam nossos fundamentos mais sólidos – as crenças mais profundas que norteiam nossas decisões. Tudo aquilo que cerca os valores essenciais constitui nossa cultura, que representa a prática real desses valores ao longo do tempo. Essa cultura é algo vivo, que se estende ao longo de todas as operações, proporciona vida ao funcionamento e inspira na equipe um senso mínimo de conexão, capaz de deixar o ambiente de trabalho pleno, consistente, até mesmo alegre. A cultura é mais do que "o jeito como fazemos as coisas por aqui". Menos tangível do que outros ativos físicos em um balanço patrimonial, é o bem mais valioso que uma empresa possui, porque conecta as pessoas com as crenças, valores e propósito comuns e representa a base para a autenticidade da experiência tanto para os membros da equipe como para os clientes.[2]

Como uma empresa dona de uma cultura consciente difere da que é considerada um "ótimo lugar para trabalhar"? É claro que vários aspectos das duas se sobrepõem, mas a segunda categoria pode se resumir a um lugar no qual os funcionários são mimados enquanto os demais *stakeholders* recebem pouca atenção. Em nossa opinião, uma cultura consciente supera a condição de "ótimo lugar para trabalhar", porque dissemina um sentido mais profundo de significado. O DNA de uma cultura consciente inclui fatores que diferenciam esse tipo de organização, como o senso de propósito e a orientação para atender todas as partes interessadas. Uma cultura consciente facilita o crescimento constante e a evolução do indivíduo e da organização como um todo.

Qualidades das culturas conscientes

Em geral, quando uma cultura é forte, tem uma presença tangível e quase física. É impossível, por exemplo, percorrer uma unidade da The Container

CULTURAS CONSCIENTES

Store ou do Whole Foods Market ou voar com a Southwest Airlines e não sentir a energia positiva que emana dos membros da equipe e dos clientes. As sete características que fazem essa diferença são:

Confiança: As empresas conscientes desfrutam de altos níveis de confiança interna e externa. Dentro delas, esse sentimento é identificado tanto no sentido vertical (entre a liderança e os membros da equipe que atuam na linha de frente) como no horizontal (dentro da equipe de liderança e entre as equipes de todos os níveis). Fora da empresa, existe alto grau de confiança entre a organização e os clientes, fornecedores, parceiros, as comunidades nas quais atuam, investidores e governos.

Responsabilidade: As culturas conscientes combinam altos níveis de confiança e de cuidado com forte ênfase à prestação de contas. Os integrantes da equipe são responsáveis uns pelos outros e em relação aos clientes. As pessoas se mantêm atentas a seus compromissos e reforçam a responsabilidade de cada uma em relação a seu desempenho, a sua eficiência e aos resultados gerais. Os fornecedores são responsáveis perante a empresa e vice-versa. Esse compromisso caminha lado a lado com altos níveis de descentralização e de autonomia, dois elementos essenciais nas empresas conscientes.

Cuidado: A necessidade humana de cuidar e de ser cuidado funciona como um fator de motivação extremamente poderoso, muitas vezes igual ou até mais forte do que a necessidade de perseguir interesses próprios. As culturas conscientes são marcadas por uma preocupação sincera e consistente com todas as partes interessadas. Cuidado gera cuidado e, em retribuição, os *stakeholders* cultivam uma preocupação genuína em relação à empresa. Em uma cultura consciente, as pessoas se comportam de forma ponderada, autêntica, atenciosa e dedicada.

Transparência: Em uma cultura consciente não existem muitos segredos, porque ela tem pouco a esconder. Os resultados financeiros em geral são abertos (mesmo em empresas de capital fechado), as informações sobre salários são prontamente disponibilizadas e há discussão e disseminação ampla sobre os planos estratégicos. A realidade é que vivemos em um mundo cada vez mais transparente, no qual a maior parte das informações que de fato têm importância logo se torna conhecida. Assim, as empresas conscientes abraçam essa realidade e se beneficiam dela.

Integridade: A cultura consciente se destaca por se manter comprometida em sempre dizer a verdade e agir da maneira correta. Empresas conscientes perdoam erros de avaliação, mas não toleram falhas de integridade, e o compromisso com esse valor vai muito além da mera obediência às leis. Em geral, essas organizações estabelecem padrões globais que excedem as exigências feitas pelos governos locais e se orientam pelo que julgam eticamente correto, e não apenas pelo que é exigido pelo sistema legal ou socialmente aceitável.

Lealdade: A fidelidade constitui um elemento essencial para o ambiente das empresas conscientes. Todos os *stakeholders* se mostram leais entre si e em relação à empresa, na verdade uma consequência natural da mentalidade que permeia essas organizações. Ou seja, nesses ambientes não predomina a preocupação com "o que você tem feito por mim ultimamente?". As partes interessadas são mais pacientes e compreensivas diante de pequenos problemas ou de situações inesperadas. Como essas organizações primam pela responsabilidade, é claro que a lealdade não chega ao ponto de se transformar em cegueira em relação a quem sempre deixa de atender às expectativas.

Igualdade: As empresas conscientes não têm um sistema de classes que separa os líderes dos demais membros da equipe, e todos são tratados com respeito e dignidade. A diferença salarial entre o topo e as linhas de frente costuma ser menor do que a observada nas companhias tradicionais. Os executivos mais graduados em geral não desfrutam de privilégios e de vantagens especiais não disponíveis para os demais. Em grande medida, todos os membros da equipe sabem como a empresa é gerida e quais suas diretrizes. A política de portas abertas permite que os colaboradores se comuniquem com a liderança sem necessidade de trâmites formais.

No restante deste capítulo, vamos nos concentrar em dois elementos-chave das culturas conscientes: a confiança e o cuidado.

Confiança

A confiança é um atributo e uma virtude essencial do ser humano. Confiar nos outros e ser merecedores da confiança alheia são pilares essenciais para nossa humanidade plena. Quando nascemos, estamos completamente desamparados e à mercê dos demais. Se tivermos uma infância saudável, com grande dose de amor e de cuidado de nossos pais, contaremos com a base adequada para inspirar e receber confiança de maneira natural.

Infelizmente, a sociedade atual enfrenta uma crise de confiança, e muitas das principais instituições das quais dependemos, incluindo governos de todas as orientações, programas de saúde, o sistema financeiro e as escolas, parecem estar falhando. É generalizada a desconfiança em relação às organizações, sobretudo as grandes corporações e seus líderes. Dentro das empresas, falta confiança entre os membros da equipe e entre estes e os clientes, fornecedores, investidores e gestores. Esse fenômeno tem grande importância, porque a confiança é essencial para a construção do capital social, definido como os "valores e normas compartilhados que promovem a cooperação social".[3] O capital social é vital para o desenvolvimento das empresas e da sociedade como um todo.

A confiança constitui o lubrificante indispensável para o funcionamento essencial de uma companhia consciente. Em geral, organizações com alto teor desse elemento contam com bastante energia, otimismo e determinação para superar grandes obstáculos, e essa confiança chega a todas as partes interessadas. Os membros da equipe das empresas que contam com alta confiança são muito mais dedicados e eficazes em seu trabalho, e as companhias desfrutam de maior sinergia entre os *stakeholders*, permitindo que as pessoas consigam no coletivo bem mais do que poderiam obter por meio da atuação individual. Amparadas em uma reputação diferenciada, essas empresas conseguem atrair colaboradores, clientes, fornecedores e investidores mais comprometidos e dedicados, dando início a um ciclo virtuoso que, ao longo tempo, resulta em uma empresa verdadeiramente grande e capaz de gerar valor e bem-estar para todos.

Uma cultura desprovida de confiança estimula uma mentalidade defensiva, isolada e insegura, prejudicando a energia e impedindo a criatividade.

O QUARTO PRINCÍPIO: CULTURA E GESTÃO CONSCIENTES

Um nível de confiança baixo gera atritos e aumenta os custos operacionais, em particular sob o aspecto financeiro, por causa dos gastos com um controle mais rígido e despesas legais. Sem confiança, as empresas se tornam lentas, pesadas e indiferentes às necessidades dos clientes, e a falta desse elemento em geral lança as sementes para o declínio.

O que as empresas podem fazer para construir a confiança? Não se trata de algo que pode ser comprado. Há pouco tempo, uma grande empresa contratou uma firma de consultoria para desenvolver uma campanha de marketing avaliada em US$ 500 milhões e que tinha por objetivo... a formação da confiança! No entanto, esse tipo de esforço está fadado ao fracasso. Não existe fórmula de marketing ou manobra financeira capaz de solucionar um problema com raízes culturais profundas. A confiança só pode ser construída aos poucos, como resultado de ações, e não apenas de palavras.

Ao mesmo tempo que a construção desse elemento essencial exige um processo lento e difícil, sua destruição é rápida e fácil. Não é preciso muito: posturas egoístas adotadas pela liderança, predominância de um comportamento tóxico, incoerente e injusto pelos chefes e uso dissimulado ou distorcido das informações são fatores bastante fortes para corroer a confiança.

A seguir, descrevemos algumas maneiras pelas quais as empresas conscientes podem construir uma cultura de alta confiança.

Legítima motivação de acordo com os princípios

As empresas que desfrutam de alta confiança também são claramente direcionadas por seus propósitos. Ao longo do tempo, porém, muitas organizações perdem de vista sua razão de existir, e hoje diversas instituições da sociedade se afastaram de seu propósito original. Em vez disso, são motivadas por interesses estreitos e individuais. Com grande frequência, os governos também atendem a demandas de políticos e de instituições, em vez da vontade dos cidadãos. Muitas escolas existem para atender à burocracia educacional e aos sindicatos de professores, em vez de atuar para melhorar a educação de seus alunos. Da mesma forma, diversos sistemas de saúde operam de modo a maximizar os lucros das indústrias farmacêuticas, hospitais, médicos e empresas de seguros, em vez de zelar pela saúde e bem-estar dos pacientes. Com frequência, o sistema financeiro é motivado pelo lucro em curto prazo, em vez de direcionar os recursos para investimentos com valor mais consistente. Finalmente, não faltam organizações que existem para, em primeiro lugar, maximizar a remuneração dos executivos e, em segundo, gerar ganhos para os acionistas, em vez de otimizar a criação sustentável de valor para todos os *stakeholders*.

Contar com um propósito maior e valores essenciais compartilhados unifica a organização e cria maior grau de compromisso ético. Esse senso de unidade organizacional propicia níveis de confiança mais elevados.

Como promover a liderança consciente

A liderança consistente não pode conviver com uma postura hipócrita. O propósito de uma empresa não tem sentido se os líderes não o defendem nem o praticam. A fidelidade ao propósito maior e aos valores essenciais constrói a confiança, ao mesmo tempo que qualquer desvio a compromete. Líderes conscientes atuam com um senso de confiabilidade a toda prova e levam em conta as consequências de suas ações em um futuro distante, e não apenas em termos dos resultados do próximo trimestre. Sentem-se realmente responsáveis em relação à organização que representam, considerando um dever sagrado tornar a empresa mais saudável e mais forte do que quando ingressaram nela.

Confiança recíproca

A confiança é uma via de mão dupla. Para sermos confiáveis, precisamos inspirar confiança. Os líderes devem confiar que as pessoas usarão o bom senso em vez de tentar controlá-las por meio de restrições e de regras. Pesquisas mostram que o desempenho dos membros de uma equipe é bastante associado ao grau de confiança que eles percebem em seus superiores. A supervisão estreita demais corrói a confiança de ambas as partes. Ao reconhecer que a confiança é recíproca, muitas empresas deixam de lado práticas que só

O QUARTO PRINCÍPIO: CULTURA E GESTÃO CONSCIENTES

contribuem para gerar a desconfiança, como o monitoramento e a espionagem das atividades dos colaboradores na internet. Saber que são espionados aumenta a hostilidade e reduz o comprometimento em fazer a coisa certa, ao mesmo tempo que, em geral, basta sentir que existe confiança para reagir de maneira positiva.

Um bom exemplo do poder da gestão baseada na confiança vem da agência de marketing MEplusYOU, com sede em Dallas. Segundo Doug Levy, fundador e CEO, "quase todas as empresas adotam uma política de trabalho fora da organização que determina os dias e as tarefas mais adequadas a essa modalidade. Há pouco tempo, mudamos nossa política de forma a não estabelecer nenhuma especificação, permitindo que cada membro da equipe decida como quer organizar esse recurso. A mensagem enviada por meio dessa política é: 'Nós confiamos em vocês'. Nossos colaboradores gostam de sentir essa confiança e não decepcionam. Na verdade, tentamos estimular as pessoas a usufruir de *mais tempo livre*!".[4]

Transparência

Para aumentar a confiança, temos de apostar na transparência. Não se trata de um fim em si mesmo, mas de um elemento muito importante por sua capacidade de fortalecer a confiança dentro da empresa. Quando mantemos algo escondido, quase sempre geramos falta de confiança, pois tememos que a informação cause mais mal do que bem caso seja revelada. Embora uma parcela de discrição seja necessária para impedir que informações importantes cheguem aos competidores ou a outros que possam fazer uso inadequado delas, muitas vezes o segredo é levado longe demais. Uma organização de alta confiança está disposta a correr o risco de que alguns dados valiosos caiam em mãos indesejadas, apostando que os benefícios da transparência e da confiança são bem maiores.

A transparência existe de forma constante, e as culturas das empresas que não valorizam essa qualidade em geral têm boa dose de temor. Algumas adotam uma mentalidade de condescendência, com uma transparência limitada, e fornecem informações apenas de acordo com o que julgam necessário revelar. De outro lado, as empresas conscientes só retêm as informações que causariam danos caso se tornassem públicas. Uma organização não pode revelar tudo, mas as pessoas devem confiar nos motivos para a não divulgação do que for tratado como sigilo. A transparência completa não é necessária nem desejável, podendo até surtir resultados negativos caso revele informações pessoais sobre os membros da equipe. Cabe a cada organização determinar até onde vai sua proposta de transparência.

Nós dizemos a verdade para as pessoas em quem confiamos. As culturas conscientes são marcadas pela ausência de artifícios e pelo compromisso verdadeiro com a autenticidade. O que os líderes e chefes dizem, o que os membros da equipe fazem e o que os clientes vivenciam são coisas que precisam estar alinhadas com a filosofia da empresa e com o propósito adotado. As comunicações internas e externas são honestas e diretas, sem o impulso de controle tão comum nos mundos corporativo e político. Os recursos publicitários tendem a ser factuais em vez de hiperbólicos; quando temos uma boa história para contar, não há necessidade de embelezá-la. Empresas que dizem uma coisa mas se comportam de outra forma enviam uma mensagem de cinismo para todas as partes interessadas. Assim como as cracas que se prendem no casco de um navio ao longo do tempo, as organizações podem ter bastante dificuldade para remover esse descrédito.

Um benefício da criação de uma cultura baseada na transparência é que a injustiça involuntária pode ser detectada e corrigida rapidamente. Isso é importante, porque a confiança costuma ser afetada depressa quando há uma percepção de injustiça. Os seres humanos têm forte necessidade de ser respeitados, ouvidos e tratados com justiça, e estudos revelam que a maioria das pessoas prefere um processo de tomada de decisão transparente e justo, ainda que à custa de resultados individuais desfavoráveis, a um processo injusto que possa gerar resultados individuais positivos.[5]

É essencial que a ética da justiça se aplique a todos os processos-chave da empresa, como os de recrutamento e seleção, de promoção, de remuneração, de disciplina e de afastamento. Tanto o favoritismo como o nepotismo minam a confiança organizacional e não devem ser tolerados. As pessoas são propensas a invejar, e a percepção de qualquer injustiça agrava essa tendência, fornecendo a energia para justificar o processo.

O QUARTO PRINCÍPIO: CULTURA E GESTÃO CONSCIENTES

Amor e cuidado

Não é muito comum associar amor e cuidado a uma empresa. Em vez disso, pensamos nesses sentimentos como algo partilhado apenas com nossos familiares, amigos ou organizações comunitárias. Esse viés cultural vem da crença comum de que amor e cuidado não combinam com a necessidade de eficiência que predomina no mundo real. As pessoas veem no mercado uma selva de concorrência e temem que as empresas que reforçam o amor e o cuidado não sejam competitivas e capazes de vencer. Na verdade, o oposto é verdadeiro: o amor e o cuidado não constituem virtudes fracas, pois eles são as características humanas mais fortes. As organizações que funcionam com base no medo são as únicas que caminham para a extinção.

Marc Gafni, diretor do Center for World Spirituality, tem uma opinião consistente sobre o cuidado e as empresas: "O mundo dos negócios está se tornando uma das grandes catedrais do espírito. As empresas estão se transformando em lugares de geração de significado, nos quais a reciprocidade começa a acontecer. Constituem a força no mundo que preenche os maiores valores das grandes tradições espirituais: a intimidade, a confiança, a visão compartilhada, a cooperação, a colaboração, a amizade e, finalmente, a capacidade de amar. E o que é o amor em sua essência? É o movimento da evolução para níveis mais elevados de reciprocidade, de reconhecimento, de união e de proximidade".[6]

Temos de abandonar alguns mitos de nossa cultura, como "Só os paranoicos sobrevivem" e "Pessoas legais chegam por último", e permitir que nossas organizações e nossos líderes sejam humanos com mais plenitude. Eles precisam ser capazes de expressar as virtudes mais elevadas que os seres humanos representam – e o amor e o cuidado aparecem no topo dessa lista. De acordo com Jane Dutton, da University of Michigan, "os seres humanos nascem para cuidar. As instituições ampliam ou diminuem essa nossa capacidade de nos importarmos com os demais".[7]

A maioria das culturas corporativas não dedica o valor adequado para o amor e o cuidado porque seus líderes não incorporam essas virtudes em sua vida. Precisamos de modelos totalmente integrados aos seres humanos, sólidos e amorosos ao mesmo tempo, mostrando que não precisa haver contradição entre os dois. Líderes como Abraham Lincoln, Mahatma Gandhi, Martin Luther King, Nelson Mandela e Madre Teresa de Calcutá desfrutam de uma imagem que combina compaixão e amor com força. Poucos líderes empresariais podem ser descritos da mesma forma (Herb Kelleher, da Southwest Airlines, é o exemplo mais direto). Eles devem se esforçar para fazer parte do panteão dos líderes fortes e eficientes, mas que também atuam de maneira cuidadosa, amorosa e solidária.

Um fator muito saudável para o cenário corporativo atual é que cada vez mais as mulheres assumem papéis de liderança. Em média, elas parecem mais confortáveis para expressar amor, cuidado e solidariedade. Não há dúvida de que as mulheres vão continuar a gerar impactos significativos nos próximos anos, o que deve resultar em uma acentuada alteração na cultura das grandes empresas. Entre os homens que ascendem para uma posição de liderança estão cada vez mais os que demonstram afinidade com virtudes como o amor, o cuidado e a solidariedade.

Sem medo

Infelizmente, muitos líderes continuam a acreditar que o medo constitui um motivador melhor do que o amor. O medo é o oposto do amor. Quando estamos completamente alicerçados no amor e no cuidado, não há espaço para o temor. A maioria das organizações combina o amor e o medo, mas em geral um deles predomina. As empresas conscientes tentam eliminar o medo; essa emoção impede que as pessoas se mostrem de forma integral e que as organizações percebam o completo potencial de seus colaboradores. A criatividade é uma presa preferencial do medo: para serem criativas de verdade, as pessoas precisam de segurança, e o temor não permite que ela se instale.[8]

Uma empresa baseada no medo e na pressão é como uma edificação erguida sobre um cupinzeiro: ainda que pareça sólida vista de fora, passa por um processo de corrosão interna e um dia desaba. Quando o medo predomina em uma cultura, o trabalho se torna doloroso e difícil de suportar. Infelizmente, isso é bastante comum, e são raras as pessoas que não sofrem com a tristeza que se manifesta às segundas-feiras pela manhã.

O QUARTO PRINCÍPIO: CULTURA E GESTÃO CONSCIENTES

É claro que convém combinar o amor e o cuidado com a excelência e a força, sob o risco de que a empresa se torne fraca e ineficiente. Julgamentos e condenações fazem as pessoas se retraírem, amedrontadas. As empresas que costumam gerar alto desempenho de maneira suave mas consistente combinam a excelência com o amor e o cuidado e, em vez de julgar e condenar, ajudam as pessoas a reconhecer seus erros e a aprender e a crescer com eles.

Howard Behar, ex-presidente da Starbucks, falou sobre a força que pode ser revelada por meio do cuidado: "Cuidar não é um sinal de fraqueza, mas de força, e precisa ser verdadeiro – dentro de uma organização, com as pessoas a quem servimos ou com a comunidade local ou global. Sem confiança e carinho nunca saberemos o que poderia ter sido possível. Sem nos livrarmos do medo, não podemos sonhar nem atingir nosso potencial".[9]

Mais amor e mais cuidado

As empresas podem manifestar mais amor e mais cuidado por meio de duas atribuições fundamentais: a contratação e a promoção de pessoas atentas a essas duas virtudes e o estímulo para que ambas sejam expressas de maneira aberta.

As organizações devem ter muito cuidado ao escolher as pessoas para as promoções, pois não contarão com o tipo de liderança necessária (cuidadosa, solidária e amorosa) se não promoverem quem defende essas características. Os critérios para a promoção não devem se restringir à competência técnica, mas incluir alto grau de inteligência emocional e a capacidade de amar e de cuidar. Os líderes precisam ser seres humanos totalmente integrados e que transcendem as dualidades mais comuns; têm de ser fortes e amorosos, masculinos e femininos, com elevados padrões de excelência e alto grau de inteligência emocional.

É essencial permitir que o amor e o cuidado sejam expressos no ambiente de trabalho como qualidades desejadas e incentivadas, e não como tabus. Sob alguns aspectos, muitas empresas seguiram um caminho oposto por causa do grande temor que cerca o assédio sexual, e o resultado foi um impacto negativo sobre a capacidade de homens e mulheres manifestarem

CULTURAS CONSCIENTES

qualquer tipo de contato físico ou apreço em relação aos outros. As organizações precisam enfrentar essa aparente contradição e encontrar o equilíbrio adequado.

Tomada de decisões difíceis

As empresas enfrentam escolhas árduas quando precisam tomar medidas que causam dano ou descontentamento para alguns dos *stakeholders*. Contudo, mesmo nesses casos, é possível agir com amor e cuidado. Uma situação desse tipo que atinge muitas organizações é a necessidade de realizar cortes no quadro de funcionários ou de terceirizar tarefas até então feitas internamente. Outra é quando alguém que não tem bom desempenho precisa ser afastado de uma posição de liderança. Nessas situações difíceis, como é possível agir de maneira consciente, amorosa e cuidadosa?

Redução do quadro de funcionários

Faz parte dos interesses dos *stakeholders* contar com uma empresa em progresso constante. Não é um ato de amor ou de cuidado permitir que uma companhia fracasse quando poderia ser bem-sucedida. Infelizmente, às vezes uma empresa precisa reduzir seu tamanho para evitar o pior ou para obter sucesso no mercado.

O cenário ideal consiste em deixar que o desgaste revele a necessidade da redução de pessoal. Se a organização for paciente, esse processo pode muitas vezes resolver o problema de excesso de colaboradores em um ano ou dois. Caso a liderança acredite que não é possível esperar tanto tempo, pode implementar uma combinação de cortes com o congelamento de contratações, até que, ao lado do desgaste natural, o número de colaboradores volte a um nível sustentável.

Quando o Whole Foods Market enfrentou uma etapa de dificuldades por causa da crise econômica de 2008, fomos obrigados a reduzir nossa equipe de apoio. O total de profissionais afastados não chegou a 0,1% da força de trabalho (48 pessoas, de um total de 50 mil colaboradores na época). As vendas nas lojas haviam começado a cair pela primeira vez em nossa

O QUARTO PRINCÍPIO: CULTURA E GESTÃO CONSCIENTES

história, e era necessário desacelerar o ritmo de abertura de novas unidades a fim de preservar nosso capital. Também precisávamos reduzir o quadro de funcionários para colocar as despesas em consonância com as vendas. Achamos que a empresa teria de reduzir o tamanho se quisesse continuar a criar valor a todos os *stakeholders*. Mas como lidar com essa situação de maneira amorosa e cuidadosa?

A primeira estratégia que uma organização deve usar quando é forçada a reduzir seu quadro de pessoal é ser o mais honesta e transparente possível sobre o que está acontecendo. A mensagem poderia ser algo como:

> Como muitos de vocês sabem, nos últimos tempos a empresa vem se esforçando para superar dificuldades. Nossas vendas caíram, e os lucros, assim como o fluxo de caixa, diminuíram muito. Acreditamos que essa desaceleração das vendas resulta sobretudo do enfraquecimento da economia que todos estão enfrentando agora. Para que nossa empresa continue viável, temos de reduzir o número total de colaboradores de y para x até a data z. Isso terá de ser feito de uma forma ou de outra. Sabemos que pode ocorrer uma redução por desgaste natural e podemos transferir alguns membros da equipe para outra posição dentro da empresa. Também vamos adotar um programa temporário de congelamento de contratações, a fim de proteger o máximo possível de empregos. Além disso, algumas equipes podem optar por reduzir de modo voluntário as horas semanais e assim preservar o número de postos de trabalho, mas cabe a cada membro das equipes votar e expressar se aceita ou não essa opção. No entanto, até a data z precisamos contar com um total de colaboradores equivalente a y. Se isso não ocorrer, teremos de fazer algum outro tipo de redução, cortando postos de trabalho involuntariamente. Estamos bastante contrariados por isso ter se tornado necessário e agradecemos todas e quaisquer sugestões e alternativas que queiram apresentar.

Uma empresa consciente aborda esse tipo de discussão de forma totalmente transparente, com integridade e honestidade, e convida os colaboradores a fazer sugestões para resolver o problema. Não se trata de um problema dos gestores ou da equipe de trabalho, mas de toda a empresa. Os membros da equipe

CULTURAS CONSCIENTES

podem apresentar ideias e sugestões capazes de ajudar a resolver a situação. Uma equipe, por exemplo, pode decidir que todos os membros reduzirão a quantidade de horas trabalhadas de maneira que ninguém precise ser afastado, e é muito melhor quando os colaboradores votam e decidem coletivamente que essa é a medida que desejam tomar. Tentar forçar todo mundo a reduzir o expediente pode causar resistência. Se eles não respeitarem as lideranças, uma das interpretações possíveis é: "Nossos líderes estão com medo de fazer escolhas difíceis. Como resultado das decisões equivocadas tomadas no passado, a empresa agora está em apuros e eles estão transferindo os erros para nós. Como não estão dispostos a deixar que os colaboradores menos eficientes saiam, todos nós vamos sofrer. Isso não é justo".

Uma segunda estratégia eficaz consiste em oferecer fortes incentivos para quem já deseja sair. Em toda organização sempre existem colaboradores que estão pensando em deixar o emprego em um futuro próximo, por uma série de razões. Se a empresa pode oferecer vários meses de pagamento em uma única parcela, é provável que alguns deles acelerem a saída. A proposta de recompensa pode continuar em elevação até que os gestores consigam o número suficiente de voluntários para atingir a meta de redução do quadro de pessoal. Em uma analogia, é mais ou menos o que as companhias aéreas fazem quando há *overbooking*: procuram passageiros que concordem em mudar de voo em troca de um *voucher* para uso no futuro e do pagamento de uma soma em dinheiro. Em seguida, reajustam o valor do *voucher* até convencer o número suficiente de voluntários a remarcar a viagem.

É claro que a redução do quadro de funcionários atinge o moral da empresa. Sempre que os líderes revelam medo, ainda que o façam de forma profissional e solidária, as pessoas começam a questionar quem será o próximo a sair. A ansiedade aumenta conforme se esperam novos anúncios, e o foco e o nível de envolvimento sofrem danos. Em vez de promover reduções aos poucos, é muito melhor fazer os cortes de uma vez e deixar claro que não haverá mais nenhum desligamento. Para isso, é preciso estimar o número correto acrescido de uma margem de erro; se a empresa achar que foi longe demais, sempre pode recontratar as pessoas. Feitas as reduções e anunciado o fim do processo de corte, as pessoas vão começar a relaxar e a perder o medo, permitindo que o moral da organização se recupere. Finalmente, a redução do quadro de funcionários pode ser vista pela liderança como uma oportunidade para, de maneira consciente, tornar sua equipe

O QUARTO PRINCÍPIO: CULTURA E GESTÃO CONSCIENTES

melhor e mais capaz. Em todas as estruturas, sempre existem algumas pessoas que não se encaixam muito bem ou contribuem menos, e essa pode ser uma oportunidade (se for feita de forma consciente) para melhorar a qualidade geral dos membros da equipe.

A redução do quadro de funcionários não pode ser um fato corriqueiro; no caso do Whole Foods Market, aconteceu apenas duas vezes em 32 anos. Se eliminarmos os empregos das pessoas, acreditamos que temos a responsabilidade de ajudá-las a encontrar postos de trabalho em outros lugares e, nas duas vezes em que julgamos necessário reduzir o tamanho da empresa, dedicamos um pouco de dinheiro e de tempo para esse esforço. Das pessoas que saíram, a maioria se ofereceu para deixar a empresa, motivada pela indenização que oferecemos. Na medida do possível, também tentamos transferir profissionais para outros cargos internos, especialmente entre os colaboradores que se mostraram propensos a mudar para outra cidade. Para aqueles que não tinham essa disponibilidade, contratamos uma empresa de recolocação para ajudar na busca de posições no mercado de trabalho.

Terceirização

Se uma empresa precisa terceirizar trabalhos para outra organização ou país a fim de manter a competitividade global, podem ser utilizadas muitas das estratégias apresentadas anteriormente. É essencial demonstrar uma preocupação autêntica e ter todo o cuidado possível em relação aos colaboradores que vão perder o emprego em decorrência da terceirização. Empresas conscientes agem de forma a proteger ao máximo o moral da organização. A natureza do problema e várias soluções possíveis devem ser discutidas com toda a equipe, sempre ao lado do pedido de ideias e de sugestões. Se a empresa decide adotar uma estratégia de terceirização, precisa anunciar o projeto com antecedência para que as pessoas se acostumem com ele. Em seguida, deve tentar treinar o máximo possível de pessoas dentro da empresa, a fim de minimizar a perda imediata de postos de trabalho e permitir o desgaste natural, reduzindo gradualmente o número de membros da equipe. Em alguns casos, a companhia consegue alocar funcionários na empresa terceirizada que assumirá as atribuições. Em terceiro lugar, a liderança pode estimular a saída de alguns colaboradores mediante a oferta de generosos pacotes de indenização. E, finalmente, a empresa pode fornecer apoio e consultoria valiosos para a busca de recolocação no mercado. Promover a terceirização de forma consciente não remove toda a dor, mas reduz o impacto, ajudando a organização a ser sustentável e bem-sucedida no ambiente competitivo em longo prazo.

Substituição de lideranças

Uma situação desagradável surge quando é preciso afastar um profissional que ocupa uma posição de liderança. Isso ocorre quando a empresa promoveu a um posto de comando uma pessoa que não revela o nível de competência necessário. Uma promoção equivocada é de responsabilidade de quem tomou a decisão. Em vez de perder um colaborador valioso e comprometido, é melhor ajudá-lo a aprender e a crescer com a experiência, fornecendo, em seguida, novas oportunidades de liderança.

No Whole Foods Market, a solução que empregamos quando os líderes não apresentam o desempenho esperado não é a demissão, e sim a transferência para um trabalho diferente do realizado atualmente. Em seguida, oferecemos uma espécie de "ponte", um período de três a seis meses de remuneração integral durante o qual o profissional tenta encontrar outro posto dentro da organização. Com essa oportunidade, a maioria dos colaboradores consegue fazer uma transição interna.

O Whole Foods Market há tempos "recicla" líderes dessa maneira, que não é vista como um fracasso permanente, mas como uma valiosa experiência de aprendizado, pois o profissional é estimulado a continuar aprendendo e a buscar outras oportunidades de liderança no futuro. Alguns de nossos melhores e mais graduados líderes no Whole Foods Market passaram por experiências de reciclagem em algum momento de sua carreira e se desenvolveram de tal forma que se tornaram líderes muito mais capacitados.

Avaliações positivas

Uma medida simples que adotamos no Whole Foods Market tem provado ser transformadora ao ajudar a criar um ambiente de trabalho envolvido pelo amor e pelo cuidado: todas as nossas reuniões terminam com *avaliações*

O QUARTO PRINCÍPIO: CULTURA E GESTÃO CONSCIENTES

voluntárias. No final do encontro, reservamos um tempo para que qualquer pessoa presente comente algo feito com outra também participante da reunião – alguma atividade conjunta, ajuda, orientação ou apenas as qualidades admiradas em um colega ou superior. Em geral, os colaboradores comentam sobre várias pessoas, e não apenas uma.

Às vezes, aqueles que estão de mau humor e não se mostram dispostos a avaliar ninguém mudam depois de receber apreciações cuidadosas vindas de outras pessoas: sua percepção se altera, o coração se abre e eles sentem um forte desejo de valorizar os outros. Faz parte da natureza humana querer retribuir o amor que recebemos, e isso cria uma espiral ascendente de apreciações positivas, apoiadas umas sobre as outras. É uma ótima maneira de criar um contexto para propiciar a manifestação das dificuldades, e o impacto das apreciações se estende para além dos limites da reunião e da vida profissional cotidiana.

As apreciações são poderosas porque compensam a tendência das pessoas de passar para estados negativos de consciência durante as reuniões. É comum que os participantes se transfiram para um espaço crítico, no qual, em silêncio, começam a encontrar falhas no que os outros estão dizendo. Ao concluirmos os encontros com as apreciações, podemos tirar as pessoas de sua esfera de julgamento e levá-las para um espaço de amor.

Curiosamente, a pessoa que mais ganha com essa prática não é aquela que passa pela apreciação, mas o autor dela. Assim que mudamos para o modo de apreciação autêntica dos outros, nossa consciência se transfere para a esfera do amor e do cuidado. Expressar apreço é uma forma de bondade que exerce efeitos poderosos sobre todos os envolvidos. Wayne Dyer, conhecido autor e palestrante da área de autodesenvolvimento, escreveu que "pesquisas mostram que um simples ato de bondade direcionado para outra pessoa melhora o funcionamento do sistema imunológico e estimula a produção de serotonina, tanto no caso de quem recebe o gesto como para seu autor. O mais surpreendente, porém, é que as pessoas que *observam* o ato de bondade têm resultados benéficos semelhantes. Imaginem isso! A gentileza oferecida, recebida ou observada afeta a saúde física e os sentimentos de todos os envolvidos!".[10]

Em um ambiente de trabalho que já tem uma grande dose de amor e de cuidado, as avaliações positivas simplesmente reforçam que o amor, a confiança e a solidariedade floresçam ainda mais. Essa prática se disseminou por todo o Whole Foods Market e até as reuniões do conselho de diretores terminam com apreciações. A medida certamente torna os encontros mais harmoniosos e conduzem a maior senso de camaradagem e de confiança. Trata-se de uma técnica simples, mas que eleva o nível de confiança, amizade, amor e cuidado dentro da organização. Recomendamos que os líderes façam um teste em suas empresas.

Há alguns anos, vimos um anúncio da CareerBuilder.com instalado em um ponto de ônibus de Nova York. O texto dizia: "Se sua empresa se importasse, seria uma instituição de caridade". Era uma afirmação triste, porém em grande parte verdadeira, uma vez que muitas organizações não se importam e não são projetadas para se preocupar com outra coisa a não ser o próprio lucro. No entanto, a sociedade está em constante movimento em direção a um mundo melhor, no qual a afirmação mais precisa seria: "Se sua empresa não se importa, ela não vai existir por muito tempo". As organizações precisam se preocupar não só com seus clientes e investidores, mas também com os membros da equipe e suas famílias, com os fornecedores, com a comunidade e com o meio ambiente.

Na introdução deste livro, contamos o que aconteceu na inundação do Memorial Day de 1981, quando clientes, investidores, vizinhos, fornecedores e funcionários do Whole Food Market se juntaram para ajudar a salvar a empresa. Quando abrimos o negócio, nos perguntamos se seria possível criar uma organização baseada no amor. Se não fosse pelo poder desse sentimento, o Whole Foods Market não teria sobrevivido.

CAPÍTULO 16

Gestão consciente

Os quatro princípios do capitalismo consciente, interconectados e interdependentes, formam um conjunto orgânico. Todos os elementos precisam estar em harmonia e sustentar uns aos outros. Por isso, é importante que a filosofia de gestão de uma empresa consciente seja coerente com os demais princípios. Em particular, os elementos emocionais e espirituais que definem a cultura consciente exigem uma abordagem de gestão específica, para que possam ser expressados e reforçados em sua totalidade.

Os elementos culturais da confiança, autenticidade, transparência, amor e cuidado criam as condições para que as pessoas possam agir como fonte de energia criativa, paixão e inspiração. A gestão consciente procura concentrar essas energias criativas da forma mais eficiente possível, por meio da criação de um ciclo virtuoso que reforça as práticas organizacionais. A descentralização, combinada com a delegação de poderes, estimula a inovação. Por meio da colaboração, as inovações são compartilhadas, aperfeiçoadas e difundidas por toda a empresa, multiplicando seu efeito e ajudando a organização a crescer, evoluir e prosperar.

O QUARTO PRINCÍPIO: CULTURA E GESTÃO CONSCIENTES

Como abordado anteriormente, as empresas conscientes são capazes de auto-organizar-se, automotivar-se e autocurar-se, e as mais evoluídas também conseguem autogerir-se. Isso não acontece de maneira automática, pois é preciso contar com um "*design* inteligente" para criar um sistema operacional em harmonia com a cultura de uma organização consciente e com os fundamentos da natureza humana.

O papel dos gestores

Em uma cultura consciente, as abordagens tradicionais costumam surtir resultados opostos aos desejados. Como definiu Brian Robertson, criador do sistema de gestão conhecido como holacracia (governança da organização por si mesma), "os comportamentos saudáveis em um ambiente patológico tornam-se patológicos em um ambiente saudável".[1] A definição tradicional de administração inclui atividades e atribuições, como organização, planejamento, controle e alocação de recursos, com o objetivo de atingir as metas organizacionais. Essa abordagem assume que os gestores gerenciam, enquanto outros fazem o trabalho de fato. Isso pode fazer sentido em alguns contextos, como nas empresas com clara estrutura hierárquica na qual a grande maioria dos colaboradores se dedica a tarefas de rotina que oferecem pouca ou nenhuma margem para a criatividade. A visão convencional é que esses profissionais precisam ser controlados e motivados pelos gestores com base em fatores extrínsecos, que tanto podem ser estímulos como sanções. No entanto, essa mentalidade está cada vez mais anacrônica, uma vez que esse tipo de trabalho também se torna menos comum.

Em seu excelente livro *Drive: the surprising truth about what motivates us*, Dan Pink cita uma ampla pesquisa que sugere que o que funciona melhor na grande maioria dos contextos atuais é a motivação intrínseca, que pode ser definida como a alegria de trabalhar pela própria satisfação.[2] Como discutido antes, o autor aponta os três principais fatores da motivação intrínseca: autonomia (desejo de conduzir a própria vida), maestria (desejo de se aperfeiçoar em algo que faz sentido) e propósito (desejo de fazer algo em nome de um bem maior que a satisfação individual).

GESTÃO CONSCIENTE

Assim, o papel do gestor em uma empresa consciente é limitado, porém essencial: cabe a ele criar, sustentar e reforçar as condições que levam os colaboradores a encontrar uma motivação intrínseca. Isso significa, em primeiro lugar, contratar as pessoas certas, ou seja, aquelas com paixões em consonância com os propósitos da empresa. Em segundo lugar, implica colocar as pessoas nos papéis certos para tirar o máximo proveito de seus pontos fortes, garantindo liberdade de atuação. Em terceiro lugar, requer a criação de oportunidades para que as pessoas prosperem e cresçam ao mesmo tempo que ajudam a organização a cumprir seu propósito de maneira eficiente.

Uma contribuição marcante para o pensamento sobre como administrar foi o livro de Douglas McGregor *The human side of enterprise*, lançado em 1960. A obra questionava as certezas implícitas e explícitas sobre as formas gerenciais mais eficazes. McGregor dividiu essas premissas nas hoje famosas teorias Y e X. A teoria X representa "a visão tradicional de controle e comando", enquanto a Y envolve a "integração de objetivos pessoais e organizacionais".[3] Como a teoria Y, a gestão consciente reconhece a ligação entre trabalho significativo e satisfação pessoal, com base na evolução significativa das pessoas e da natureza do trabalho ocorrida nas últimas cinco décadas.

Vamos nos concentrar nos quatro elementos centrais da gestão consciente: descentralização, autonomia, inovação e colaboração.

Descentralização

Entre os estudiosos da adminisrtação, houve uma longa discussão sobre o equilíbrio adequado entre centralização e descentralização. Como se sabe, todas as organizações são parcialmente centralizadas e parcialmente descentralizadas. Não existe uma combinação apropriada universalmente certa, e alguns fatores que podem fazer diferença são o espaço para a economia de escala, a necessidade de maior controle e precisão em situações de maior risco e a natureza do que a empresa produz (produtos ou serviços).

Uma organização centralizada e com funcionamento harmônico, na qual cada colaborador exerce uma função bem definida, pode ser comparada a

O QUARTO PRINCÍPIO: CULTURA E GESTÃO CONSCIENTES

uma orquestra sinfônica. As pessoas podem atuar com excelência na esfera individual, mas sua atuação se restringe aos limites da estrutura principal, que é a sinfonia. Porém, cada vez mais no atual mundo dos negócios, a criatividade individual e a inovação devem ser combinadas com um senso compartilhado de harmonia e de criação intencional. Uma organização descentralizada e baseada na autonomia não se parece com uma sinfonia e tem mais semelhanças com um improviso de *jazz*.[4] Os valores comuns e o propósito maior da empresa proporcionam os trilhos que garantem que o resultado final seja uma bela música, e não uma cacofonia.

Inteligência coletiva dispersa

Uma das razões pelas quais o capitalismo de livre-iniciativa funciona melhor do que qualquer outro sistema, sobretudo na comparação com as burocracias estatais e com os modelos baseados em controle e comando, é o reconhecimento de que a inteligência e o conhecimento coletivos devem ser difundidos. Esse foi o brilhante *insight* que Friedrich Hayek teve em meados do século 20.[5] As empresas mais dinâmicas e bem-sucedidas, assim como as economias mais pulsantes, são as que mais permitem a expressão da inteligência e do conhecimento descentralizados que há dentro delas. Em países e organizações estagnados, planejadores e burocratas dizem: "Não estamos preocupados com o que vocês pensam, nem com o que querem fazer ou criar. Sabemos o que é melhor e vamos fazer do nosso jeito". Isso diminui muito as possibilidades de uma inovação real.

Empresas de alto desempenho apostam em abordagens que utilizam a inteligência coletiva. A fim de estimular a criatividade e a inovação, adotam um modelo de descentralização de poder e tomada de decisão. Acreditam que, a menos que exista uma esmagadora economia de escala em decorrência de uma opção centralizada, é melhor descentralizar e incentivar a experimentação generalizada. Em outras palavras, acreditam que a empresa e os *stakeholders* saem ganhando quando "mil flores podem desabrochar".[6]

Descentralização delega poderes para os colaboradores que interagem com os clientes e conseguem compreender bem suas necessidades, além de facilitar a experimentação generalizada em todos os níveis da organização. O Whole Foods Market, por exemplo, conta hoje com 329 lojas, divididas em 12 regiões geográficas. Cada loja compreende cerca de 10 equipes com autogestão. As lojas e as regiões estão ligadas à empresa por meio do propósito comum, dos valores fundamentais e de algumas funções centralizadas no escritório de apoio global. Entretanto, no nível operacional, é uma organização altamente descentralizada, atribuindo autonomia às equipes para experimentar e ver o que funciona e o que não funciona. Com tantas coisas acontecendo na experimentação empresarial, a todo momento são gerados novos pensamentos.

Nós acreditamos na máxima descentralização possível, desde que promova mais inovação e não comprometa os valores fundamentais e a integridade da organização. O princípio fundamental que seguimos é estender a tomada de decisão ao nível mais básico possível, a não ser quando já há claras evidências de que seria melhor para a empresa uma tomada de decisão no nível superior. Em outras palavras, existe uma forte tendência à descentralização. No Whole Foods Market, o escritório de apoio global toma decisões globais; as equipes regionais, as decisões regionais; as lojas, as decisões sobre sua esfera; e as equipes dentro delas, as decisões apropriadas ao grupo, assim como fazem os colaboradores individuais em relação ao que lhes diz respeito.

Equilíbrio entre descentralização e centralização

É claro que as empresas devem avaliar esse viés para a descentralização quando isso tiver sentido, mas têm de tomar cuidado para fazê-lo de maneira a não comprometer a autonomia fundamental, preservando o alto nível de motivação intrínseca. No Whole Foods Market, por exemplo, não faz sentido que as regiões tenham produtos com marca própria, e essa parte do negócio é controlada de forma centralizada. Assim, podemos tirar proveito de nossas economias de escala e oferecer a nossos clientes produtos de marca própria mais atraentes e mais acessíveis. As regiões e as lojas são livres para experimentar novos produtos que não pertencem a nossa marca. Elas fazem isso o tempo todo, especialmente no que se refere ao abastecimento de alimentos locais, muitas vezes feito por fornecedores locais. Os itens de mais sucesso acabam espalhados por toda a empresa.

Dois potenciais problemas com a descentralização são o fato de que, algumas vezes, podemos reinventar a roda e chegar a ideias já conhecidas, mas ainda não incorporadas à cultura organizacional, e o fracasso ocasional de alguns experimentos. Quando permitimos uma série de experimentos, sempre incorremos em falhas. Como resultado, as empresas descentralizadas devem estar preparadas para certa quantidade de "perdas" ou de ineficiência do sistema.

Para uma mente burocrática ou esquemática, que tende a acreditar que sempre existe um modo melhor de fazer as coisas, esses potenciais problemas são frustrantes e inaceitáveis. No entanto, em um sistema organizacional saudável, esses problemas são temporários, porque uma empresa consciente aprende rápido e para de fazer coisas inúteis. Finalmente, os sucessos superam as falhas, e os resultados são inovação constante e progresso.

Em outras situações, a descentralização pode levar à falta de foco, ou seja, à tendência de pensar apenas na parte da empresa em que cada um atua. Terri Kelly, CEO da W. L. Gore & Associates, encontrou caminhos para superar esse desafio. "Temos divisões bastante nítidas na Gore", explica ela. "O setor médico, o setor têxtil... cada um é um pequeno mundo. Se não houver cuidado, as pessoas acabam pensando apenas em sua divisão, em seu negócio e em sua equipe, e por isso é preciso adotar mecanismos de equilíbrio que forcem a liderança a vestir a camisa da empresa e a tomar decisões de interesse do todo."[7]

Autonomia

A descentralização sem delegação de poder é um desperdício de tempo. Autonomia significa dar às pessoas o poder de tomar decisões que afetam sua forma de trabalhar. Sem essa liberdade, há pouca inovação ou criatividade, e as pessoas se limitam a comportamentos ritualísticos conformistas. Quando uma empresa opta por descentralizar, é fundamental que as pessoas tenham

GESTÃO CONSCIENTE

liberdade para usar seu arbítrio e experimentar novas ideias. Cada colaborador de uma empresa consciente age como um microcosmo e está autorizado a atuar em nome do conjunto para o benefício geral. A organização confia nos membros para agir de maneira inteligente e cuidadosa visando o propósito máximo da empresa e seus *stakeholders*. Como explicou Howard Behar, ex-presidente da Starbucks, "a pessoa que varre o chão deve escolher a vassoura [...] Precisamos nos livrar das regras reais e imaginárias e incentivar o pensamento independente".[8] Especialmente em uma companhia de serviços, é fundamental capacitar as pessoas a fazer aquilo que agrada aos clientes. É terrível quando as empresas deixam que as regras tenham mais importância do que essa satisfação, e colaboradores indiferentes podem se esconder com facilidade atrás de tais regras.

A autonomia estimula a criatividade e a inovação e acelera a evolução da empresa. As organizações que delegam poderes de maneira consistente apresentam vantagens competitivas imensas, pois acionam em seus colaboradores fontes de energia e compromissos que a concorrência não consegue atingir.

Várias empresas falam em autonomia, porém muitas agem com cautela por medo de perder o controle. A maioria das pessoas quer manter o controle o tempo todo, mas controle e criatividade são conceitos opostos. O maior obstáculo para a delegação de poder no local de trabalho é a filosofia de comando e controle seguida pela liderança, em geral baseada na falta de confiança nos membros da equipe. Normalmente, envolve regras e estruturas burocráticas para fazer valer essas regras. Essas estruturas inibem a inovação e a criatividade, porque os colaboradores temem quebrar as regras e ser punidos. Nessas empresas, os profissionais não são promovidos por ser inovadores, e sim por seguir as regras e apostar na segurança. A filosofia de controle e comando garante a obediência da força de trabalho, mas raramente desencadeia a paixão ou a criatividade para cumprir o propósito da organização.

A Nordstrom sempre acreditou na capacitação dos colaboradores da linha de frente para que fossem capazes de usar seu discernimento no atendimento aos clientes. Durante anos, o manual do funcionário, que tinha apenas uma página, dizia:[9]

O QUARTO PRINCÍPIO: CULTURA E GESTÃO CONSCIENTES

BEM-VINDO À NORDSTROM

Estamos contentes por tê-lo em nossa empresa.
Nosso objetivo número um é fornecer excelentes serviços aos clientes. Determine elevadas metas pessoais e profissionais, pois confiamos em sua capacidade de alcançá-las.

Regras da Nordstrom:
nº 1: Use o bom senso em todas as situações.
Não existem outras regras.

Sinta-se livre para, a qualquer momento, fazer qualquer pergunta ao gerente do departamento, ao gerente da loja ou ao gerente-geral.

Responsabilidade

Autonomia sem responsabilidade desemboca na quebra de promessas, na insatisfação dos clientes e na baixa qualidade do desempenho. Bill George descobriu isso quando se tornou CEO da Medtronic:

> Para mim, a cultura é o encontro de dois fatores: os valores e as regras. Quando entrei na empresa, a Medtronic tinha uma boa cultura baseada em valores, mas não uma cultura de desempenho. Era comum perder prazos, e os programas de pesquisa e desenvolvimento, que deveriam durar dois anos, levavam quatro. As pessoas não cumpriam compromissos e não havia preocupação com a prestação de contas. Isso não era saudável ou sustentável. Tivemos de determinar normas bem mais desafiadoras, e isso gerou dificuldades para as pessoas. Propus a autonomia acompanhada da prestação de contas, o único caminho possível. Nossos atrasos podiam representar a morte de pessoas a cada dia.
>
> Quando cobramos responsabilidade, algumas pessoas deixaram a empresa e outras passaram a ter atribuições inferiores porque não conseguiam se adaptar. Reforçamos que trabalhamos em equipe, mas todos temos de nos esforçar para permanecer nela. Eu dizia às pessoas:

GESTÃO CONSCIENTE

"Vou acompanhar as rotinas; você vem também?". Elas respondiam que não tinham tempo. Aí eu dizia que era melhor encontrar tempo, pois aquele era nosso negócio. Todo mundo precisa estar envolvido, pois é assim que se constrói a cultura.[10]

Destino comum

No Whole Foods Market, ensinamos a importância de compartilhar o destino. Isso significa que quanto melhor o desempenho da empresa, mais os clientes gostam, melhor a atuação da equipe e maior o aporte dos investidores.

Em muitas empresas, os colaboradores desenvolvem uma parceria seletiva: querem se beneficiar em tempos de bonança, mas permanecer protegidos em épocas de dificuldade. Não é o que acontece em empresas conscientes, e um bom exemplo é o da Intrepid Travel, companhia australiana com 23 anos de atuação que oferece "experiências da vida real" para centenas de milhares de visitantes de 90 países por ano. A Intrepid organiza viagens de aventura para pessoas comuns com "curiosidade inocente." De acordo com Geoff Manchester e Darrell Wade, fundadores da empresa, "nesses dias de incerteza é ainda mais importante sair e explorar nosso maravilhoso mundo. É nas viagens que abandonamos o preconceito, construimos o entendimento e criamos um mundo melhor e mais solidário". A Intrepid garante partidas para todos os roteiros, mesmo que haja apenas um viajante, ao contrário da prática do setor. Muitos dos fucionários são ex-clientes.[11]

A Intrepid está sujeita às vulnerabilidades que costumam atingir o setor de turismo, como os ataques às torres do World Trade Center, o surto da gripe aviária, a SARS, os atentados em Bali e, mais recentemente, a crise financeira mundial de 2008. A sobrevivência a essas dificuldades reforçou a resistência da empresa e gerou uma cultura coesa, em que todas as partes interessadas demonstram compartilhar o mesmo destino. Durante a crise provocada pela epidemia da SARS, por exemplo, 70% dos funcionários aceitaram uma redução de 10% em seus salários.

Em 2008, a Intrepid encarou a crise financeira mundial e perdeu um contrato responsável por 15% de sua atividade. Para sobreviver, foi obrigada a

O QUARTO PRINCÍPIO: CULTURA E GESTÃO CONSCIENTES

reduzir custos. Os cortes salariais voluntários não bastaram para conter a crise, e não houve outra opção senão demitir nove colaboradores. Tudo foi feito da maneira correta, com seis semanas de aviso prévio e assistência para a recolocação, e sete dos demitidos foram empregados em outros lugares. Quatro meses depois, quando a empresa se recuperou, dois dos nove ex-integrantes da equipe foram convidados a voltar para ocupar cargos diferentes, e os salários daqueles que haviam concordado com a redução foram acertados com juros.

O EPISÓDIO DE HARTFORD

Em 13 de dezembro de 2007, quando uma grande tempestade de neve atingia a cidade, os caixas da loja do Whole Foods Market instalada na Bishops Corner de West Hartford, em Connecticut, pararam de funcionar. A loja originalmente era uma unidade da Wild Oats, que tinha sido comprada e reformada, e os sistemas de tecnologia ainda não estavam totalmente integrados. Como a fila de clientes esperando para pagar só crescia, Ted Donoghue, encarregado da administração da loja naquele dia, consultou alguns membros da equipe e tomou uma decisão rápida: não cobrariam dos clientes até que o problema fosse resolvido. As pessoas tinham de chegar em casa em segurança, e para isso era preciso sair dali o mais rápido possível. A colaboradora Kimberly Hall diria depois que "foi uma confusão de nossa parte e não parecia certo fazer os clientes esperar". Quando os clientes chegavam ao caixa, eram informados de que havia um problema com o sistema. Os funcionários embalavam as mercadorias, entregavam-nas ao consumidor, desejavam-lhe feliz Natal e lhe recomendavam que dirigisse com cuidado por causa da tempestade. O conserto do sistema levou meia hora e, nesse período, os caixas deixaram de registrar cerca de US$ 4 mil.

Donoghue não precisou pedir autorização do chefe local ou regional para tomar essa decisão e ninguém questionou o que ele havia feito. Como disse Kimberly, "eles simplesmente confiam que faremos o melhor para os clientes".*

Esse poderia ter sido o final da história. No entanto, poucos dias depois, uma cliente que tinha estado na loja naquele dia chamou um repórter do *Hartford Courant* para que ele escrevesse uma matéria sobre o que chamou de "uma perfeita história de Natal".

A loja deixou de cobrar daquela cliente uma compra no valor de US$ 70. Ela tinha ficado tão surpresa e grata que decidiu doar o valor para um banco de alimentos e declarou: "Eu agradeço ao Whole Foods pelo que considero a essência do espírito de Natal". O repórter concluiu a matéria com a frase: "Imagine como seria o mundo se todas as empresas tivessem a mesma filosofia do Whole Foods".** O texto foi publicado no *site* do jornal e, dentro de alguns dias, já era uma das mais enviadas por *e-mail* – modo pelo qual a equipe de liderança da empresa, situada em Austin, no Texas, ficou sabendo do caso.

Esse tipo de coisa acontece com frequência no Whole Foods Market. Sabemos que a busca constante do melhor atendimento de nossos principais *stakeholders* compensa de inúmeras maneiras, grandes e pequenas. Nossos colaboradores sabem que, se usarem o bom senso e tentarem fazer o melhor, nunca serão questionados.

O episódio ocorrido em Hartford chegou ao conhecimento de várias pessoas em todo o país e contribuiu para a imagem positiva em relação à empresa, algo que nenhum investimento em propaganda paga consegue fazer e que tem um valor bem superior aos US$ 4 mil. No entanto, o responsável pela loja não tomou a iniciativa pensando nisso nem mandou um *release* para a imprensa para divulgar a ação do Whole Foods Market: ele só se colocou no lugar dos consumidores e tomou a decisão que julgava correta.

* George Gombossy, "Whole Foods shows you can get something for nothing", *Hartford Courant*, 21 de dezembro de 2007.
** Ibid.

O QUARTO PRINCÍPIO: CULTURA E GESTÃO CONSCIENTES

Inovação

A maior vantagem competitiva sustentável em longo prazo está na capacidade de superar a concorrência de forma que amplie a eficiência ou crie maior valor para os clientes. É claro que nenhuma inovação garante uma vantagem permanente, pois as patentes expiram e o que é novo um dia se torna obsoleto (na verdade, muitas organizações, como as varejistas, nem sequer trabalham com a proteção de patentes), e tudo o que uma empresa faz pode ser estudado e copiado. Porém aquelas que inovam constante e rapidamente e conseguem irradiar essas inovações sem demora por todo o seu sistema têm vantagens significativas em longo prazo. Quando os concorrentes chegam a uma esfera, ela já deu alguns passos à frente em outras.

A maior vantagem competitiva do Whole Foods Market é que somos uma empresa inovadora e criativa em um setor que não se destaca pela inovação. O mundo do varejo de alimentos se orienta, em grande parte, por uma estratégia baseada na eficiência e na redução de custos. O Walmart é o melhor exemplo disso, na condição de tradicional líder de eficiência na cadeia de fornecimento, na escala de distribuição e na redução do custo global da operação. Essas atribuições são difíceis de ser atingidas por redes fortemente sindicalizadas como a Kroger, a Safeway e a Supervalu, o que compromete a concorrência. No Whole Foods Market, ao mesmo tempo que nos esforçamos continuamente para melhorar a produtividade e a eficiência, há mais de três décadas nossa estratégia competitiva tem sido a diferenciação de nossos concorrentes por meio da inovação.

Na maioria das empresas, a responsabilidade e a oportunidade para a inovação estão concentradas em redutos específicos, como na equipe de pesquisa e desenvolvimento, enquanto ao restante da equipe cabe cumprir ordens. Em uma estrutura de controle e comando, a mensagem enviada para a maioria dos membros da equipe é: "Você não é pago para pensar; limite-se a arrumar os produtos nas prateleiras ou passar as compras dos clientes na caixa registradora". Muitas vezes, essas empresas contratam caros consultores externos para tentar solucionar a falta de inovação.

Qualquer organização que depende de alguns gênios situados no alto comando ou de consultores externos, não importa quanto esses

GESTÃO CONSCIENTE

profissionais sejam brilhantes, está em clara desvantagem competitiva em relação às empresas que utilizam plenamente todo o capital intelectual e o conhecimento descentralizado. Como explicado anteriormente, as organizações que aproveitam o gênio criativo de todos os colaboradores terão mais sucesso no século 21. Imagine qual seria o impacto se cada pessoa que trabalha para uma empresa fosse capaz de ser criadora e inovadora. Os colaboradores devem ser habilitados, providos de autonomia e desafiados a libertar sua energia empreendedora e sua criatividade para melhorar a equipe, a loja e a organização em que atuam. Em resumo, este é segredo do Whole Foods Market: por meio da capacitação e da autonomia das pessoas, encontramos um caminho para criar um ambiente de trabalho baseado no amor e no cuidado, mas que também é divertido, no qual ninguém tem medo e a colaboração constitui a norma. Essa combinação estimula a criatividade e a inovação, permitindo que a empresa melhore e evolua rapidamente.

Empresas conscientes atingem um equilíbrio dinâmico entre o espírito empreendedor e o desejo de estabilidade e de controle (que chamamos de burocracia). À medida que obtém sucesso e cresce, cada organização deve criar alguma burocracia para garantir o controle, a ordem e a estabilidade necessários a ela. O problema é que a burocracia muitas vezes começa a corroer o espírito empreendedor, e os burocratas, trabalhando tanto para os governos como para as corporações, raramente são inovadores. Eles tendem a criar sistemas e regras rígidos, em geral mortais para a criatividade e a inovação.

No Whole Foods Market, tentamos arduamente preservar o espírito empreendedor mesmo depois de termos crescido e nos transformado em uma empresa com vendas superiores a US$ 11 bilhões, com uma equipe de mais de 67 mil colaboradores. Estamos sempre nos esforçando para garantir que a burocracia não sufoque o espírito empreendedor que deu forma à empresa. Para isso, desenvolvemos diversas estratégias, como o reconhecimento, a comemoração e a recompensa do comportamento inovador. Incentivamos os profissionais que ousam, expressamos nosso reconhecimento, damos oportunidades para implementar suas ideias, premiamos o sucesso e nunca punimos pelos fracassos.

O QUARTO PRINCÍPIO: CULTURA E GESTÃO CONSCIENTES

Colaboração

Se forem bem conduzidas, a descentralização e a autonomia resultam em mais inovação e criatividade. Só que, sem uma cultura de colaboração, a inovação tem valor limitado; uma ideia boa concebida em uma parte da empresa, mas que ninguém mais conhece ou pode aproveitar, em geral não provoca grande impacto. A cultura de colaboração faz com que as propostas e inovações sejam partilhadas e se espalhem rapidamente por toda a organização. Quase todas as empresas têm "bolsões de excelência", que em geral permanecem isolados. Entretanto, com as tecnologias disponíveis hoje, as boas propostas podem se espalhar pela organização quase instantaneamente e receber contribuições constantes. A cultura colaborativa é uma cultura de aprendizado e melhoria contínuos. As melhores ideias não morrem no berço; elas são reconhecidas, estudadas, analisadas, difundidas e reforçadas em toda a empresa.

Um bom exemplo é a disseminação de bares e áreas de degustação no centro das lojas do Whole Foods Market. Embora algumas lojas vendessem cerveja e vinho, nenhuma tinha um espaço dedicado a um bar específico para a oferta dessas bebidas. À primeira vista, não parece ser boa ideia ter um espaço como esse dentro de um supermercado, uma vez que as pessoas tendem a pensar em bares como parte de um restaurante ou um estabelecimento independente. No entanto, a região do norte da Califórnia decidiu inovar e incluiu um bar em uma loja aberta em Santa Rosa, em 2010. O espaço foi instalado no meio do setor de cerveja e vinho, dando origem a uma área restrita chamada Tap Room. Os clientes podiam escolher entre 16 opções de chope artesanal ou qualquer cerveja ou vinho vendidos na loja, e adoraram a novidade. O novo espaço fez um sucesso enorme desde o dia em que abriu, com alto índice de vendas e elevadas margens de lucro. Ficou claro que os clientes identificaram o Whole Foods Market, como fazem com a Starbucks, como um "terceiro espaço", depois da casa e do trabalho, ao qual gostam de ir. O bar reforça o sentimento dessa sensação de "terceiro lugar de convívio" que nossas lojas inspiram nos clientes.

Essa bem-sucedida ideia empreendedora logo foi estudada, copiada e aprimorada por outras unidades do Whole Foods Market. Praticamente de um dia para o outro, todas as lojas tiveram acesso a imagens digitais e da internet, aos projetos e aos resultados financeiros, e, em poucos meses, algumas abriram um espaço semelhante, em geral ampliado e aperfeiçoado. Em menos de dois anos, mais de 75 Tap Rooms e outras modalidades de bar estavam funcionando em toda a empresa, nenhuma delas seguindo algum tipo de orientação nesse sentido.

O aprendizado nas empresas conscientes

Quando a descentralização, a autonomia e a colaboração estão integradas em um sistema de gestão que também sabe aproveitar as oportunidades de escala, o resultado é uma empresa inovadora, ágil, atenciosa e competitiva. Combinada com a capacitação, a descentralização conduz à experimentação e à inovação, atributos que, ao lado da colaboração, geram uma organização aberta para o aprendizado. Quando todos esses fatores trabalham em conjunto, tanto as pessoas como as empresas tornam-se capazes de aprender e de crescer. O crescimento constante não só é aceito, mas também esperado e bastante reforçado. Essa é uma fórmula muito poderosa para a felicidade individual e o sucesso da empresa. A conhecida declaração de Eric Hoffer destaca a importância do crescimento e do aprendizado constantes: "Em tempos de mudança, os que aprendem herdarão a Terra, enquanto os eruditos estarão muito bem aparelhados para lidar com um mundo que já não existe".

Uma metáfora biológica para isso é um sistema vivo complexo, em adaptação e evolução constantes, em oposição a um modelo mecanicista inspirado na estrutura das fábricas. As máquinas devem ser concebidas com atenção aos menores detalhes, e alguém pode alterar e melhorar o projeto, mas as máquinas não evoluem. Elas dependem de técnicos externos, como programadores e mecânicos. Uma empresa consciente, por outro lado, é um tipo de auto-organização, que aprende, cresce, evolui, se auto-organiza e se autoatualiza por conta própria. A dose exata de descentralização, autonomia, colaboração, amor e cuidado no ambiente de trabalho permite que as empresas se adaptem, inovem e evoluam com mais velocidade e desfrutem de uma vantagem competitiva sustentável.

O QUARTO PRINCÍPIO: CULTURA E GESTÃO CONSCIENTES

Rumo à autogestão

O pioneiro no estudo da administração Gary Hamel descreve os novos imperativos para a gestão no mundo moderno: "Em vez de perguntarmos como os funcionários podem servir melhor às empresas para as quais trabalham, temos de perguntar: 'Como construir organizações que mereçam os dons extraordinários que os funcionários podem trazer?'. Na verdade, a tarefa mais importante para qualquer gestor é criar um ambiente de trabalho que inspire essa contribuição e mereça a manifestação de paixão, imaginação e iniciativa".[12]

Gestores conscientes exercem um controle mínimo, pois seu papel não é o de controlar outras pessoas, e sim o de criar condições que propiciem a autogestão.

CAPÍTULO 17

Como se tornar uma empresa consciente

Escrevemos este livro com o objetivo de inspirar a criação de um número maior de empresas conscientes, porque realmente acreditamos que esse caminho leva a um mundo melhor. De acordo com nosso ponto de vista, as novas organizações devem ser baseadas nos princípios defendidos pelo capitalismo consciente, incorporados em seu DNA desde o início. Também esperamos que as companhias já estabelecidas se interessem por essa proposta e embarquem nessa jornada árdua, porém entusiasmante, que consiste em ampliar a consciência de atuação de qualquer empreendimento. Para relembrar a metáfora usada anteriormente, queremos ajudar a construir um mundo com menos lagartas e mais borboletas, cada uma responsável pela criação de valores belos e únicos ao longo de sua atividade. Neste capítulo, oferecemos algumas sugestões práticas sobre como essa transformação pode ocorrer.

CAPITALISMO CONSCIENTE

Fundação de uma empresa consciente

Uma empresa consciente não deixa de ser uma empresa e enfrenta os mesmos desafios que qualquer outra iniciativa em fase de implantação. Nunca é fácil começar um negócio. Em geral, o primeiro desafio é a insuficiência de capital, seguido pela necessidade de oferecer aos potenciais clientes uma proposta de valor atraente. Em terceiro lugar está a demanda pelo desenvolvimento das estruturas, processos, estratégias e modelos de negócio necessários para o funcionamento e para a criação de valor para os *stakeholders*. A diferença é que uma empresa consciente aborda esses desafios com uma mentalidade peculiar.

Montar uma organização provida de significado começa com uma visão convincente ou um sonho. Empreendedores visionários raramente pensam em atender a uma necessidade conhecida: os maiores avanços surgem daqueles que "pensam fora da caixa" e imaginam como o mundo poderia ser, para criar um negócio que realize esse sonho. Os empreendedores são sonhadores, mas aqueles que obtêm sucesso também são pragmáticos, resistentes e extraordinariamente tenazes. Contam com a autoconfiança e a coragem necessárias para resistir à legião de pessimistas, que estão sempre afirmando que "não vai dar certo".

Mas ter um sonho não basta. Quem quer empreender precisa ser capaz de estimular os outros a compartilhar seu sonho, o que só acontece se a proposta for realmente convincente e incorporar objetivos que sensibilizem as demais pessoas. Algo novo nasce quando o sonho do empreendedor chega à mente de outros envolvidos, sobretudo investidores e potenciais colaboradores.[1] O sonho do empreendedor então passa a ser compartilhado, cresce e se torna mais forte, até se concretizar na forma de um empreendimento real e marcado por princípios.

O objetivo de uma empresa deve ser o mais simples possível, para que todos possam compreendê-lo rapidamente. Se você não consegue explicar sua finalidade comercial em uma frase, provavelmente não tem uma boa compreensão do que espera, e a probabilidade de que os outros entendam é bem pequena.

Desde o início, é essencial pensar em termos de criação de valor para os futuros *stakeholders*. Comece com os clientes. Como sua empresa pretende criar valor e melhorar a qualidade de vida deles? Em seguida, pense nos fornecedores e em outros parceiros, identificando aqueles que têm sistemas de valores semelhantes e compatíveis com os propósitos que você elegeu. Desde o começo, convém se concentrar em criar relacionamentos de confiança mútua e interdependência de longo prazo com esses *stakeholders*.

Para construir uma empresa consciente, os líderes precisam moldar a cultura desde o início – uma cultura capaz de refletir, sustentar e fortalecer os aspectos humanos de todos os *stakeholders*. Infelizmente, poucas *startups* dedicam a atenção adequada a essa questão: simplesmente deixam que ela se consolide como consequência de sua finalidade, dos valores trazidos pela equipe de liderança e até do acaso.

Um bom exemplo de empresa baseada em princípios conscientes desde sua fundação é o Google. Já em seu início, o gigante da internet tinha um propósito claro e convincente e uma filosofia afinada com as partes interessadas. Os fundadores criaram um ótimo lugar para trabalhar, com equipes inteligentes, capacitadas, inovadoras e altamente focadas no cliente. Tinham clareza quanto ao tipo de investidores que queriam atrair e deixaram explícita sua filosofia de negócios logo no começo. O Google adotou uma maravilhosa estratégia filantrópica voltada para a comunidade e implantou esse projeto antes de sua oferta pública inicial, destinando 1% das ações para a Google Foundation e comprometendo-se a direcionar todos os anos 1% de seus lucros para a instituição.

Biz Stone, cofundador do Twitter, enfatiza que as empresas devem pensar sobre seu impacto na sociedade desde o início: "Os empreendedores estão percebendo que não é preciso esperar até contar com pilhas de dinheiro para começar a ajudar quem precisa. Na verdade, quanto mais cedo você alinhar sua empresa com as causas de responsabilidade social, melhor".[2] Stone dá as seguintes dicas: "Tenha envolvimento emocional com seu trabalho; defina o sucesso como a soma de três partes iguais – amor ao trabalho, impacto positivo e geração de lucros; e cultive a empatia, tentando sempre se colocar nos lugar das outras pessoas".[3]

Como se transformar em uma empresa consciente

Tanto para as pessoas como para as empresas, sempre é melhor mudar quando não existe uma crise iminente e há tempo para que o processo ocorra sem pressa. No entanto, nesses momentos também é mais difícil convencer as pessoas a aceitar a necessidade de promover alterações significativas. Os líderes precisam criar um senso de urgência para tirar uma cultura de sua inércia e complacência e estimular os membros da equipe a entrar em ação.

Para se tornar uma empresa consciente, alguns requisitos são necessários:

Compromisso autêntico da liderança

Tornar-se uma empresa verdadeiramente consciente exige um realinhamento filosófico essencial. Os princípios do capitalismo consciente devem ressoar *intelectual*, *emocional* e *espiritualmente* entre os líderes. Se essas pessoas não demonstrarem uma reação visceral e quase física à ideia quando expostas a ela pela primeira vez, provavelmente não é o momento certo ou a equipe de liderança correta, o que condena o processo de mudança a um provável fracasso.

PEDIGREE: CACHORRO É TUDO DE BOM

Em geral, é mais fácil criar uma empresa consciente do que fazer a transição a partir de uma organização já existente. E, quanto maior a estrutura e mais antiga a companhia, maiores serão as dificuldades para fazer essa transição, porque culturas estabelecidas sempre resistem à mudança. Mas isso é possível, como mostra a trajetória de transformação da Pedigree.

Em 2004, apesar de gastar mais de US$ 178 milhões em propaganda e ser a marca líder mundial no segmento de ração para cachorro, a Pedigree (que pertence à Mars Incorporated) se viu diante de uma encruzilhada. A redução da participação no mercado e das margens de lucro, a tensão no relacionamento com os varejistas, a ausência de fidelidade dos consumidores e a oferta de produtos sem diferenciação resultaram em momentos difíceis e na possibilidade de descontinuação da marca.*

---

* Tim Calkins e Ann Deming, "Pedigree Growth Strategy (A) & (B)", Case KEL497-8 (Evanston, Ill.: Kellogg School of Management, 2010); Reg Bryson, apresentação no evento de lançamento do movimento do capitalismo consciente, em Sydney, Austrália, em 30 de abril de 2012.

Após uma avaliação extensa, a empresa percebeu que sua atuação se limitava a "embalar comida úmida para ganhar dinheiro". Essa imagem nada inspiradora que surgiu no espelho levou às perguntas: "Qual é nosso propósito?" e "Por que fazemos o que fazemos?".

Em 2005, ao lado da TBWA/Chiat/Day, a empresa abraçou a ideia de se tornar "uma companhia que ama os cães" e resumiu o propósito recém-definido em um manifesto chamado Dogma:

Amamos os cães.
Algumas pessoas amam as baleias,
Outras amam as árvores...
Nós amamos os cães.
Os grandes e os pequenos,
Os de guarda e os de companhia,
Os de raça pura e os vira-latas.
Amamos os passeios, corridas e brincadeiras,
Adoramos cavar buracos, coçar, cheirar e buscar objetos.
Se houvesse um dia internacional dedicado aos cães,
Em que todos fossem reconhecidos
Pela contribuição que fazem a nossa vida,
Também amaríamos esse dia.
Porque nós amamos os cães
E eles estão acima de tudo.

Esse manifesto tornou-se a peça central de uma ousada campanha publicitária.

A empresa abandonou o foco nos produtos para apostar no conceito, gastando menos e obtendo resultados bem mais expressivos. É importante ressaltar que a Pedigree de fato levou a ideia a todos os aspectos do negócio, colocando os cães e seu bem-estar no centro de toda a atividade. No cartão de visitas de cada colaborador aparecia o retrato de seu cão, o que ajudou a fortalecer a conexão com outros amantes desses animais, incluindo pessoas que costumam comprar ração no varejo.

A decoração dos escritórios foi alterada de acordo com o tema, e o ambiente tornou-se *dog-friendly*: os membros da equipe podiam levar seu cachorro para o trabalho em qualquer dia ou todos os dias. Quando um colaborador adquiria um filhote, o evento recebia o mesmo tratamento que o nascimento de uma criança. A empresa também criou uma fundação para apoiar a adoção de filhotes.

A nova abordagem demorou para se consolidar, mas após alguns anos a Pedigree começou a colher enormes benefícios, tanto em termos de consistência da marca como nos resultados financeiros. O entusiasmo e o comprometimento da equipe dispararam. A empresa viveu seu melhor ano em 2009, quando a aprovação dos clientes à proposta da marca gerou resultados excepcionais.

O objetivo novo e nobre revitalizou o *core business* e permitiu que a Pedigree se expandisse para uma série de áreas afins, como odontologia e medicina caninas e lojas de produtos específicos. A falta de propósito e a consequente ausência de perspectivas são uma memória distante e assustadora, e as marcas concorrentes enfrentam o desafio de competir no elevado patamar emocional e filosófico que a Pedigree passou a ocupar.

Alguns líderes empresariais se sentem atraídos pela proposta do capitalismo consciente sobretudo por causa dos excelentes resultados financeiros obtidos em longo prazo. Se esse for o único aspecto da proposta a causar interesse, tais empresários terão poucas chances de implementar a filosofia com sucesso e de perceber seu rico potencial.

Um líder determinado pode fazer um trabalho de abordagem consciente em uma divisão de negócios ou outra unidade de uma empresa e, a partir dessa faísca, promover uma mudança em escala maior, mas isso é raro. De modo geral, a abordagem *bottom-up* não funciona para esse tipo de transformação. A campanha com origem nas camadas mais básicas pode convencer a alta gestão sobre a necessidade de mudar ou demonstrar seu potencial em uma esfera limitada. No entanto, a menos que a equipe de liderança realmente deseje que a empresa se torne consciente e faça isso pelas razões certas, nada vai acontecer.

O empenho da liderança em relação a uma consciência maior precisa ser autêntico e bem sustentado. Os membros da equipe devem encarar a mudança e se tornar líderes conscientes, porque todos na organização olharão para eles em busca de confirmação. Qualquer inconsistência ou hipocrisia pode comprometer essa transformação, se não inviabilizá-la.

Vale lembrar que os quatro pilares do capitalismo consciente são *princípios* e não *táticas*.[4] Cada um deles precisa ser compreendido e vivido de forma autêntica para se manter vivo. Os quatro caminham juntos e se reforçam mutuamente.

O conselho de administração de uma empresa não precisa estar totalmente alinhado com as premissas do capitalismo consciente desde o início da transformação, mas, em longo prazo, precisa "comprar a ideia". É crucial apontar um CEO consciente e atribuir à equipe de liderança o tempo suficiente e o apoio adequado para que essas transformações se realizem. Aos poucos, o conselho deve ficar em total sintonia com essa maneira de pensar e de trabalhar, para garantir que a mentalidade seja gradativamente incorporada pelo DNA da empresa.

Com a equipe de liderança totalmente empenhada em transformar a organização em uma empresa consciente, recomendamos recorrer a consultores externos para fornecer o apoio e o contexto necessários. Um primeiro passo pode ser a realização de uma "auditoria" para ver como a organização se posiciona em relação aos quatro pilares propostos pelo capitalismo consciente.[5] Essa avaliação pode fornecer *insights* sobre os aspectos nos quais é preciso se concentrar para se tornar uma empresa verdadeiramente consciente.

Busca de objetivos

Após a conclusão dessa avaliação, a empresa deve considerar seu propósito maior. Existe um objetivo claro e amplamente adotado? Esse objetivo tem relevância no contexto atual e é algo de que o mundo realmente precisa? É inspirador para todos os *stakeholders*? Recomendamos uma busca detalhada, que, conforme descrito no capítulo 4, seja projetada para ajudar a identificar ou a redescobrir o propósito maior da empresa.[6]

Mentalidade dos stakeholders

Em seguida, a equipe de liderança tem de aprender a pensar de outra forma e a se comunicar de maneira eficiente com as partes interessadas. A empresa precisa desenvolver níveis mais elevados de empatia e de inteligência, como a capacidade de compreender e de antecipar as necessidades dos *stakeholders* antes que eles mesmos as percebam. Isso também significa entender que os motivos por trás das ações são tão importantes quanto as iniciativas propriamente ditas. Em uma organização pautada pelo lucro, por exemplo, a felicidade do cliente é apenas um meio para chegar ao objetivo de maximização dos lucros. Em uma empresa consciente, a satisfação dos consumidores constitui um fim em si mesmo e deve ser perseguida com mais empenho, paixão e empatia do que uma empresa centrada no lucro poderia proporcionar. O mesmo ocorre com os colaboradores, fornecedores e demais partes interessadas: a mentalidade tem de mudar de um pensamento de extração e de aproveitamento para a preocupação com a criação de valor e o atendimento superior. Em outras palavras, o amor e o cuidado autênticos devem permear a forma como a organização se relaciona com a comunidade.

Mudança de cultura

Cada organização tem uma cultura, e cada cultura tem um sistema imunológico que resiste à mudança radical. Portanto, o maior desafio para se transformar em uma empresa consciente muitas vezes está na transformação cultural. Se a liderança abraça um propósito consistente e assume um compromisso autêntico com as partes interessadas, mas a cultura permanece indiferente ou hostil a esses princípios, o esforço de transformação provavelmente estará condenado.

A "auditoria" mencionada anteriormente inclui a avaliação do grau em que a cultura da organização incorpora as seguintes qualidades essenciais: confiança, responsabilidade, cuidado, transparência, integridade, lealdade e igualdade. Também é essencial que a empresa tome consciência de aspectos particularmente tóxicos ou daninhos a uma forma consciente de agir. O Barrett Value Centre (www.valuescentre.com) desenvolveu uma metodologia simples, porém poderosa, para avaliar os valores culturais que incorporam sete níveis de consciência e apresenta um alinhamento particular com as propostas do capitalismo consciente.

Todos os processos, estruturas e estratégias da empresa precisam ser revistos para avaliar a maneira como se ajustam a uma abordagem consciente. Os aspectos que não se alinham precisam ser alterados, e isso nunca é fácil. Qualquer empresa já formada tem uma integridade cultural que resiste a esses tipos de mudanças, e as que se encontram mais aferradas a seus padrões costumam exigir uma "cirurgia" mais radical. Algumas vezes é necessário afastar as pessoas mais hostis, sobretudo as que ocupam cargos de liderança – caso contrário, o esforço de transformação pode não ser bem-sucedido.

A REINVENÇÃO DA HCL

Nos últimos anos, uma das transformações mais drásticas ocorridas em uma grande estrutura foi a da empresa indiana HCL Technologies, famosa fornecedora de serviços de consultoria e soluções de tecnologia da informação para as maiores companhias do mundo. Quem comandou as mudanças foi Vineet Nayar, um CEO com muitas ideias radicais sobre liderança e gestão. Nayar assumiu uma empresa que parecia saudável, mas líderes conscientes enxergam a realidade como ela é, e não como gostariam que fosse. Nayar viu o que outros não viam e percebeu o que ninguém reconhecia: a HCL rumava para uma situação crítica.[*]

[*] Vineet Nayar, *Primeiro os colaboradores, depois os clientes: virando a gestão de cabeça para baixo* (Bookman, 2011). Ver também Gary Hamel, *O futuro da administração* (Campus, 2007).

Para convencer os colegas sobre a necessidade de mudança, Nayar concluiu que teria de criar um estado de profunda insatisfação com o *status quo*. Na forma como ele concebeu, a mudança incluía a transição do ponto A (onde a empresa estava) para o ponto B (objetivo), e o sucesso da empreitada dependia da insatisfação dos principais agentes com o ponto A e de sua determinação em chegar ao ponto B – no caso, uma visão positiva e até romântica do futuro.

A maioria das empresas envolvidas em iniciativas de transformação se concentra apenas no ponto B e dedica pouco tempo ao exame da realidade atual. Contudo, é impossível traçar um caminho significativo em direção a um destino quando não se conhece o ponto de partida, e Nayar obteve isso por meio de um processo que chamou de "reflexo no espelho". Estimulou sua equipe de liderança a dedicar um olhar firme e honesto para a real situação da empresa, não apenas em termos de crescimento de ganhos, mas também no que se referia a outros fatores importantes, como o envolvimento dos colaboradores e o atendimento às necessidades dos clientes. A imagem que apareceu no espelho não era agradável. Embora a empresa fosse rentável e as vendas estivessem crescendo, a participação no mercado caía; os clientes estavam satisfeitos, mas não especialmente encantados, e a HCL não se destacava como um lugar especial para trabalhar. Como a maioria dos concorrentes, era administrada de acordo com uma abordagem tradicional, em um setor de conhecimento formado por profissionais em geral altamente treinados. De repente, as limitações do modelo vigente ficaram claras para a equipe de liderança.

Nayar reuniu os funcionários da empresa em três grupos de acordo com as atitudes de cada um diante do projeto de transformação: transformadores (cerca de 20%), indecisos (cerca de 60%) e almas perdidas (20%). Para o líder, se ele conseguisse capacitar e estimular os transformadores, em pouco tempo os indecisos se juntariam a eles, e as almas perdidas cada vez mais perderiam relevância.

COMO SE TORNAR UMA EMPRESA CONSCIENTE

Depois de gerar uma aceitação generalizada quanto à necessidade de mudança e de criar entusiasmo em relação a uma visão convincente para o futuro, Nayar começou com uma ideia simples, porém radical: a *responsabilização inversa*. Em uma empresa como a HCL, a maioria dos colaboradores é responsável pela concretização de um trabalho criativo e de alto impacto para os clientes. São esses membros da equipe que criam a maior parte do valor, e Nayar se refere a eles como integrantes da "zona de valor". Na maioria das empresas, os membros da equipe perdem boa parte do tempo em reuniões desnecessárias e na geração de documentos improdutivos. Segundo Nayar, "a administração não fica na zona de valor ou em qualquer lugar próximo. Às vezes, ela está no caminho da criação de valor. Desperdiçamos tempo e energia preciosos [para quem está na zona de valor] com a elaboração de apresentações intermináveis sobre coisas irrelevantes e de relatórios sobre o que fizemos ou deixamos de fazer".* A solução: em vez de manter os colaboradores da zona de valor subordinados aos gerentes, tornar os gerentes responsáveis por esses profissionais. Cabe aos gestores garantir que os membros da equipe tenham todos os recursos necessários para atuar da melhor forma possível, sem precisar perder tempo em atividades que não agregam valor.

Assim como as pessoas, as empresas têm capacidade de aprender e de se curar. As transformações nem sempre exigem esforços drásticos, sustentados, meticulosos ou microgeridos; elas podem ocorrer por meio de mudanças simples, porém profundas. Tais ideias catalíticas costumam colocar em movimento uma série de mudanças. A responsabilização inversa na HCL é um exemplo disso. Em seguida vieram outras iniciativas:

> *Transparência radical* – A HCL criou um sistema que permite a todos os membros da equipe fazer qualquer pergunta aos líderes em qualquer momento. Todas as perguntas e respostas são publicadas na intranet, o que cria alto grau de consciência em relação aos desafios

---

* Vineet Nayar, *Primeiro os colaboradores, depois os clientes*.

e oportunidades enfrentados pela empresa e ajuda a promover a transparência e a confiança.

Feedback de 360 graus aberto – Qualquer pessoa é livre para dar *feedback* sobre qualquer outra. Assim, a empresa pode medir quanto a esfera de influência e de criação de valor de um colaborador ultrapassa suas conexões diretas, ajudando a identificar os bons candidatos para a promoção a atribuições mais amplas.

Reinvenção do papel do CEO – Nayar implantou uma seção na intranet chamada "Meus problemas", em que todos os desafios estratégicos são apresentados para que qualquer membro da equipe possa ler e responder. A medida permite acesso a uma quantidade enorme de novas ideias sobre essas questões e incentiva mais pessoas a pensar de forma ampla e estratégica.

Cada mudança relativamente simples pôs em marcha uma série de outros movimentos. A transformação começou em 2005, quando a empresa contava com uma receita de US$ 762 milhões. Os resultados foram bem-sucedidos sob vários aspectos, entre eles o financeiro: em 2011, essa cifra subiu para US$ 3,53 bilhões, apesar das dificuldades no cenário econômico mundial.*

* HCL Technologies, Relatório anual (US GAAP), 2005-2006, e *Wikipedia*, "HCL Technologies", última modificação em 24 de junho de 2012, http://en.wikipedia.org/wiki/HCL_Technologies.

Uma jornada que vale a pena

Construir uma empresa consciente é um desafio árduo, porém bastante gratificante e repleto de significado tanto se o processo partir do zero como se decorrer de uma transformação. Reconhecemos que muitos líderes se mostram cansados quanto às mudanças, e parece que nos últimos anos surgiu um novo conjunto de chavões, envolvendo termos e conceitos como "gestão da qualidade total", "reengenharia de processos" e "6-Sigma", entre outros. No entanto, a abordagem do capitalismo consciente não é apenas uma moda: as teorias que articulamos resultam em um modelo de negócio mais robusto do que o adotado pelas organizações que apostam na maximização dos lucros, pois identificam e se baseiam em motivações mais poderosas do que o mero interesse. Ao contrário de muitos outros tipos de mudança de rota, a alteração rumo a uma empresa consciente parece natural, porque está alinhada com as qualidades humanas naturais de todas as partes interessadas. Deixar de promover essa mudança ameaça a importância futura e a viabilidade de qualquer empreendimento.

CAPÍTULO 18

O poder e a beleza do capitalismo consciente

As empresas desempenham um papel central em nossa vida e constituem a organização social que mais afeta as pessoas. A maioria de nós ganha a vida e pode sustentar a família graças ao trabalho em alguma organização, e todos nós compramos bens e serviços de empresas que colocam no mercado itens ou serviços produzidos com eficiência e engenhosidade. A qualidade de nossa vida, nossa saúde, nosso bem-estar geral e até mesmo nossa felicidade dependem muito das formas de operação das organizações.

Ao longo destas páginas, tentamos reforçar que as empresas não são inerentemente imperfeitas, daninhas ou carentes de redenção. Basicamente, são constituídas por profissionais que trabalham de maneira cooperativa para gerar valor para outras pessoas. Representam o maior fator de geração de valor no mundo, e é isso que deve nortear a ética nos negócios e garantir sua beleza. As empresas são essencialmente uma coisa boa e tornam-se ainda melhores quando adquirem plena consciência de seus propósitos mais elevados e de seu extraordinário potencial para a criação de valor.

Como já discutimos nos capítulos anteriores, os seres humanos estão evoluindo rapidamente. Estamos nos tornando mais inteligentes sob vários aspectos, além de mais informados, mais conectados e mais impulsionados por aspirações e valores superiores. A maioria de nós, homens e mulheres, está conseguindo integrar melhor os lados masculino e feminino de nossa personalidade. Estamos adquirindo uma consciência mais ampla: ao evoluirmos de maneira ética, assumimos a responsabilidade pelas consequências de nossas escolhas e compreendemos melhor as interdependências e as nuanças dos sistemas maiores.

Em um mundo em rápida mudança, as empresas precisam aprender a aproveitar o movimento em vez de se debater contra ele. Devem *comandar* o trajeto da evolução humana em vez de freá-la ou de se sentir vítimas dela. Os líderes empresariais precisam aprender a ouvir o chamado para a transformação e o crescimento que vem deles mesmos, de seus *stakeholders*, da sociedade e da própria evolução.

Os poderosos impactos positivos que as empresas conscientes exercem no mundo não são apenas consequências de uma atuação mais correta, mas também decorrem de uma postura mais sábia. Essa sabedoria permite aproveitar de forma benéfica o poder motivacional dos propósitos mais elevados e os extraordinários níveis de envolvimento dos colaboradores que resultam quando paixões pessoais intensas se alinham com propósitos corporativos consistentes. Uma consciência mais elevada permite ver as interdependências entre todas as partes interessadas e identificar as sinergias em situações que, de outra forma, seriam vistas como simples *trade-offs*. Também cria culturas duradouras e cativantes, que possibilitam uma operação consciente mesmo depois que os fundadores não atuam mais no cotidiano da organização. Seus líderes se destacam por construir estruturas auto-organizadas, automotivadas, autogeridas e donas da própria evolução.

A grande transição

Estamos no meio de uma transição histórica, na qual está claro que os velhos paradigmas já não funcionam tão bem e que as mentes ganham espaço para novas possibilidades. Os grandes desafios e as oportunidades inéditas de nossa era exigem pensamento visionário e ação ousada. Na peça *Arcadia*, de Tom Stoppard, o matemático Valentine afirma: "O futuro é a desordem. Uma porta como esta se abriu cinco ou seis vezes desde que começamos a andar sobre duas pernas. É a melhor época possível para estar vivo, quando quase tudo aquilo que achávamos que sabíamos se revela errado". Precisamos reavaliar de forma crítica todos os nossos modelos mentais, crenças e teorias, para que permaneçam válidos e precisos. É assustador, mas também é emocionante testemunhar tantas possibilidades novas. Temos uma oportunidade inestimável de concretizar mudanças fundamentais e capazes de definir os rumos para o futuro, porque a resistência à mudança pela sociedade parece, neste momento, menor do que tem sido há muito tempo.

No entanto, ainda que menor, essa resistência ainda existe. A experiência mostra que os paradigmas predominantes custam a desaparecer. Quando surge um novo paradigma, ainda que bastante convincente, ele encontra resistência dos que preservam visões entrincheiradas do mundo ou permanecem mais aferrados ao *status quo*. Conforme o apoio lógico e empírico se fortalece, os opositores começam a atacar a novidade, muitas vezes de maneira nociva. A fase seguinte em geral acomoda uma coexistência desconfortável entre os dois paradigmas, mas finalmente o peso dos fatos leva a uma inflexão em favor da nova proposta. As pessoas então passam a dizer: "Qual é o problema? Por que estamos discutindo isso? É tão óbvio". Essa transição está apenas no início, e uma nova filosofia coerente em relação ao capitalismo só vem adquirindo forma agora. Precisamos de tempo e de esforços para que ela tenha aceitação ampla e se torne uma prática rotineira.

Essa transição começa a ganhar impulso. Vários líderes e empresas estão se sensibilizando com as propostas do capitalismo consciente e se movimentam nessa direção. Acreditamos que a geração da virada do milênio (os nascidos entre aproximadamente 1980 e 2000), que agora se transformam em adultos, serão os principais agentes da mudança.[1] De suas fileiras surgirão os empresários incumbidos de criar as organizações e entidades sem fins lucrativos conscientes que acelerarão radicalmente nossa evolução social e econômica. De acordo com Jeanne Meister e Karie Willyerd, "os integrantes dessa geração encaram o trabalho como uma parte fundamental da vida, não como uma atividade separada e que precisa ser equilibrada com outros fatores [...] Eles querem trabalhar para desfrutar da oportunidade de fazer novos amigos, aprender novas habilidades e se conectar a um propósito maior. Essa ideia de propósito é um fator crucial para a satisfação no trabalho. De acordo com nossa pesquisa, essa é a geração com mais consciência social desde os anos 1960".[2]

Um sonho compartilhado

Nosso sonho para a proposta do capitalismo consciente é simples: *Um dia, praticamente todas as empresas funcionarão com uma orientação para seus propósitos maiores, integrando os interesses de todas as partes interessadas, desenvolvendo e promovendo líderes conscientes e construindo uma cultura de confiança, responsabilidade e cuidado.* Hoje isso é a exceção, mas nosso objetivo consiste em fazer com que se transforme em regra o mais rápido possível. Claro, não somos tão arrogantes a ponto de presumir que nossa definição de capitalismo consciente representa a palavra final. Oferecemos uma abordagem dinâmica, que continuará a evoluir à medida que nossa consciência cresce e que a sabedoria coletiva de líderes empresariais e dos estudiosos enriquece nosso entendimento.

Em janeiro de 1776, Thomas Paine, um dos fundadores dos Estados Unidos, publicou um panfleto chamado *Senso comum*, que causou polêmica de imediato e, segundo alguns, serviu de estímulo para a declaração de independência do país, seis meses depois. Lido em quase todas as colônias, defendia uma postura republicana e o afastamento em relação à Grã-Bretanha. O documento começava assim: "Talvez os sentimentos contidos nas páginas seguintes ainda não estejam suficientemente na moda para contar com a aprovação geral; o longo hábito de não pensar que alguma coisa está *errada* pode resultar na aparência superficial de que está *certa* e suscitar, a princípio, um intenso clamor em defesa dos costumes estabelecidos. No entanto, essa movimentação logo desaparece e o tempo faz mais convertidos do que a razão".[3] Acreditamos que a mesma coisa pode ser dita a respeito do capitalismo consciente na comparação com a visão tradicional que ainda predomina.

Não temos nenhuma dúvida de que, um dia, o capitalismo consciente vai se tornar o paradigma predominante, por uma razão bastante simples:

trata-se da melhor maneira de fazer negócios. Funciona melhor e, em longo prazo, vai superar as outras teorias. Como afirmou Kip Tindel, cofundador e CEO da The Container Store, "o Universo conspira para ajudá-lo. Todo mundo quer que você tenha sucesso". O sucesso das empresas conscientes estimulará a reprodução dessa abordagem ao longo do tempo, mas esse pode ser um processo lento, e muitas empresas que querem se tornar conscientes talvez não entendam totalmente o que isso significa. Há quem anuncie a opção apenas da boca para fora ou por mero interesse nos benefícios financeiros prometidos. O movimento do capitalismo consciente existe para ajudar a acelerar essa mudança e prové-la de uma consistência maior, para que as empresas entendam o que realmente precisam fazer para que se tornem de fato organizações conscientes. Quando a maioria das empresas operar dessa forma, a humanidade e o planeta prosperarão.

O caminho a seguir

Comparamos nossa defesa do capitalismo consciente à construção de uma estrada a ser usada pelos que desejarem seguir esse caminho. A trilha foi aberta por alguns pioneiros visionários em experimentação constante, concentrados em explorar as laterais da pista, onde fazem novas descobertas. Nosso trabalho consiste em ampliar a estrada, amaciá-la, criar um trajeto e oferecer sinalizações para quem opta por esse roteiro.

A boa notícia é que, ao contrário de 25 a 30 anos atrás, hoje existem muitos bons exemplos de empresas conscientes que já ousaram seguir esse caminho, e por isso uma organização que coloca o pé na estrada agora conta com várias orientações. Ela pode seguir em frente com mais certezas e confiança porque instituições reconhecidas, como Southwest Airlines, Google, Posco, UPS, Costco, Tata, The Container Store, Amazon.com, Whole Foods Market, Nordstrom, Patagonia, Trader Joe's, Panera e Bright Horizons, demonstraram que essa maneira de fazer negócios leva ao sucesso multifacetado ao longo do tempo.

Existe outra estrada, velha e asfaltada, por onde as empresas tradicionais circulam há muito tempo. Conhecida e bem sinalizada, parece bastante segura e confortável. Entretanto, a opção antiga e tradicional deixou de ser o caminho mais seguro ou a única possibilidade, e existem muitos buracos na pista. Mais importante, não leva aos lugares aonde queremos ir agora. O caminho da empresa consciente pode não ser tão bem trilhado, porém conduz ao sucesso e à prosperidade em longo prazo. Hoje, as organizações não precisam fazer um grande investimento de fé para seguir essa rota, como foi exigido dos pioneiros. A viagem é divertida, mas não é fácil. Exige visão, propósito, coragem e determinação.

Agenda para a ação

Todos podem desempenhar um papel importante na difusão do capitalismo consciente. Se você já gerencia uma empresa ou uma unidade de negócios dentro de uma organização, pode começar a implementar essa proposta imediatamente. Assim que possível, reúna seu sistema e faça as perguntas fundamentais: "Por que essa empresa existe?", "Quais valores estamos criando?", "Como podemos gerar mais valor para todos os nossos *stakeholders*?", "Como podemos substituir os *trade-offs* que aceitamos hoje?", "Como podemos criar um ambiente de trabalho marcado pelo afeto, alegria e significado?", "Como podemos demonstrar mais amor e carinho para nossos clientes e fornecedores?", "O que precisa ser mudado nas políticas de contratação e de promoção?". Essas perguntas constituem o ponto de partida para a instalação de uma empresa mais consciente. Cada aspecto precisa ser cuidadosamente examinado à luz dos quatro princípios discutidos neste livro.

Não temos tempo a perder. Como afirma uma antiga expressão norte-americana, a melhor época para plantar um carvalho foi há 20 anos, mas a segunda melhor é agora. Os principais agentes da mudança têm de ser aqueles envolvidos na atividade, e não burocratas ou reguladores. O *status quo* simplesmente não pode continuar, pois é insustentável sob muitos aspectos. A pergunta é: o que colocar no lugar dele? Se não for feita uma defesa da essência do capitalismo, de sua indispensabilidade e das muitas vantagens em transformá-lo em um modelo mais consciente, corremos o risco de, em breve, termos nossas empresas envolvidas em formas distorcidas e perigosas, como o "capitalismo entre amigos" ou alguma modalidade de capitalismo de Estado.

O PODER E A BELEZA DO CAPITALISMO CONSCIENTE

As ilimitadas possibilidades da criatividade humana

Nós, seres humanos, somos capazes de coisas extraordinárias. Pense em todas as surpreendentes realizações ocorridas apenas nos últimos 200 anos, quando nossos números cresceram de forma exponencial e mais pessoas ganharam a oportunidade de realizar plenamente seu potencial criativo. Criamos estruturas físicas que confundem a mente, realizamos proezas marcadas pela ousadia e demos saltos de imaginação difíceis de medir. Abrimos caminho em meio a montanhas, erguemos edifícios que chegam até o céu, mandamos pessoas para a Lua e as trouxemos de volta com segurança. Construímos satélites e estações espaciais, inventamos tecnologias que transformaram a mágica em item corriqueiro e desvendamos a inspiradora energia do átomo. Criamos sistemas de comunicação que sustentam uma rede ininterrupta de conexões, desde a aldeia mais remota até as profundezas das florestas e ao topo das montanhas. Nenhuma dessas magníficas realizações humanas foi feita por condução divina: foram concebidas e trazidas à existência por simples mortais, em um intervalo de tempo incrivelmente curto.

Nossos grandes triunfos e nosso extraordinário potencial realçam a tristeza de nossas fraquezas cotidianas e as inúmeras maneiras como a maioria de nós desperdiça talento e tempo. Nos espaços em que poderíamos criar coisas com alegria, nos contentamos em ver passar o dia. Onde poderíamos experimentar a emoção da descoberta, nos conformamos com uma rotina sem sentido. Onde poderíamos viver cada dia impregnados de amor e satisfação, nos deixamos aprisionar por pensamentos e ações baseados no medo. Em nenhum lugar isso é mais evidente ou lastimável do que no mundo corporativo. Transformamos essa extraordinária tecnologia social para a cooperação e para a criação de valor em algo chato e desanimador. O trabalho, que deveria ser uma fonte de realização e comprometimento real, para a maioria das pessoas não passa de uma provação a ser suportada. Isso pode e deve mudar.

A hora da escolha

Empresas inconscientes concentram sua atenção em gerar a maior quantidade possível de riqueza financeira para os investidores, e tudo o mais não passa de meio para chegar a esse fim. Cada vez mais, deixam de notar que não existe um pensamento único. Esse ciclo é previsível. Quando os líderes frequentemente anunciam com orgulho que mantêm seu foco na maximização dos lucros, enviam uma mensagem intensa e bastante clara para todos os envolvidos na organização: eles também deveriam se concentrar em maximizar os próprios ganhos. Em consequência, faz sentido que os membros da equipe decidam dar o mínimo e extrair o máximo, enquanto os fornecedores tentam cortar onde podem para maximizar o próprio lucro. Governos e comunidades procuram maneiras de obter seu quinhão, e os clientes não hesitam em tirar proveito da empresa sempre que possível. Todo mundo se torna um explorador, e não um contribuinte do sistema. Essa dinâmica corrói e depois destrói a capacidade da empresa de atingir suas metas de ganho, porque a tendência a satisfazer demandas individuais passa a predominar. Quando isso acontece, a capacidade de criar valor para o outro e, por meio disso, obter satisfação pessoal deixa de existir.

Uma empresa consciente deseja gerar riqueza financeira, intelectual, social, cultural, emocional, espiritual, física e ecológica para todos os seus principais interessados: colaboradores, clientes, investidores, fornecedores e a comunidade em que atua. Cada *stakeholder* é ao mesmo tempo um meio e um fim, um instrumento de criação de valor e também um beneficiário. O bem-estar de cada um está intimamente ligado ao bem-estar de todos. Grande parte dos *trade-offs* é eliminada, e o sistema floresce e cresce por conta própria. Todos se tornam contribuintes ativos, entusiasmados e gratos à empresa, serenos na confiança de que o cuidado, a lealdade e a preocupação que dedicam à organização serão retribuídos de várias maneiras. A diferença entre essas realidades é grande e decisiva. E a escolha é nossa.

Espírito heroico

O famoso jurista norte-americano Oliver Wendell Holmes Jr. declarou: "Eu não daria um centavo pela simplicidade que há deste lado da complexidade, mas daria minha vida pela simplicidade que existe do outro lado da complexidade". Não podemos mais nos satisfazer com uma abordagem simplista em

O PODER E A BELEZA DO CAPITALISMO CONSCIENTE

relação ao trabalho, aos negócios e ao capitalismo – uma abordagem que se enraizou profundamente em nossa sociedade e em nossa forma de pensar. Ela não nos atende e, na verdade, começa a corroer o tecido das comunidades e cegar nossa alma. Exige muitos *trade-offs* desagradáveis e resulta em grande sofrimento para muitas pessoas. Temos de investir no que nos moverá coletivamente para o outro lado da complexidade no mundo dos negócios e do capitalismo, pois é ali que encontraremos paz e prosperidade, alegria e justiça, amor e cuidado, dinheiro e significado.

O subtítulo deste livro é "Como libertar o espírito heroico dos negócios". Essas palavras foram escolhidas com muito cuidado e por razões bastante particulares. A triste realidade é que, durante muito tempo, as empresas assumiram uma postura defensiva e reativa. Empreendedores e homens de negócios são os heróis do mundo moderno, mas ganharam a imagem caricatural de mercenários sem alma nem coração. Como afirmou Marc Gafni, do Center for World Spirituality, "temos de mudar a narrativa central das empresas para torná-la um reflexo preciso do impacto transformador do negócio, de sua verdadeira identidade como grande curadora [...] Essa é uma mudança de paradigma enorme e drástica, capaz de alterar o código-fonte de nossa autocompreensão".[4]

Ouvimos com frequência que quem vive os tempos atuais tem a oportunidade de vivenciar a experiência mais significativa que os seres humanos tiveram como um todo.[5] Nossos desafios nunca foram tão grandes, mas também jamais tivemos tamanha consciência e compreensão deles. A determinação coletiva de enfrentar esses desafios e nossa capacidade para isso também nunca foram tão amplas. Temos a nossa disposição todas as ferramentas e tecnologias necessárias para resolver praticamente todas essas dificuldades, além de capacidade e criatividade para inventar qualquer coisa de que precisamos, mas ainda não dispomos. Se pudermos mobilizar a energia latente que permanece dormente em cada um de nós e canalizá-la por meio de formas organizacionais criativas, seremos capazes de eliminar a pobreza neste século, criar um planeta mais pacífico, restaurar e recuperar o meio ambiente e as espécies ameaçadas, extinguir a maioria das doenças importantes e permitir que todos os seres humanos tenham uma vida longa, saudável, vibrante, produtiva e significativa. Nossos filhos e netos viverão de uma forma que nem sequer podemos imaginar hoje. Esse é o poder, a promessa e a beleza do capitalismo consciente.

Bases do capitalismo consciente

Acreditamos que as empresas são importantes porque geram valor; são éticas porque se baseiam nas escolhas voluntárias; são nobres porque podem elevar nossa existência; e são heroicas porque tiram as pessoas da pobreza e criam prosperidade. O capitalismo de livre-iniciativa é o mais poderoso sistema para propiciar a cooperação social e o progresso humano já concebido até hoje. É uma das ideias mais consistentes que os seres humanos desenvolveram. No entanto, podemos aspirar a algo ainda maior.

O capitalismo consciente é a maneira de abordar esse sistema e a forma de fazer negócios que melhor reflete nossa posição na jornada humana, o estado do mundo hoje e nosso potencial inato de exercer impacto positivo na sociedade. Empresas conscientes são estruturadas em propósitos mais elevados que servem, alinham e integram os interesses de todos os seus principais *stakeholders*. Seu estado mais elevado de consciência lhes possibilita ver as interdependências que existem entre todos os fatores que as integram, permitindo-lhes descobrir e usufruir das sinergias de situações que de outra forma receberiam o tratamento de mero *trade-off*. Empresas conscientes têm líderes conscientes, movidos pela dedicação ao propósito da organização, a todas as pessoas afetadas pela empresa e ao planeta que compartilhamos. Contam ainda com culturas sólidas, confiáveis, autênticas e inovadoras, que fazem com que o trabalho funcione como fonte de crescimento pessoal e de realização profissional. Esforçam-se para criar riqueza financeira, intelectual, social, cultural, emocional, espiritual, física e ecológica para todos os *stakeholders*.

Empresas conscientes podem ajudar a desenvolver o mundo de maneira que bilhões de pessoas tenham a oportunidade de florescer e desfrutar de uma existência repleta de paixão, propósito, amor e criatividade, em um mundo de liberdade, harmonia, prosperidade e solidariedade.

Para saber mais, visite o *site* www.consciouscapitalism.org.

APÊNDICE A

A realidade prática

É importante que as empresas avaliem seu desempenho considerando um amplo conjunto de critérios, e não apenas os resultados financeiros. Como discutido no início do livro, as organizações têm o poder não só de criar, mas também de destruir vários tipos de riqueza: financeira, intelectual, social, cultural, emocional, espiritual, física e ambiental. Quanto maior a empresa, maior o impacto exercido em todas essas dimensões. Um negócio que gera resultados financeiros mas compromete outras formas de riqueza (que podem exercer maior impacto sobre o bem-estar das pessoas) adiciona para o mundo um valor muito menor do que poderia. Se destrói também outros tipos de riqueza, essa organização exerce um impacto líquido negativo e pode até ser descrita como um parasita da sociedade.

Um princípio fundamental do pensamento sistêmico, identificado ao longo deste livro como um aspecto essencial do capitalismo consciente, é que não existem efeitos principais e efeitos colaterais. Tudo o que fazemos gera consequências e todas são importantes – e por isso devem ser contabilizadas. Como acontece na medicina, tendemos a rotular como "efeitos principais" o que queremos ressaltar e como "colaterais" o que preferimos subestimar, muitas vezes para disfarçar um forte aspecto negativo. Com frequência, porém, os chamados "efeitos secundários" podem superar os principais por causa do impacto cumulativo. Alguns efeitos se manifestam de imediato, enquanto outros se revelam no futuro. Cada um, por sua vez, pode desencadear outros efeitos, que também não podem ser negligenciados.

Como acontece em outros aspectos da vida, no mundo dos negócios uma postura consciente significa assumir a responsabilidade por todas as consequências de nossos atos, e não apenas daqueles que nos afetam. Um aspecto importante do pensamento consciente é que ele permite tomar decisões atentas aos impactos positivos para todos os *stakeholders*, condição bem mais gratificante do que a simples determinação de retorno financeiro para os acionistas.

Desempenho financeiro superior

A dimensão financeira do desempenho de uma organização depende da capacidade que ela tem de ampliar a receita e melhorar a eficiência. Empresas conscientes se saem bem nos dois aspectos. Estão mais alinhadas com as necessidades tangíveis e intangíveis dos clientes. Suas prioridades são claras: investir dinheiro onde ele faz a diferença (por exemplo, na satisfação dos membros da equipe, na melhor experiência para os clientes ou na qualidade superior dos produtos ou serviços) e economizar dinheiro em áreas que não agregam valor, como infrutíferas promoções de vendas, elevados índices de rotatividade de pessoal e custos administrativos decorrentes de grandes exigências burocráticas.

Empresas conscientes tendem a crescer com muito mais velocidade do que seus concorrentes. Em geral, fazem isso por meio da expansão do mercado global (como a Southwest Airlines ao longo de sua história no setor aéreo e a Starbucks e seus onipresentes cafés), além da incursão nos mercados concorrentes menos conscientes. É claro que, às vezes, empresas

APÊNDICE A: A REALIDADE PRÁTICA

conscientes inauguram mercados inteiramente novos onde nada existia antes, como são os casos da Amazon.com, no mundo da venda de livros pela internet, e da Apple, por meio de inovações como o iPod, o iTunes e o iPad. Acreditamos que, com o tempo, o número de companhias menos conscientes diminua, provavelmente por causa da dificuldade de competir com as empresas conscientes. O processo deve elevar a concorrência direta entre as organizações conscientes, resultando em mais inovação e maior criação de valor, o que, por sua vez, gerará melhor qualidade de vida para todos os *stakeholders*.

Neste apêndice, vamos demonstrar as evidências diretas e indiretas de que empresas que atuam de forma consciente apresentam melhor desempenho financeiro em longo prazo. As evidências diretas decorrem da observação, durante os últimos 15 anos, do desempenho de um conjunto representativo de organizações conscientes de capital aberto, enquanto as evidências indiretas se baseiam em alguns critérios variáveis afins (mas não iguais) aos que caracterizam uma empresa consciente.

Evidências diretas

No livro *Firms of endearment: how world-class companies profit from passion and purpose*, Raj Sisodia e os coautores selecionaram empresas com base no chamado perfil humanista (procupação com os propósitos; grau de apreço por parte dos clientes, colaboradores, fornecedores e comunidade; cultura; e liderança), e não pelos resultados financeiros.[1] O único critério financeiro considerado era que essas organizações estivessem livres de ameaça iminente de falência. Começando com várias centenas, os autores chegaram a 18 empresas de capital aberto e 10 de capital não negociado em bolsas de valores. O grau em que essas companhias poderiam ser descritas como "conscientes" variava, mas é claro que todas tinham bom desempenho nessa dimensão.

Em termos de resultados financeiros, as expectativas dos autores eram modestas: as empresas deveriam apresentar resultados condizentes com a média do setor ou um pouco melhores. Eles basearam essa crença em vários fatores.

Primeiro, as organizações não resumiam sua meta a "maximizar o retorno para os acionistas". Segundo, a maioria delas pagava bons salários e oferecia benefícios generosos; na época, por exemplo, os colaboradores da Costco ganhavam o dobro do que os colegas que trabalhavam no Walmart e tinham 98% de seus gastos com saúde pagos pelo empregador, enquanto o Walmart oferecia uma cobertura bem menor (esse número vem subindo, mas ainda não é comparável ao oferecido pela Costco). Terceiro, essas empresas pagavam impostos a uma proporção bem maior do que a maioria das demais. Quarto, as organizações selecionadas não pressionavam seus fornecedores a fim de obter o menor preço possível, e seus fornecedores eram inovadores e rentáveis. Quinto, essas "empresas cuidadosas" investiam bastante em suas comunidades e na redução do impacto ambiental. Por fim, proporcionavam grande valor ao cliente e um excelente serviço.

A maioria de nós foi condicionada a acreditar que, no mundo dos negócios, prevalece a prática do "eu ganho e você perde", cercada de uma enorme variedade de *trade-offs*. Portanto, se essas "empresas cuidadosas" gastam todo esse dinheiro "extra" com os membros da equipe, fornecedores, clientes e comunidades, o recurso tem de vir de algum lugar – provavelmente dos investidores. Sisodia e os demais autores do livro imaginaram que, como se trata de organizações bem geridas, que contam com uma equipe e clientes leais, os investidores têm tudo para lucrar com elas o que lucrariam com outras. Na opinião dos autores, isso seria mais do que aceitável, uma vez que essas empresas também criam vários outros tipos de valor. No entanto, descobriram que elas não apenas se saíam bem nesses aspectos, como também proporcionavam um retorno extraordinário a seus investidores, superando resultados do mercado em uma proporção de nove para um ao longo de uma década (de 1996 a 2006). Claro, não se trata apenas de "empresas legais" fazendo coisas boas. Um valor bem maior está sendo criado nessas empresas do que parece à primeira vista.

Os autores atualizaram os dados para abranger um período de 15 anos entre 1996 e 2011. Como mostra a tabela A-1, no mesmo período essas empresas superaram o desempenho das organizações classificadas no índice S&P 500 em cerca de 10,5%.[2]

APÊNDICE A: A REALIDADE PRÁTICA

TABELA A-1

Desempenho das "empresas cuidadosas" X empresas integrantes do índice S&P 500 (1996 a 2011)

Retorno	Quinze anos Cumulativo	Ao ano	Dez anos Cumulativo	Ao ano	Cinco anos Cumulativo	Ao ano
EC[a]	1.646,1%	21%	254,4%	13,5%	56,4%	9,4%
S&P[b]	157%	6,5%	30,7%	2,7%	15,6%	2,9%

Nota: O retorno corresponde ao total com dividendos reinvestidos e compostos.
a "Empresas cuidadosas", atualizadas pelos autores.
b. Índice da Standard & Poor's que reúne 500 empresas norte-americanas.

Evidências indiretas

Qualidade do ambiente de trabalho

Um bom indicador para uma empresa consciente é a percepção que os colaboradores têm quanto à experiência do trabalho. O Great Place to Work Institute (GPTW) pesquisa esse aspecto desde 1988 e, em uma atuação similar, há três décadas o Gallup tem avaliado o índice de envolvimento das equipes.

O GPTW Institute analisa critérios como a confiança, o orgulho e o espírito solidário para aferir se uma empresa oferece um ambiente propício à real satisfação e realização dos colaboradores. Desde 1997, atua em parceria com a revista *Fortune* para produzir a relação anual das melhores empresas para trabalhar nos Estados Unidos. Como mostra a figura A-1, entre 1997 e 2001 essas organizações superaram as médias do mercado de forma drástica. No *ranking* de 2012, as empresas conscientes mencionadas neste livro tiveram as seguintes colocações: Google (1º lugar), Wegmans (4º), REI (8º), The Container Store (22º), Whole Foods Market (32º), Nordstrom (61º) e Starbucks (73º).[3] A Glassdoor elabora um *ranking* próprio dos 50 melhores lugares para trabalhar com base na opinião dos colaboradores. Além de algumas empresas presentes na lista da *Fortune*, a seleção da Glassdoor incluiu a Trader Joe's na 9ª colocação, a Southwest Airlines na 17ª e a Costco na 23ª.[4]

FIGURA A-1

Retorno comparativo por ano do mercado de ações X as cem melhores empresas para trabalhar, segundo a *Fortune* (1997 a 2011)

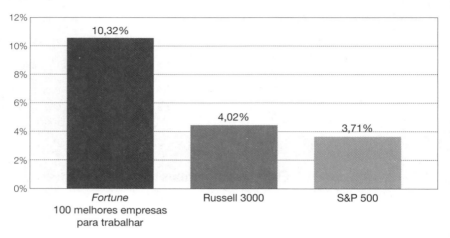

Fonte: © Great Place to Work Institute; todos os direitos reservados. Russell Investment Group.

Como discutido anteriormente, o Gallup constatou que na última década o nível médio de envolvimento dos colaboradores em empresas norte-americanas variou entre 26% e 30%. Também descobriu que, nas empresas de alto desempenho, a proporção de equipes envolvidas em relação às não envolvidas ou não engajadas é de dez para uma. No caso das empresas de médio desempenho, a proporção é de 1,8 para 1.[5]

Empresas altamente éticas

Desde 2007, uma organização chamada Ethisphere divulga um *ranking* anual com as empresas mais éticas do mundo. São avaliados sete aspectos: cidadania corporativa e responsabilidade; governança corporativa; inovação com contribuição para o bem-estar público; liderança no setor; liderança executiva; trajetória legal, regulatória e de reputação; e sistemas internos e de ética ou programas de conformidade. Em 2011, foram apontados 110 nomes.

APÊNDICE A: A REALIDADE PRÁTICA

Coletivamente, as empresas selecionadas superaram em desempenho as do índice S&P 500 em todos os anos a partir do início do programa (2007), em uma média anual de 7,3%. Descobriu-se que elas desfrutavam de maior reconhecimento da marca, maior lealdade dos clientes e menor rotatividade de colaboradores.[6]

Empresas com culturas flexíveis voltadas para os stakeholders

Em 1992, John Kotter e James Heskett, professores da Harvard Business School, publicaram o famoso livro *Corporate culture and performance*.[7] Ao longo de 11 anos, a dupla avaliou o desempenho de 207 grandes empresas norte-americanas em 22 setores e descobriu que as que tinham culturas fortes e flexíveis eram capazes de satisfazer todos os *stakeholders* e delegavam o poder em todos os níveis, superando de forma drástica as demais por amplas margens em três indicadores importantes: aumento do ganho (682% *versus* 166%), valorização das ações (901% *versus* 74%) e elevação do lucro líquido (756% *versus* 1%). Os autores resumem a cultura voltada para os *stakeholders* adotada por essas empresas: "Todos os executivos se preocupam de forma intensa com as pessoas envolvidas na operação (clientes, colaboradores, investidores e fornecedores)".

Empresas com líderes visionários

Em um amplo estudo acadêmico, pesquisadores avaliaram 520 empresas em 17 países para determinar o impacto financeiro decorrente da liderança autocrática em relação à liderança visionária e das empresas preocupadas com os *stakeholders* em comparação com aquelas voltadas apenas para o retorno financeiro.[8] Os líderes autocráticos enfatizavam os números e resultados financeiros, enquanto os visionários se concentravam em propósito e valores. Os pesquisadores descobriram que a liderança visionária estava bastante relacionada com o "esforço extra", associado de forma positiva com o desempenho da empresa. A liderança autocrática exerce forte impacto negativo no valor para o *stakeholder* e nenhum impacto sobre o desempenho financeiro. Ao longo do tempo, empresas comandadas por líderes visionários superaram significativamente aquelas centradas nos resultados financeiros e com lideranças autocráticas.

Além do esperado

Há muitas comprovações de que as empresas conscientes se saem muito melhor sob todos os critérios importantes. E quanto às organizações apenas guiadas pelo lucro? Com certeza, elas precisam se destacar no único objetivo crucial que estabeleceram para elas mesmas.

O livro *Empresas feitas para vencer: por que algumas empresas alcançam a excelência... e outras não,* de Jim Collins, é o mais vendido de todos os tempos.[9] Collins avaliou o universo das organizações de capital aberto nas últimas oito décadas e identificou 11 que atendiam ao seguinte critério: cresceram pelo menos três vezes mais do que a média de mercado durante um período de 14 anos. A obra analisa como e por que essas 11 organizações passaram de um desempenho médio para essa condição excepcional.

Duas perguntas importantes são: quem são essas empresas? Será que elas merecem a qualificação de "feitas para vencer"? A seleção inclui nomes como Circuit City, Fannie Mae e Wells Fargo. Antes de falir, a Circuit City tomou iniciativas questionáveis, como a demissão de colaboradores experientes e a substituição por profissionais remunerados com salários menores. A Fannie Mae foi atingida em cheio pela recente crise financeira, e a Wells Fargo recebeu US$ 25 bilhões a título de socorro do governo norte-americano em 2008.

No entanto, o que mais impressiona é que a lista das "feitas para vencer" inclui a Altria (antes Philip Morris). Qual foi o impacto líquido da Philip Morris, maior empresa de cigarros do mundo, durante grande parte do século passado? Seu impacto no mundo foi positivo, neutro ou negativo? É óbvio que, diante de uma avaliação ampla, o impacto se mostra fortemente negativo: a cada ano, morrem 6 milhões de pessoas em decorrência de doenças associadas ao fumo, e a expectativa é que 1 *bilhão* tenham o mesmo destino neste século. A expectativa média de vida de um fumante é cerca de uma década e meia menor do que a das demais pessoas, e os sistemas públicos de

APÊNDICE A: A REALIDADE PRÁTICA

saúde gastam por volta de US$ 650 bilhões no tratamento de doenças decorrentes do tabagismo.[10] Não há como esconder esses números. A maioria das empresas do setor não se limita a atender à demanda existente, mas se esforça para conquistar novos consumidores, décadas após a comprovação de que o cigarro é altamente prejudicial à saúde.

Em uma visão mais ampla, do ponto de vista da sociedade, essa empresa torna o mundo melhor sob algum aspecto? Claro, algumas pessoas trabalham nela e os investidores gostam de recolher bons retornos. Mas a qual custo? Se a empresa fosse obrigada a contabilizar todos os custos externalizados para a sociedade, o desempenho financeiro seria tão bom? Achamos que não.

A origem do lucro é um fator importante. Como alertou Gregory David Roberts, "se nós não respeitamos a forma como ele é ganho, o dinheiro não tem valor. Se nós não podemos usá-lo para tornar melhor a vida de nossas famílias e pessoas queridas, ele não tem sentido".[11] Uma definição bem mais ampla do que faz de uma empresa um grande negócio é a que considera o valor *total* que ela gera, não apenas a riqueza financeira que chega aos investidores, mas todos os tipos de riqueza já citados, e para todos os *stakeholders*. Um grande negócio melhora a saúde geral e o bem-estar da sociedade. Ajuda a trazer maior prosperidade e realização a todas as partes envolvidas e sua própria existência enriquece o mundo. Esses são critérios bem melhores na hora de avaliar a grandeza de um empreendimento.

TABELA A-2

Desempenho das "empresas cuidadosas" X empresas integrantes do índice S&P 500 e empresas "feitas para vencer" (1996 a 2011)

Retorno	Quinze anos Cumulativo	Ao ano	Dez anos Cumulativo	Ao ano	Cinco anos Cumulativo	Ao ano	Três anos Cumulativo	Ao ano
EC[a]	1.646,1%	21%	254,4%	13,5%	56,4%	9,4%	77,4%	21,1%
FPV[b]	177,5%	7%	14%	1,3%	−35,6%	−8,4%	−23,2%	−8,4%
S&P 500[c]	157%	6,5%	30,7%	2,7%	15,6%	2,9%	10,3%	3,3%

Nota: O retorno corresponde ao total com dividendos reinvestidos e compostos.
a "Empresas cuidadosas", atualizadas pelos autores.
b. Empresas citadas no livro *Empresas feitas para vencer*.
c. Índice da Standard & Poor's que reúne 500 empresas norte-americanas.

É importante ressaltar que todas essas considerações, no final das contas, se manifestam no desempenho financeiro. Nos últimos 15 anos, as companhias relacionadas como exemplos de sucesso em *Empresas feitas para vencer* só apresentaram um desempenho ligeiramente superior ao do mercado e ficaram bem atrás das empresas conscientes avaliadas no livro *Firms of endearment* (tabela A-2). Nos últimos dez, cinco e três anos, as organizações citadas em *Empresas feitas para vencer* tiveram resultados significativamente inferiores aos do mercado. Vale lembrar que elas foram apontadas como "vencedoras" em períodos diferentes, mas acreditamos que aquelas que de fato merecem o título deveriam resistir ao teste do tempo e manter resultados excepcionais.

Explicações para um desempenho superior

Como as empresas conscientes proporcionam resultados financeiros superiores ao mesmo tempo que criam outras formas de riqueza e de bem-estar para todos os *stakeholders*, incluindo a sociedade? A explicação envolve os seguintes fatores: elas atingem níveis elevados de vendas porque se destacam ao criar valor para os clientes; em geral operam com margens brutas menores do que poderiam e, ainda assim, atingem margens líquidas maiores do que as concorrentes de estrutura tradicional. Com o tempo, as empresas conscientes criam uma reputação de excelência e crescem com maior velocidade. Atraem clientes mais leais, colaboradores mais comprometidos e fornecedores de qualidade superior, além de gerar uma apreciação maior da comunidade em que atuam. Tudo isso também ajuda a lucrar mais e a receber maior valorização em relação aos resultados.

Mais vendas

A explicação mais imediata para o melhor desempenho nas vendas das empresas conscientes é maior aceitação dos clientes. As empresas conscientes contam com maior apreço dos consumidores, que não se sentem apenas

APÊNDICE A: A REALIDADE PRÁTICA

satisfeitos e leais, mas *admiram* e *elogiam* a empresa. Em consequência, elas conseguem melhores resultados nas vendas. Superam as médias dos setores em que atuam de acordo com critérios como venda por área e retorno por membros da equipe.

Quando uma empresa gera mais ganhos em uma base comparável de ativos do que a concorrência, pode pagar salários melhores e ainda permanecer competitiva. Tem início um ciclo virtuoso: uma equipe bem remunerada e com verdadeira paixão pelo trabalho e por servir as pessoas é decisiva para a criação de uma experiência superior para o cliente. A empresa atinge maior economia de escala e consegue melhorar a proposta de valor ao consumidor. Com o tempo, a combinação resulta na atração de um número cada vez maior de clientes, o que permite pagar bons salários e atingir maior economia de escala.

As empresas conscientes são essencialmente mais competitivas. Não se trata da competitividade obtida por meio da pressão sobre equipes estressadas com incentivos ou ameaças, mas da que resulta do estado positivo das pessoas dedicadas, que criam a excelência, produzem inovações e amam o que fazem – um tipo de energia capaz de mover montanhas.

Existem alguns exemplos de varejistas conscientes e de suas habilidades superiores em gerar mais renda e melhor eficiência operacional:

- As vendas por pé quadrado da varejista Wegmans são 50% superiores à média do setor e atingem margens operacionais estimadas em 7,5%, o que corresponde a quase o dobro dos resultados dos concorrentes.[12] Como a maioria das empresas conscientes, a Wegmans remunera bem os colaboradores, oferece benefícios generosos até para quem trabalha em horário reduzido e garante treinamento extensivo.

- A Costco gera vendas de cerca de US$ 140 milhões por loja e US$ 1 mil por pé quadrado. O Sam's Club, seu concorrente, gera US$ 78 milhões e US$ 586, respectivamente, e o BJ's Wholesale Club, US$ 54 milhões e US$ 500. Com um índice de vendas bem mais alto por colaborador, a Costco pode oferecer bons salários, o que contribui para um desempenho excepcional.[13]

- A varejista de móveis Jordan vende uma média de US$ 950 por pé quadrado ao ano (a média do setor é US$ 150). Consegue reconfigurar seu estoque 13 vezes por ano, índice também bem superior à média do setor.[14]

- As vendas da Trader Joe's superam a marca dos US$ 1.750 por pé quadrado, mais de *três vezes* acima da média. A empresa paga salários próximos aos valores máximos praticados no setor, mas a folha de pagamento ainda representa um percentual entre os mais baixos do setor.[15]

A miragem das margens

A maioria das empresas tenta maximizar sua margem bruta recorrendo a fornecedores baratos e usando seu poder de barganha para forçá-los a oferecer preços cada vez mais baixos. Muitas vezes trabalham com fornecedores que precisam lutar para manter a rentabilidade e não podem se dar ao luxo de investir na melhoria da qualidade ou em inovação. As empresas conscientes, de outro lado, são bastante seletivas com os fornecedores. Priorizam a parceria com organizações inovadoras, preocupadas com a qualidade e que também atuam de forma consciente. Esses fornecedores são bem pagos e, por sua vez, remuneram melhor seus fornecedores e colaboradores.

Muitas empresas também se esforçam para minimizar os custos com a folha de pagamento, sobretudo no que se refere à remuneração dos funcionários da linha de frente, e não são nada generosas com a oferta de benefícios, como seguro-saúde. Preferem empregar profissionais temporários sempre que possível, mantendo-os dentro de um regime que não as obrigue a cumprir maiores benefícios. Também costumam proporcionar um mínimo de treinamento aos membros da equipe e encaram a alta rotatividade como um fato inevitável.

As empresas conscientes, de outro lado, garantem boa remuneração às equipes da linha de frente (às vezes, bem acima da média do setor) e são generosas com os benefícios. Como seus custos diretos são *maiores* do que poderiam ser, a margem bruta de um empreendimento consciente é tipicamente *menor* do que seria se adotasse a mentalidade de maximização.

APÊNDICE A: A REALIDADE PRÁTICA

Os próximos itens na aferição de resultados relacionam-se com as vendas, custos gerais e administração, e é aí que os investimentos feitos nas pessoas, no aumento da qualidade e em culturas consistentes fazem a diferença. As empresas tradicionais desperdiçam suas altas margens brutas duramente adquiridas com gastos pesados em marketing, despesas gerais de gestão, honorários de advogados e altos níveis de premiação de executivos. Investem em altos custos de treinamento e recrutamento como forma de conter a alta rotatividade da equipe. Os colaboradores são, em regra, desmotivados e improdutivos. A qualidade do produto é muitas vezes deficiente, o que resulta em baixa lealdade dos clientes e alto índice de devolução.

Menos gastos com marketing

As empresas conscientes em geral gastam menos em publicidade e marketing, e o investimento que fazem é abordado de maneira diferente. Isso ocorre porque elas contam com uma legião de clientes satisfeitos e encantados, que as promovem com lealdade e paixão. Algumas chegam a investir entre 10% e 25% da média de gastos do setor, o que constitui uma enorme economia (os custos com publicidade subiram mais rápido do que outras áreas e passaram a representar uma das maiores despesas para a maioria das companhias).[16] O Whole Foods Market, por exemplo, destina ao marketing apenas cerca de 20% da média do setor, e 90% desse total é gasto nas lojas em vez de nos escritórios de apoio geral. Além disso, a maioria desse montante está relacionada a atividades de serviço ligadas à comunidade. As empresas conscientes se beneficiam da melhor forma de promoção que existe não só da parte de seus clientes, mas também dos colaboradores, fornecedores, comunidades e meios de comunicação. O Google e a Starbucks são outros exemplos de organizações que gastam relativamente pouco em marketing, mas conquistaram grande sucesso e adoração por meio de sua abordagem consciente.

As empresas conscientes também se beneficiam com a explosão das mídias sociais, pois as utilizam para atender os clientes em vez de tentar persuadi-los. Ainda que gastem mais nessa área, os custos globais com marketing podem ser menores, uma vez que elas não precisam fazer tanta publicidade paga, maior fonte de gasto da maioria dos *budgets*. Em geral, também não precisam trocar tanto seus produtos ou tomar medidas para atender clientes insatisfeitos.[17]

Rotatividade menor, envolvimento maior

Uma empresa consciente toma muito cuidado para contratar pessoas cujas paixões pessoais estejam em harmonia com a finalidade da organização. Em geral, o índice de rotatividade é mais baixo, o que significa uma economia significativa com contratação e treinamento de novos colaboradores. O índice de *turnover* anual na The Container Store, empresa sempre presente nos *rankings* dos melhores lugares para trabalhar, por exemplo, costuma ser de um dígito, enquanto no setor em que atua esse índice muitas vezes supera os 100%. Os colaboradores dessas empresas costumam ser leais, experientes, apaixonados, cheios de energia, criativos, envolvidos e extraordinariamente produtivos. A Starbucks é outro bom exemplo. Ao estender os benefícios de cobertura de saúde para funcionários que trabalham em regime parcial (gastando mais com cuidados com a saúde do que com café), os membros da equipe saem ganhando, e os clientes também, pois são atendidos por profissionais mais dedicados, como baristas que se lembram de seus nomes e dos detalhes sobre suas preferências.[18]

Custos administrativos menores

Uma empresa consciente tem menores custos administrativos, porque está sempre atenta para eliminar despesas que não acrescentam valor, utilizando, para isso, ideias vindas dos membros da equipe e dos fornecedores. Também se preocupa com as despesas essenciais, como os custos com saúde, não por meio de cortes esquemáticos, mas pela busca de maneiras criativas de chegar a uma dinâmica em que todos ganham. O Whole Foods Market, por exemplo, vem reduzindo esses gastos por meio de uma variada gama de iniciativas de bem-estar, que vão muito além daquelas promovidas pelas organizações convencionais. Não se trata de apenas reduzir custos, mas de cuidar e transformar vidas durante esse processo.

APÊNDICE A: A REALIDADE PRÁTICA

Empresas conscientes em geral contam com burocracias e estruturas de gestão menores e, portanto, mais enxutas do que as tradicionais. Criam sistemas em que as pessoas certas desempenham as tarefas certas e contam com elevado grau de autonomia. A maioria dos membros da equipe está envolvida ativamente na criação de valor real para os clientes, e não no "gerenciamento" de colegas. Essas companhias são projetadas para primarem pela autogestão, automotivação e auto-organização. Na maioria das empresas conscientes, os líderes seniores são pagos modestamente em relação a seus pares em outras organizações. Como discutimos, o Whole Foods Market adota uma política pela qual ninguém pode receber mais do que 19 vezes o salário médio dos colaboradores em tempo integral, mesmo que a proporção vigente nas grandes companhias de capital aberto tenha variado entre 350 e 500 vezes nos últimos anos. Nas empresas conscientes, a única maneira de os executivos ganharem mais é elevar o salário médio de todos os membros da equipe.

Como resultado da alta confiança entre todos os *stakeholders*, os custos legais ficam bem abaixo dos níveis considerados normais. As empresas conscientes de fato entendem seus clientes, desenvolvem produtos excelentes (em grande parte graças ao nível superior de seus fornecedores) e não recorrem a táticas de venda forçada. Em consequência, a taxa de devolução de seus produtos também é comparativamente inferior.

A melhor maneira de ganhar

É muito difícil competir com uma empresa que efetivamente utiliza as sinergias criadas com a interdependência entre os *stakeholders* e incentiva a expressão da energia criativa em geral adormecida na maioria das pessoas. Muitos empreendimentos fracassam porque não conseguem atingir um grau de inovação, cooperação ou colaboração suficientemente alto. Quase sempre surge um concorrente com maior grau de espírito de equipe, cooperação, colaboração e interdependência, e a organização menos eficaz não consegue competir de forma consistente. Basta olhar para o grande sucesso da Trader Joe's, Whole Foods Market, Wegmans, Publix e HEB: esses varejistas de alimentos com estrutura mais consciente estão crescendo e prosperando, enquanto os que ainda seguem o paradigma tradicional de negócios lutam pela sobrevivência.

Na verdade, as empresas conscientes estão começando a assumir uma cota significativa do mercado em muitos setores, e não só no varejo de alimentos. A Southwest Airlines já foi uma operadora pequena e inexpressiva, mas hoje é uma das companhias aéreas mais rentáveis e valiosas dos Estados Unidos. O capitalismo consciente tem tudo para triunfar porque se baseia em níveis mais elevados de inovação, colaboração e cooperação, e a tendência é que o mercado acabe eliminando as empresas que não forem suficientemente conscientes.

APÊNDICE B

O capitalismo consciente e as ideias afins

Já faz um tempo que a insatisfação com o *status quo* no mundo dos negócios e do capitalismo vem ganhando força. O movimento Occupy, que teve início em 2011, canalizou um pouco dessa angústia em protestos que se espalharam por diversas cidades norte-americanas, mas, em última análise, não exerceu grande impacto porque não trouxe uma visão alternativa consistente.

Nos últimos anos, muitos estudiosos do mundo dos negócios e alguns CEOs começaram a falar de formas alternativas ou de novas abordagens do capitalismo. Neste apêndice, discutimos como o capitalismo consciente se relaciona com algumas dessas propostas de novos rumos.

Capitalismo natural

O capitalismo natural é uma importante abordagem, apresentada em 1999 por Paul Hawken, Amory Lovins e Hunter Lovins.[1] Baseia-se na teoria de que o capitalismo tradicional ou industrial é insustentável e enganoso, porque não leva em conta alguns dos insumos mais críticos: os recursos naturais, os sistemas vivos e o capital humano. Basicamente, a nova abordagem propõe que as empresas atribuam valores razoáveis a esses insumos essenciais, sob o argumento de que a omissão deles leva a demonstrações financeiras ilusórias, ao esgotamento dos recursos naturais e à incapacidade de recuperação de nosso planeta. Os autores estimam que, a cada ano, os "serviços prestados gratuitamente" pela natureza às empresas somam cerca de US$ 33 trilhões. Eles recomendam a adoção de novas tecnologias capazes de melhorar o valor dos recursos naturais, a eliminação dos resíduos dos sistemas de produção e a concentração nos esforços para aliviar os danos ambientais decorrentes da atividade econômica (como o plantio de árvores para compensar as emissões de carbono). Defendem que as empresas devem aprender a trabalhar em harmonia com a natureza, e não contra ela, e mostram como isso pode ser rentável, assim como a abordagem sustentável.

O livro *Capitalismo natural: criando a próxima Revolução Industrial* contribuiu para aguçar a consciência de muitos líderes empresariais, sobretudo no que se refere à sustentabilidade ambiental. Um exemplo conhecido é o de Ray Anderson, CEO da Interface Carpet, que começou a descrever a si mesmo e a seus colegas presidentes-executivos como "saqueadores" do capital natural. Anderson deu início a uma grande transformação em sua empresa, intensa consumidora de energia e de recursos, e descobriu que a medida resultou em mais inovação e em um sucesso ainda maior no mercado.

O capitalismo consciente inclui os princípios do capitalismo natural relacionados à sustentabilidade ambiental. Incorpora o que aprendemos e continuamos a aprender sobre a vida em harmonia com a natureza, não só por meio da preocupação em causar o menor dano possível, mas também pela tentativa de recuperar os ecossistemas ao mesmo tempo que a organização exerce sua atividade. A proposta inclui o posicionamento dos negócios junto a maior harmonia com a natureza humana. O capitalismo consciente reconhece que nossos recursos naturais, em última análise, são finitos e devem ser protegidos e preservados. Também reconhece que nossa criatividade e nossos recursos internos são infinitos, desde que saibamos como ativá-los e utilizá-los. Como ressaltado anteriormente, a forma de energia renovável mais

APÊNDICE B: O CAPITALISMO CONSCIENTE E AS IDEIAS AFINS

poderosa do planeta é o ser humano completamente ativo, atento e sintonizado com seu potencial.

Assim, não identificamos nenhuma contradição entre o capitalismo consciente e o capitalismo natural. O primeiro inclui as valiosas informações propostas pelo segundo quanto ao uso do meio ambiente e vai além, apresentando uma visão ainda mais abrangente de todo o mundo dos negócios e do sistema econômico.

Triple bottom line

Em 1994, John Elkington, fundador da firma de consultoria britânica Sustain-Ability, criou o conceito de *triple bottom line* (ou tripé da sustentabilidade).[2] Os três itens que ele incluiu nessa estrutura são as pessoas, o planeta e o lucro, e Elkington defendia uma "prestação de contas" das empresas quanto a seu desempenho financeiro, social e ambiental ao longo do tempo. Andrew Savitz escreveu um excelente livro sobre a proposta, *A empresa sustentável: como a sustentabilidade pode ajudar sua empresa*.[3]

A ideia agradou, e muitas empresas já produzem relatórios com informações detalhadas sobre sua atuação nas três esferas propostas pelo conceito de Elkington. Não há dúvida de que existe consonância com alguns dos princípios mais importantes do capitalismo consciente, em especial na ênfase à gestão das empresas com vistas ao benefício de vários *stakeholders*. Consideramos a proposta do *triple bottom line* um "companheiro de viagem" para ajudar a transformar o capitalismo e o mundo dos negócios em uma estrutura dotada de consciência mais ampla.

Enquanto a abordagem da responsabilidade social corporativa (RSC) tenta incluir a responsabilidade social e a sustentabilidade ambiental no modelo de maximização dos lucros na forma de um acréscimo, a abordagem do *triple bottom line* pretende torná-las parceiras com a mesma importância dentro do modelo de negócio. O segundo certamente constitui um avanço na comparação com o primeiro, que tende a se concentrar sobretudo na responsabilidade social e na sustentabilidade ambiental como as principais áreas de atenção além do sucesso econômico. No entanto, a proposta negligencia outros princípios do capitalismo consciente igualmente importantes, como visão mais ampla e mais diferenciada em relação aos *stakeholders*. Além disso, o movimento do *triple bottom line* não oferece a mesma visão sobre aspectos como propósito, liderança, gestão e cultura. Assim, o capitalismo consciente é uma forma mais abrangente de pensar sobre a atuação das empresas; o conceito inclui a abordagem do *triple bottom line* em relação aos *stakeholders*, com informações valiosas sobre como ajudar a conduzir as organizações para um nível mais elevado.

Capitalismo de valor compartilhado

Apresentada por Michael Porter e Mark Kramer em 2011, a proposta do capitalismo de valor compartilhado refere-se a práticas que tornam a empresa mais competitiva ao mesmo tempo que melhoram o bem-estar econômico e social das comunidades em que atuam.[4] Porter e Kramer defendem que as organizações devem ampliar a definição de valor e alinhar melhor a criação de valor para os acionistas com valor para a sociedade. Em nível global, necessidades sociais como habitação, energia, saneamento e saúde ainda não chegaram a muitas pessoas, mas a maioria das grandes empresas tenta estimular uma demanda maior entre os consumidores afluentes. O estreito foco adotado até agora apenas sobre o valor para os acionistas gerou uma divergência crescente entre as empresas e a sociedade.

Porter e Kramer acreditam que as organizações podem criar valor compartilhado de três maneiras: repensando produtos de formas que agradem aos consumidores e criem ganhos sociais; adotando uma cadeia de valor mais eficiente e sustentável; e estimulando o desenvolvimento local. Segundo os autores, "nem todo lucro é igual. Os ganhos que envolvem um propósito social representam uma forma superior do capitalismo, capaz de criar um ciclo positivo entre a empresa e a prosperidade da comunidade".

A proposta do valor compartilhado difere do capitalismo tradicional na medida em que coloca maior ênfase na criação de valor para a sociedade, excedendo os limites da maximização de riqueza para os acionistas. Reconhece de maneira explícita que as empresas não podem prosperar por muito tempo se instaladas em meio a comunidades que enfrentam limitações.

APÊNDICE B: O CAPITALISMO CONSCIENTE E AS IDEIAS AFINS

O capitalismo consciente concentra-se em *valores humanos* compartilhados, além do valor econômico. A proposta de Porter e Kramer é uma forma pragmática de alinhar melhor as empresas e os interesses da sociedade, mas faltam os motivadores emocionais e espirituais intangíveis, que conferem ao capitalismo consciente um poder extraordinário. A teoria está mais próxima de uma correção tática do que da reconsideração essencial que julgamos necessária hoje. Além disso, as implicações de desempenho da teoria do valor compartilhado não são claras, enquanto não faltam evidências de que as empresas conscientes superam as tradicionais no que se refere a desempenho.

Capitalismo criativo

Em um discurso bastante comentado realizado no Fórum Econômico Mundial de 2008, em Davos, Bill Gates apresentou uma visão para o que ele chamou de *capitalismo criativo*.[5] Ele sugeriu que as empresas deveriam expandir a atuação das forças de mercado de forma a beneficiar mais pessoas situadas na extremidade inferior do espectro de renda, trabalhando ao lado dos governos e organizações sem fins lucrativos para atender às necessidades dos mais pobres e investindo em inovações voltadas sobretudo para a "base da pirâmide".[6]

O capitalismo criativo se aplica aos produtos com altos custos fixos e baixos custos variáveis, como *softwares* e produtos farmacêuticos. As empresas podem adotar uma precificação flexível para tornar tais produtos acessíveis aos consumidores com menor renda e ainda obter lucro. Além disso, elas se beneficiam por meio do reconhecimento público e do fortalecimento da marca, o que lhes permite contratar e reter colaboradores talentosos. Em vez da maximização do lucro, o capitalismo criativo enfatiza a maximização do impacto e envolve um amplo espectro de cruzamento de subsídio entre clientes mais e menos prósperos.

Assim como a abordagem da responsabilidade social corporativa, o capitalismo criativo esbarra na limitação de ser, em grande parte, uma extensão do modelo de negócio tradicional. Ele sugere que as empresas desenvolvam melhores estratégias de comercializar e disponibilizar itens para os mercados de baixa renda. O conceito só se aplica a um subconjunto relativamente pequeno de setores com estruturas de custos que permitem a fixação variável de preços. É grande a ênfase colocada no valor para a marca de oferecer aos clientes de baixa renda produtos a preços baixos, com baixos custos variáveis. O capitalismo consciente atribui forte ênfase para a sociedade e, portanto, incorpora muito do que o capitalismo criativo propõe, mas superando-o ao transformar o núcleo do negócio. A criatividade nessa abordagem do capitalismo criativo também se revela limitada às estratégias de preços, enquanto no capitalismo consciente a criatividade e a inovação são fundamentais em larga escala.

B corporations

Nos últimos anos, surgiu uma nova forma de organização corporativa: as *benefit corporations*. A ideia central dessa estrutura é que as empresas devem ser agentes diretos de resolução dos problemas sociais e ambientais. Essas organizações são certificadas por instituições sem fins lucrativos chamadas B Labs, o que garante o cumprimento de exigências de desempenho social e ambiental claramente definidas. Estima-se que 450 empresas de pequeno e médio portes haviam recebido essa certificação nos Estados Unidos quando este livro foi escrito, e sete estados norte-americanos já aprovaram leis que permitem a adoção dessa modalidade corporativa. Por mútuo acordo, as empresas certificadas recebem descontos ao realizar transações com outras da mesma categoria.[7]

Embora as *B corporations* sejam compatíveis com os princípios propostos pelo capitalismo consciente, não as consideramos um avanço revolucionário, pois as corporações com a estrutura que conhecemos hoje são controladas por seus investidores ou proprietários. Isso significa que os proprietários comandam uma parte da estrutura proporcional ao número de ações que detêm. São eles que determinam de forma coletiva a governança básica da empresa e, por meio dos representantes eleitos para o conselho de administração, o tipo de gestão adotado. Em última análise, são os donos que controlam a empresa, e esse controle faz sentido porque, de todas as partes interessadas, os proprietários são os mais vulneráveis à influência dos gestores e de outros *stakeholders*, ao contrário do que muitas pessoas acreditam. Vale lembrar que

APÊNDICE B: O CAPITALISMO CONSCIENTE E AS IDEIAS AFINS

os proprietários são remunerados depois de pagas todas as outras partes interessadas, e somente se sobrar algo. Portanto, é essencial que tenham a palavra final sobre os princípios de gestão e de governança.

A proposta das *B corporations* parece violar o importante princípio de que os proprietários devem controlar a empresa. A administração exerce um controle muito maior nesse tipo de organização, independentemente do desempenho financeiro, desde que sejam cumpridas as metas sociais e ambientais estabelecidas.

O sistema protege a empresa dos proprietários, mas quem protege os proprietários dos gestores? Será que estes podem demitir os executivos e formar uma nova liderança? Em caso positivo, as *B corporations* não diferem muito das empresas comuns e, portanto, não são realmente necessárias, a não ser na forma de uma "sucursal" social e ambientalmente responsável. Se os proprietários não têm controle sobre a gestão, essas empresas ficam restritas a um nicho relativamente pequeno, no qual os proprietários se mostram dispostos a aceitar retornos financeiros mais baixos em nome de outras metas estabelecidas pela gestão, nem sempre em consonância com os interesses próprios.

Não há nada errado em definir uma empresa como uma *benefit corporation* se é isso que os fundadores desejam e se conseguem encontrar investidores que concordem com os termos dessa forma de estrutura e aparentemente abram mão de parte de seus direitos legais de gestão. As *B corporations* são perfeitamente condizentes com o capitalismo como um tipo de organização voluntária que cria valor para os *stakeholders* em proporções diferentes das adotadas pelas empresas comuns. No entanto, estão longe de ser revolucionárias, porque provavelmente constituirão apenas um pequeno nicho no imenso universo capitalista.

Além disso, as *B corporations* são potencialmente menos competitivas do que as estruturas controladas por proprietários e pelas organizações sem fins lucrativos. Em termos de busca de capital, as empresas controladas por proprietários apresentam mais vantagens competitivas, uma vez que a maioria dos investidores pretende obter retornos elevados em longo prazo. Embora as *B corporations* não estejam impedidas de buscar altos retornos sobre o capital, têm o desafio de convencer potenciais investidores de que pretendem fazer isso. Ao contrário de doadores para organizações sem fins lucrativos, as pessoas que investem nas *benefit corporations* não são beneficiadas com deduções fiscais sobre os investimentos. Assim, as organizações sem fins lucrativos provavelmente têm vantagens competitivas na hora de captar recursos de pessoas com preocupações sociais ou ambientais, mas que valorizam as deduções que acompanham suas iniciativas de filantropia.

As *B corporations* de fato ocupam um nicho legítimo entre as empresas de controle privado e as organizações sem fins lucrativos. Trata-se de um espaço valioso e útil, e esperamos que ele cresça ao longo do tempo. No entanto, não acreditamos que ele se torne predominante, ao contrário do capitalismo consciente, que caminha para se transformar na forma-padrão de estrutura das empresas.

APÊNDICE C

Conceitos errados e imprecisos

Para algumas pessoas, a proposta do capitalismo consciente é idealista e inviável na prática. Elas acreditam que o mundo dos negócios é um território cruel, impiedoso e propício apenas para quem está disposto a "matar ou morrer", uma arena sem espaço para o altruísmo. Em sua opinião, o capitalismo consciente não passa de uma utopia, um nobre desejo alimentado por um bando de idealistas ingênuos.

Na realidade, essa forma de fazer negócios não se limita a gerar bem-estar e felicidade para todos os *stakeholders*; ela também constitui o segredo para um bom desempenho consistente ao longo do tempo. As empresas convencionais que precisam competir com organizações realmente conscientes não demoram para perceber que estas contam com uma força, determinação e resiliência excepcionais – basta perguntar a um executivo da American Airlines, hoje em concordata, como foi a experiência de competir com a Southwest Airlines durante quatro décadas.

Este apêndice pretende abordar as críticas e objeções mais comuns em relação às propostas do capitalismo consciente, bem como apresentar nosso contraponto.

CAPITALISMO CONSCIENTE

O capitalismo consciente não é nada mais do que uma roupa nova para um problema antigo, pois o objetivo das empresas continua sendo a geração de lucros.

Alguns descrentes insistem que tudo não passa de uma teoria sem fundamento, pois a motivação de um empreendimento é, foi e sempre será a maior obtenção de lucro possível, e nada altera essa vocação.

Nós acreditamos que os ganhos são essenciais para que uma empresa atinja seus objetivos de forma plena. A geração de lucros fornece o capital necessário para inovar e progredir, e sem ganhos não há progresso. Se uma empresa se limita a pagar as contas, exercerá um impacto mínimo na sociedade. O Whole Foods Market é responsável hoje por um impacto bem maior do que o exercido há trinta, vinte ou dez anos, por causa de nossa lucratividade elevada. Graças a esse fator, conseguimos atingir e ajudar milhões de pessoas, em vez de apenas alguns milhares.

O problema é que a maioria das organizações persegue a geração de lucros da mesma forma desorientada pela qual as pessoas perseguem a felicidade. Como já falamos antes, citando Viktor Frankl, "não podemos perseguir a felicidade, porque ela é uma *consequência*".[1] Pessoas obcecadas em encontrar a própria felicidade tendem a se comportar de maneira narcisista e autocentrada. A felicidade é o resultado de condições como uma vida repleta de significado e de propósito; a dedicação aos outros; a busca da excelência; o crescimento como indivíduo; o exercício da amizade, do amor e da generosidade. Da mesma forma, os lucros ocorrem com mais consistência quando não são o objetivo primordial de uma empresa, e sim um "subproduto" de propostas mais elevadas, da oferta de serviços e produtos de qualidade, da satisfação do cliente, da realização da equipe de trabalho e da contribuição para as esferas social e ambiental. As empresas que colocam a obtenção de lucros acima de todo o resto acabam descobrindo que essa estratégia não faz sentido.

O capitalismo consciente só funciona quando as coisas vão bem.

Muitos acreditam que a preocupação com o outro, a generosidade e a sensação de que todos compartilhamos de um mesmo destino desaparece assim que surgem as dificuldades. É muito fácil pensar nos outros quando estamos satisfeitos, mas como fica quando as dificuldades se acentuam? As empresas

APÊNDICE C: CONCEITOS ERRADOS E IMPRECISOS

realmente conscientes aproveitam essa oportunidade e tornam-se ainda mais generosas quando atravessam períodos árduos, dos quais saem com seus valores essenciais fortalecidos e seu aspecto humano intacto. As medidas que tomam a fim de garantir a sobrevivência em épocas de dificuldades servem para unir a empresa e fortalecer sua cultura.

Um exemplo é o que aconteceu com o Windsor Marketing Group, uma pequena organização com sede em Connecticut que desenvolve orientação visual para os maiores varejistas do país. O fundador e presidente-executivo, Kevin Armata, lembra-se de uma experiência complicada, decorrente da última recessão econômica: "Nossa atividade caiu 30%. Se demitíssemos 20% de nossos colaboradores, como a concorrência estava fazendo, o resultado para seis ou sete famílias poderia ser a perda da moradia, sem falar em talvez seis ou sete divórcios. Concluímos que a empresa tinha mais condições de superar as dificuldades do que as famílias e decidimos não demitir ninguém. Preferimos atravessar a tempestade juntos".[2]

Quando a recessão se instalou, o Windsor Marketing Group já tinha dado início a uma nova unidade de produção. Em vez de suspender o processo, Armata apostou em uma solução inovadora: perguntou aos colaboradores, com bastante tempo disponível por causa da baixa atividade, se alguém tinha experiência com construção. Descobriu que vários já haviam trabalhado como pedreiros, carpinteiros, encanadores e eletricistas em outras etapas da vida, em geral durante períodos curtos. Foi assim que muitos colaboradores passaram a ajudar na construção da nova unidade nos momentos de ociosidade.

O resultado foi a edificação de uma fábrica novinha, com uma área de 48 mil metros quadrados, erguida basicamente pelos próprios funcionários da empresa. Quando a recessão acabou, a atividade recomeçou e a empresa apresentou um crescimento trimestral de 40%, acompanhado de um nível imenso de envolvimento, dedicação e gratidão da equipe. Eles tinham erguido as paredes da empresa e, mais do que nunca, queriam ampliar aqueles limites.[3]

> **O capitalismo consciente é um artigo sofisticado, e apenas quem atua em setores de ponta pode se dar a esse luxo.**

O capitalismo consciente não é um produto de luxo, restrito a poucos. Existem inúmeras empresas de segmentos acessíveis que adotam seus princípios, como Costco, Southwest Airlines, JetBlue, Amazon.com, Tata, Toyota, Trader Joe's a Ikea. Outras organizações conscientes estão posicionadas na extremidade mais elevada do espectro dos preços, mas também oferecem grande valor ao cliente, em decorrência da qualidade superior de suas ofertas, do serviço ao cliente e da experiência que proporcionam a seus consumidores, como Whole Foods Market, The Container Store e Starbucks.

A proposta do capitalismo consciente funciona para todos os tipos de empresa porque atinge um *nível de eficiência* inacessível para as organizações convencionais. Empresas conscientes conseguem um nível de vendas mais elevado, contam com equipes de colaboradores mais produtivas e eficientes, investem dinheiro em aspectos que fazem a diferença para os clientes e não alocam recursos para itens que não agregam valor. Em resumo, comandam uma embarcação que sabe por onde navega.

Os mercados de capitais nunca vão reconhecer a proposta do capitalismo consciente.

Como abordado anteriormente, vários analistas financeiros isolados podem não aprovar essa abordagem, mas o mercado como um todo premia as empresas conscientes com uma valorização superior por causa de seu melhor desempenho econômico em longo prazo. Como definiu o investidor Ben Graham, "em curto prazo o mercado funciona como uma urna, mas em um período mais longo assume a função de uma balança". O mercado de capitais reconhece e premia o que demonstra bom desempenho financeiro, de olho no sucesso financeiro tanto em curto como em longo prazo. As bolsas de valores revelam-se descrentes nas causas do sucesso financeiro de qualquer empresa até a comprovação concreta dos resultados. Com o tempo, os fundos de investimento e os índices de mercado que consideram os princípios do capitalismo consciente ganham reconhecimento. O bom resultado financeiro tende a gerar imitação, e o mercado de capitais provavelmente tende a ampliar seus valores e filosofias de forma a identificar essas empresas desde o início.

Infelizmente, um número muito grande de gestores e executivos é basicamente motivado por objetivos de curto prazo, às vezes até comprometendo a saúde da empresa em longo prazo, no decorrer desse processo. Em uma pesquisa, por exemplo, 80% dos executivos declararam-se dispostos a

APÊNDICE C: CONCEITOS ERRADOS E IMPRECISOS

reduzir custos em áreas como pesquisa e desenvolvimento para atingir as metas trimestrais, mesmo sabendo que a medida causaria efeitos negativos em longo prazo.[4]

> **Uma empresa consciente precisa nascer com essa orientação.**
> **Não é possível mudar o trajeto se a história teve outra formação.**

Como discutido no capítulo 17, é bastante desafiador mas não impossível transformar uma organização convencional em uma empresa consciente. A trajetória da HCL é um bom exemplo. Outra confirmação é o caso da Harley-Davidson, que passou por uma mudança radical depois de ser vendida pela AMF Company, em 1981. A Interface Carpet também ilustra esse processo, depois que o CEO e fundador, Ray Anderson, mudou suas convicções sobre o impacto que a empresa exerce sobre o planeta e transformou a organização em uma iniciativa consciente.

Não é fácil, mas isso pode (e deve) ser feito se uma empresa deseja ser competitiva, sobreviver e prosperar em longo prazo. Para chegar ao alto, é preciso um compromisso autêntico, e não é possível criar uma empresa consciente sem uma condução adequada. Em geral, o processo de transformação exige a ajuda de consultores externos, além da participação de todos os *stakeholders*, com vistas a um compromisso com um futuro mais consciente.

Mesmo que a maioria das organizações que existem hoje se mostre pouco disposta ou capaz de investir nessa transição, em longo prazo isso não fará muita diferença, porque surgirão cada vez mais empreendedores com esse perfil, implantando empresas capazes de superar o desempenho das organizações convencionais e até de substituí-las. O capitalismo de livre-iniciativa é muito dinâmico, e seus processos de "destruição criativa" (nos quais as abordagens mais eficientes e eficazes sempre superam as anteriores) garantem que, em longo prazo, a filosofia da empresa mais avançada acabe triunfando.

> **Depois que o fundador se afasta, as empresas acabam voltando**
> **para o modelo convencional.**

Sempre existe o risco de um retrocesso após o afastamento de um líder importante, e não faltam exemplos recentes desse fenômeno. Basta ver o que aconteceu com a Hewlett-Packard depois que os fundadores se aposentaram e uma profissional externa, Carly Fiorina, assumiu o posto de CEO; com a Starbucks quando Howard Schultz deixou a empresa; e com o The Home Depot quando Bernie Marcus e Arthur Blank passaram o comando para Bob Nardelli. Um líder inadequado, incapaz de compreender os propósitos, valores e a cultura, pode prejudicar e comprometer aspectos positivos que uma empresa levou anos para consolidar. Para impedir que isso aconteça, é preciso se certificar de que a abordagem consciente está incorporada ao DNA da organização. A cultura tem de ser compartilhada por todos os *stakeholders*, mas sobretudo pelos colaboradores. A diretoria deve tomar muito cuidado ao apontar um novo presidente-executivo (de preferência, o novo líder deve vir de dentro da empresa). Algumas organizações conscientes que conseguiram fazer isso bem são a Tata, a UPS e a Southwest Airlines, que preservaram seus valores e culturas em meio a mudanças no comando.

Para se tornar uma empresa consciente, é preciso mudar tudo, e isso é impossível.

Antes de mais nada, convém lembrar que uma empresa consciente continua sendo uma empresa. A transição de uma organização centrada no lucro para uma comprometida com a consciência exige uma mudança de perspectiva desafiadora, porém não impossível. A grande vantagem nesse processo é que a direção se sente imbuída de um significado para as pessoas depois de superada a descrença predominante em relação à mudança e à empresa. O processo de transformação exige um momento específico. Lembre-se: estamos falando de liberar o espírito heroico dos negócios, uma essência sempre presente, porém em estado de dormência na maioria das empresas. No entanto, ele não está extinto, assim como a fagulha do cuidado e da criatividade está sempre presentes em nós e jamais desaparece.

Para administrar, é preciso aferir, e essa proposta inclui muitos aspectos intangíveis.

As medições são importantes, mas uma das maiores falácias da administração moderna é que tudo precisa ser aferido, e se algo não cabe em alguma métrica, não tem importância. Isso na verdade é uma manifestação de nosso pensar analítico. Devemos tentar medir o que for possível de forma razoável,

APÊNDICE C: CONCEITOS ERRADOS E IMPRECISOS

permitindo que as pessoas que geram os resultados tenham participação consistente no que está sendo feito. Mas alguns dos elementos mais cruciais da cultura, como o amor e a autenticidade, não podem ser dimensionados.

> **Para os gestores, é confuso receber a orientação de valorizar os interesses dos *stakeholders*. Eles precisam de uma meta simples e tangível, como a maximização do valor para os acionistas.**

Um princípio atribuído a Einstein afirma que "tudo deve ser simplificado ao máximo, mas sem perder a complexidade". Pode ser difícil para algumas pessoas compreender o sistema maior que envolve o universo interdependente dos *stakeholders*. Como já discutimos, é preciso contar com alto nível de compreensão sistêmica, o que nem sempre acontece. No entanto, as pessoas dotadas de raciocínio integrativo capaz de identificar a interdependência dos sistemas mais amplos percebem que a gestão de uma empresa *não segue a lógica de um problema de aritmética*. A ampliação de um elemento necessariamente exige que outros itens importantes dentro do sistema mais amplo passem por modificações, às vezes até grandes e decisivas. Uma empresa é um organismo vivo e completo, e as pessoas incumbidas de liderar e gerir essa instituição precisam contar com o conjunto correto de habilidades, modo de pensar e disposição emocional. Seu objetivo deve ser conduzir a empresa sempre dentro de um rumo saudável, de forma a gerar o máximo de valor possível para todos os *stakeholders*, entre eles os investidores. Cabe aos líderes não permitir jamais que o organismo como um todo sofra danos por causa de ganhos dados aos *stakeholders* em curto prazo. Essa escolha resulta em um "câncer organizacional" que, sem tratamento, consome toda a empresa.

NOTAS

Prefácio

1. Debate: http://reason.com/archives/2005/10/01/rethinking-the-socialresponsi/single-page.

Capítulo 1

1. François Bourguignon e Christian Morrison, "Inequality among world citizens: 1820--1992", *American Economic Review* 92, n. 4 (2002): 731; Shaohua Chen e Martin Ravallion, "The developing world is poorer than we thought, but no less successful in the fight against poverty", *Quarterly Journal of Economics* 125, n. 4 (2010): 1577-1625.

2. Avaliação em dólares de 1990. Angus Maddison, "Statistics on world population, GDP and per capita GDP, 1-2008 AD", página da internet do Groningen Growth & Development Centre, março de 2010, www.ggdc.net/MADDISON/oriindex.htm.

3. Estatísticas extraídas do livro de Deirdre N. McCloskey, *Bourgeois dignity: why economics can't explain the modern world* (Chicago: University of Chicago Press, 2010), 48-57.

4. "South Korea GDP", página da internet da Trading Economics, n.d., www.tradingeconomics.com/south-korea/gdp.

5. Matt Rosenberg, "Current world population", *About.com*, 1º de janeiro de 2011, http://geography.about.com/od/obtainpopulationdata/a/ worldpopulation.htm.

6. *Wikipedia*, "expectativa de vida", última modificação em 5 de junho de 2012, http://en.wikipedia.org/wiki/Life_expectancy; United Nations, Department of Economic and Social Affairs, Population Division, *World Population Prospects: The 2010 Revision*, CD-ROM (Nova York: United Nations, 2011).

7. Food and Agriculture Organization of the United Nations, "Hunger", portal da web, 2012, www.fao.org/hunger/en/; Food and Agriculture Organization of the United Nations, *The state of food insecurity in the world* (Roma: FAO, 2010); Population Reference Bureau, *2010 World Population Data Sheet* (Washington, D.C.: Population Reference Bureau, 2010).

8. Unesco Institute for Statistics, "Adult and youth literacy", *UIS Fact Sheet* (Succursale Centre-Ville, Montreal), n. 16, setembro de 2011, www.uis.unesco.org/FactSheets/Documents/FS16-2011-Literacy-EN.pdf.

9. Freedom House, "Democracy's century: a survey of global political change in the 20th century", Freedom House, Nova York, 1999, www.social-sciences-and-humanitiescom/PDF/century_democracy.pdf; Arch Puddington, "Freedom in the world 2011: the authoritarian

NOTAS

challenge to democracy", Freedom House, Nova York, 2011; dados demográficos do Population Reference Bureau, *2010 World Population Data Sheet*.

10. James D. Gwartney, Joshua C. Hall e Robert Lawson, 2010 Economic Freedom Dataset, *Economic freedom of the world: 2010 annual report* (Fraser Institute, Vancouver, Canadá, 2010). Ver também Saamah Abdallah et al., *The (un)happy planet index 2.0: why good lives don't have to cost the Earth* (Londres: New Economics Foundation, 2009). É claro que os dados mostram que, acima de determinado nível de satisfação material, aumentos adicionais na renda não representam aumento de felicidade.

11. McCloskey, *Bourgeois dignity*.

12. Candace A. Allen, "The entrepreneur as hero", *Economic Insights* (Federal Reserve Bank of Dallas) 2, n. 1 (1997), www.dallasfed.org/assets/documents/research/ei/ei9701.pdf.

13. Gallup Consulting, *State of the American workplace*: 2008-2010 (Washington, D.C.: Gallup, 2010); porcentagens de Alana K. Farrell (consultora de marketing do Gallup Consulting), *e-mail* aos autores, 9 de novembro de 2011.

14. Sarah Anderson (Institute for Policy Studies), *e-mail* aos autores, 22 de novembro de 2011.

15. Jeffrey M. Jones, "Americans most confident in military, least in Congress", *Gallup Politics*, 23 de junho de 2011, www.gallup.com/poll/148163/Americans-Confident- Military--Least-Congress.aspx.

16. Bill Frezza, "Exactly what is crony capitalism, anyway?", *Real Clear Markets*, 12 de dezembro de 2011.

17. Sandy Cutler, entrevista com os autores, 10 de abril de 2012.

18. Marc Gafni, entrevista com os autores, 15 de março 2012.

19. R. Edward Freeman, Jeffrey S. Harrison e Andrew C. Wicks, *Managing for stakeholders: survival, reputation and success* (New Haven: Yale University Press, 2007).

20. Marc Gafni, entrevista com os autores, 15 de março de 2012.

Capítulo 2

1. Jonathan Plucker (ed.), "The Flynn effect", *Human intelligence: historical influences, current controversies, teaching resources*, Indiana University, 2002, www.indiana.edu/~intell/flynneffect.shtml.

2. Tim Berners-Lee, "Homepage", n.d., www.w3.org/People/Berners-Lee.

3. A desvantagem dessa situação, claro, é a precisão. Qualquer um pode publicar qualquer coisa na web, e alguns acreditam sem questionar.

4. Mary Lennighan, "Number of phones exceeds population of world", *Total Telecom*, maio de 2011, www.totaltele.com/view.aspx?ID=464922.

5. David B. Wolfe, "The psychological center of gravity", *American Demographics*, abril de 1998.

6. David Wolfe definiu o "centro de gravidade psicológico" como a idade média dos adultos somados ou reduzidos cinco anos. Ver ibid.

7. GfK Mediamark Research & Intelligence, "Median age, household income and individual employment income", *GfK MRI Spring Technical Guide*, www.gfkmri.com/ri/techguide/spr2011/med_age_hhi_iei_sp11.pdf.

8. Nos Estados Unidos, as mulheres tiveram direito a votar em 1920. Por mais incrível que pareça, em 1971 esse direito não existia em grande parte da Suíça; em 2010, os ministros do país eram, em sua maioria, mulheres.

9. Steven Pinker, *The better angels of our nature: why violence has declined* (Nova York: Viking, 2011). Esses exemplos mostram que, conforme ganhamos mais consciência, nossas práticas e parâmetros éticos atingiram níveis mais elevados. As pesquisas de Lawrence Kohlberg e Carol Gilligan comprovaram que nossa ética tende a evoluir com o tempo ao

NOTAS

longo de vários níveis ou estágios entre "obediência para evitar punições", em um extremo, e "justiça e amor universais", no outro. Ver Lawrence Kohlberg, *The philosophy of moral development* (Nova York: Harper & Row, 1981); Lawrence Kohlberg, *The psychology of moral development* (Nova York: Harper & Row, 1984); Carol Gilligan, *In a different voice* (Cambridge, Mass.: Harvard University Press, 1993).

10. Abraham Lincoln, discurso anual para o Congresso, 1º de dezembro de 1862.

11. Na última década, o Gallup descobriu que os níveis gerais de envolvimento dos funcionários oscilavam entre 26% e 30%, enquanto de 15% a 20% dos colaboradores se definiam como "ativamente desmotivados". Para o Gallup, funcionários envolvidos são "emocionalmente vinculados com seu ambiente de trabalho e motivados para a produção", enquanto os "ativamente desmotivados" são os que "veem seu local de trabalho de forma negativa e disseminam essa negatividade entre os demais". De outro lado, concluímos que muitas empresas conscientes desfrutam de um grau de envolvimento de funcionários de 95% ou até mais. Gallup Consulting, *State of the American workplace: 2008-2010* (Washington, D.C.: Gallup, 2010).

12. Kip Tindell, entrevista por telefone com os autores, maio de 2009.

13. Bill George, entrevista por telefone com os autores, 13 de março de 2012.

14. Nossa intepretação do comentário "Empresas conscientes fazem o que é certo simplesmente porque acreditam que é certo" vem de *Cartas de Iwo Jima*, filme dirigido por Clint Eastwood (Warner Brothers, 2006).

15. David Grayson e Adrian Hodges, *Corporate social opportunity! Seven steps to make corporate social responsibility work for your business* (Sheffield, Reino Unido: Greenleaf Publishing: 2004).

16. Metáfora sugerida por Debashis Chatterjee, diretor do Indian Institute of Management, em Kozhikode.

Parte 1

1. Jeff Bezos, citado por John A. Byrne, *World changers: 25 entrepreneurs who changed business as we knew it* (Nova York: Portfolio/Penguin, 2011).

Capítulo 3

1. Bill George, entrevista por telefone com os autores, 15 de março de 2012.

2. Roy Spence e Haley Rushing, *It's not what you sell, it's what you stand for: why every extraordinary business is driven by purpose* (Nova York: Portfolio, 2009).

3. Richard R. Ellsworth, *Leading with purpose: the new corporate realities* (Stanford: Stanford Business Books, 2002).

4. Jerry Porras, citado em Lan Liu, *Conversations on leadership: wisdom from global management gurus* (Nova York: Wiley, 2010).

5. John A. Byrne, *World changers: 25 entrepreneurs who changed business as we knew it* (Nova York: Portfolio/Penguin, 2011).

6. Jennifer Reingold, "Can P&G make money in places where people earn US$ 2 a day?", *Fortune*, 17 de janeiro de 2011, 86-91.

7. Ver www.guardian.co.uk/sustainable-business/unilever-ceo-paul-polmaninterview.

8. Agradecemos a Doug Levy, CEO da MEplusYOU, por essa percepção.

9. John Simons, "Pharma, heal thyself", *Fortune*, 28 de fevereiro de 2006.

10. Viktor E. Frankl, *Um sentido para a vida* (Ideias e Letras, 2005; publicado pela primeira vez em 1946, na Áustria, sob o título *Ein Psycholog erlebt das Konzentrationslager*).

NOTAS

11. Ibid.
12. Mat Gelman et al., "Viktor Emil Frankl, 1905-1997", *American Journal of Psychiatry* 157, n. 4 (2000): 625, http://ajp.psychiatryonline.org/article.aspx?articleid=174067.
13. "[Viktor E. Frankl] life and work", Viktor Frankl Institut, Viena, atualizado em 20 de junho de 2012, www.viktorfrankl.org/e/lifeandwork.html.
14. Ibid.
15. Studs Terkel, *Working: people talk about what they do all day and how they feel about what they do* (Nova York: New Press, 1997).
16. George Bernard Shaw, dedicatória epistolar a Arthur Bingham Walkley, *Man and superman: a comedy and a philosophy* (publicado originalmente em 1923).
17. Gallup Consulting, *State of the American workplace: 2008-2010* (Washington, D.C.: Gallup, 2010).
18. Paul Hawken, *Blessed unrest: how the largest movement in the world came into being and why no one saw it coming* (Nova York: Viking, 2007).
19. Spence e Rushing, *It's not what you sell.*
20. Os incentivos financeiros às vezes fracassam porque, como já se viu, podem reduzir a motivação ao dar a impressão de que "tudo se resume a dinheiro."
21. Dan Schawbel, "Biz stone on his biggest challenges, influences and the future of social media", *Forbes*, 14 de junho de 2012, www.forbes.com/sites/danschawbel/2012/06/14/biz-stone-on-his-biggest-challenges-influences-and-the-futureof-social-media.

Capítulo 4

1. Marc Gunther, "Waste management's new direction", *Fortune*, 6 de dezembro de 2010, 103-108. Ver também www.wm.com.
2. Associated Press, "Analyst downgrades waste management", 14 de setembro de 2009.
3. Essa parte baseou-se bastante na obra de Nikos Mourkogiannis, *Purpose: the starting point of great companies* (Nova York: Palgrave Macmillan, 2006).
4. Muhammad Yunus, *O banqueiro dos pobres: a revolução do microcrédito que ajudou os pobres de dezenas de países* (Ática, 2000).
5. A título de leitura complementar, recomendamos os seguintes livros: T. Colin Campbell, *The China study: the most comprehensive study of nutrition ever conducted and the startling implications for diet, weight loss and long-term health* (Dallas: BenBella Books, 2005); Caldwell Esselstyn, *Prevent and reverse heart disease: the revolutionary, scientifically proven, nutrition-based cure* (Nova York: Avery, 2007); Joel Fuhrman, *Eat to live: the revolutionary formula for fast and sustained weight loss* (Boston: Little, Brown and Co., 2003); Joel Fuhrman, *Super immunity: the essential nutrition guide for boosting our body's defenses to live longer, stronger and disease free* (Nova York: HarperOne, 2011); John McDougall e Mary McDougall, *The starch solution: eat the foods you love, regain your health and lose the weight for good!* (Nova York: Rodale, 2012); Neal Barnard, *Dr. Neal Barnard's program for reversing diabetes: the scientifically proven system for reversing diabetes without drugs* (Nova York: Rodale, 2007).
6. Sally Jewell, entrevista por telefone com os autores, 22 de março de 2012.

Parte 2

1. R. Edward Freeman, Jeffrey S. Harrison e Andrew C. Wicks, *Managing for stakeholders: survival, reputation and success* (New Haven: Yale University Press, 2007).
2. Casey Sheahen, entrevista por telefone com os autores, 22 de março de 2012.

NOTAS

Capítulo 5

1. Peter F. Drucker, *Management: tasks, responsabilities, practices* (Nova York: Harper Collins, 1973).
2. Doug Rauch, entrevista por telefone feita por Kee Yup Lee para a publicação interna da Posco.
3. John A. Byrne, *World changers: 25 entrepreneurs who changed business as we knew it* (Nova York: Portfolio/Penguin, 2011).
4. Agradecemos a Doug Levy, CEO da MEplusYOU, por essa observação.
5. Byrne, *World changers*.
6. Princípio evolucionário extraído da frase dita pela Rainha Vermelha no livro *Alice através do espelho*, de Lewis Carroll (capítulo 2). Segundo esse princípio, é preciso haver adaptação constante para que as espécies mantenham o lugar que ocupam no hábitat; ver F. Heylighen, "The Red Queen principle", página de internent da Principia Cybernetica, 2 de dezembro de 1993, http://pespmc1.vub.ac.be/REDQUEEN.html.
7. Doug Rauch, entrevista por telefone, 12 de julho de 2012.
8. Michael P. Zeisser, "A closing view: marketing in a post-TIVO world", *McKinsey Quarterly Special Edition: Technology*, 2002; os gastos *per capita* são calculados com base em meados de 2011; dados sobre a população norte-americana: Population Reference Bureau, *2011 World Population Data Sheet* (Washington, D.C.: Population Reference Bureau, 2011).
9. Melinda Davis, *The new culture of desire: the pleasure imperative transforming your business and your life* (Nova York: Free Press, 2002).
10. Kip Tindell, entrevista por telefone feita por Kee Yup Lee para a publicação interna da Posco.
11. Glen Urban, *Don't just relate, advocate! A blueprint for profit in the era of customer power* (Upper Saddle River, N.J.: Pearson Prentice Hall, 2005).
12. Agradecemos a Doug Levy, CEO da MEplusYOU, por essa observação.

Capítulo 6

1. Uma pesquisa publicada em jornais como o *American Journal of Hypertension* e o *British Medical Journal* mostra que a pressão sanguínea sobe e os índices de ataques cardíacos aumentam em 20% ou mais nas manhãs de segunda-feira. Ver "Monday morning bad for your health", *CNN.comInternational*, 3 de fevereiro de 2005, http://edition.cnn.com/2005/BUSINESS/02/03/monday.presure/index.html. Estudos também revelam que o hormônio do estresse, o cortisol, sobe durante o dia, em geral no horário em que as pessoas saem para trabalhar. Ver "Amazing facts about heart health and heart disease", 2 de julho de 2009, www.webmd.com/heart/features/amazingfacts-about-heart-health-and-heart-disease_?page=2.
2. Jim Clifton, *The coming jobs war* (Nova York: Gallup Press, 2011).
3. Thomas Petzinger Jr., *Hard landing: the epic contest for power and profits that plunged the airlines into chaos* (Nova York: Three Rivers Press, 1996).
4. Amy Wrzesniewski et al., "Jobs, careers and callings: people's relations to their work", *Journal of Research in Personality 31*, n. 1 (março de 1997): 21-33.
5. Walter Robb, *e-mail* aos autores, 19 de abril de 2012.
6. Gary Hamel, *O que importa agora: como construir empresas à prova de fracassos* (Campus, 2012).
7. Daniel H. Pink, *Drive: the surprising truth about what motivates us* (Nova York: Penguin, 2011).
8. Kip Tindell, entrevista por telefone feita por Kee Yup Lee para a publicação interna da Posco.

NOTAS

9. Jeffrey A. Krames, *The Jack Welch lexicon of leadership* (Nova York: McGraw Hill, 2002).

10. A proporção de 400 ou 500 para 1 baseia-se em grande parte no valor das imensas transferências de ações feitas para executivos mais graduados; algumas podem equivaler a zero se as ações perdem valor. Ao mesmo tempo que os executivos são beneficiados com grandes valorizações dos preços dos papéis (e significativo aumento do *spread*), a recompensa em dinheiro raramente chega a esse montante. A questão das ações é abordada no capítulo 7.

11. Isso não significa que achamos que o governo deve aprovar leis de restrição às recompensas do executivo, pois essas políticas devem ser espontâneas para que tenham sentido.

12. *Economic report of the president transmitted to the Congress February 2011, together with the annual report of the Council of Economic Advisers* (Washington, D.C.: U.S. Government Printing Office, 2011), apêndice B, tabelas B-16 e B-30, http://origin.www.gpoaccess.gov/eop/tables11.html.

13. Doug Rauch, entrevista por telefone feita por Kee Yup Lee para a publicação interna da Posco.

Capítulo 7

1. O melhor livro que conhecemos sobre as causas para a crise financeira é o de Gretchen Morgenson e Joshua Rosner, *Reckless endangerment: how outsized ambition, greed and corruption led to economic armageddon* (Nova York: Times Books, 2011).

2. Warren Buffet, carta aos acionistas de Berkshire, 2010, disponível em www.berkshirehathaway.com/letters/2010ltr.pdf.

3. John A. Byrne, *World changers: 25 entrepreneurs who changed business as we knew it* (Nova York: Portfolio/Penguin, 2011).

4. David Hunkar (pseudônimo), "Duration of stock holding periods continue to fall", blog *TopForeignStocks.com*, 6 de setembro de 2010, http://topforeignstocks.com/2010/09/06/duration-of-stock-holding-period-continues-to-fall-globally.

5. Uma estratégia faz sentido quando determinado tipo de investidor passa um investimento para outro investidor no momento apropriado, dentro de um plano de sucessão planejado. O financiamento destinado a investimentos de alto risco e em fase inicial se encerra quando a empresa atinge determinado estágio de desenvolvimento.

6. Tom Gardner e David Gardner, entrevista por telefone com os autores, 23 de março de 2012.

7. Bill George, entrevista por telefone com os autores, 13 de março de 2012.

8. "Customer centric: going beyond the mission statement", *Karma Blog*, 6 de fevereiro de 2011, www.karmacrm.com/blog/general/customer-centric-going-beyond-themission-statement.html.

9. Pesquisas acadêmicas confirmam nossas teorias. Um estudo mostrou que grande concentração de ações para o CEO resulta em desempenho negativo para os acionistas por causa do comportamento oportunista dos presidentes-executivos. Ver Jean M. Canil e Bruce A. Rosser, "CEO stock options: evidence that large grants are bad news for shareholders", estudo apresentado na FMA European Conference, Barcelona, 1º de junho de 2007, disponível em http://69.175.2.130/~finman/Barcelona/Papers/CEO_barc.pdf. Outro estudo demonstrou que os CEOs com grande lotes de ações correm riscos excessivos que podem prejudicar os acionistas. Ver Gerard Sanders e Donald Hambrick, "Swinging for the fences: the effects of CEO stock options on company risk-taking and performance", *Academy of Management Journal* (outubro-novembro de 2007).

10. Ray C. Anderson, *Confessions of a radical industrialist* (Nova York: St. Martin's Press, 2009).

11. Jeffrey M. Jones, "Americans most confident in military, least in Congress", *Gallup Politics*, 23 de junho de 2011, www.gallup.com/poll/148163/Americans-Confident-Military--Least-Congress.aspx.

NOTAS

12. O movimento *benefit corporation* baseia-se em grande parte nessa crença e procura criar formas especiais de incorporação que permitam que as empresas se esforcem para procurar benefícios sociais, levando em conta os interesses dos *stakeholders* além da geração de ganhos. As empresas também precisam relatar sua atuação social e ambiental de acordo com parâmetros independentes. Nove estados norte-americanos aprovaram a lei de Benefit Corporation em 13 de julho de 2012 e mais seis estudam a incorporação desses parâmetros.

Capítulo 8

1. C. K. Prahalad e Gary Hamel, "The core competence of the corporation", *Harvard Business Review*, maio-junho de 1990. Ver também C. K. Prahalad e Gary Hamel, *Competindo pelo futuro* (Campus, 2005).
2. Mohanbir Sawhney, apresentação na conferência "Does marketing need reform?", Bentley University, Boston, 2004.
3. CNNMoney, "World's most admired companies: metals industry", *CNNMoney*, 21 de março de 2011, http://money.cnn.com/magazines/fortune/mostadmired/2011/industries/36.html; Steelads.com, "Top 25 largest steel producers in the world according to the world steel organization", 2011, www.steelads.com/info/largeststeel/TOP30_Worlds_Largest_Steel_Companies.html.
4. A discussão sobre a Posco baseia-se em dados de pesquisa realizada pelo Posco Research Institute e pelo Firms of Endearment Institute Korea, Seul, julho de 2011.
5. Terri Kelly, entrevista por telefone com os autores, 23 de março de 2012.
6. Sally Jewell, entrevista por telefone com os autores, 23 de março de 2012.
7. John A. Byrne, *World changers: 25 entrepreneurs who changed business as we knew it* (Nova York: Portfolio/Penguin, 2011).

Capítulo 9

1. Milton Friedman, "The social responsibility of business is to increase its profits", *New York Times Magazine*, 13 de setembro de 1970. Para conferir um interessante debate sobre a responsabilidade social das empresas, ver Milton Friedman, John Mackey e T. J. Rodgers, "Rethinking the social responsibility of business", *Reason*, outubro de 2005, http://reason.com/archives/2005/10/01/rethinking-the-social-responsi.
2. Agradecemos a Jo Ann Skousen, produtora da FreedomFest, por esse exemplo.
3. Mais informações na página da internet da Whole Planet Foundation, www.wholeplanetfoundation.org.
4. Marianne McGee, "IBM launches corporate 'Peace Corps' program for employees", *InformationWeek*, 26 de março de 2008, www.informationweek.com/news/206905657.
5. Chris Edwards, "U.S. corporate tax rate the highest", blog *Cato @ Liberty*, 15 de dezembro de 2010, www.cato-at-liberty.org/u-s-corporate-tax-rate-the-highest.
6. Esse total inclui imposto de renda, tributos sobre funcionários, propriedade, aluguéis e outros, assim como os impostos sobre a folha de pagamento retidos dos membros da equipe do Whole Foods e reconhecidos como despesa de recompensa.
7. Tata, "Values and purpose", na página da internet da Tata, www.tata.com/aboutus/articles/inside.aspx?artid=CKdRrD5ZDV4=&sectid=SD7sjPUVBkw=, acesso em 22 de junho de 2012. Destaques nossos.
8. Ibid.
9. Karambir Singh Kang, apresentação feita no Fourth International Conference on Conscious Capitalism, Bentley University, Waltham, MA., 23 de maio de 2012.

NOTAS

10. Ann Graham, "Too good to fail", *Strategy & Business 58* (primavera de 2010), http://m.strategy-business.com/article/10106?gko=74e5d.

Capítulo 10

1. Casey Sheahen, entrevista por telefone com os autores, 22 de março de 2012.
2. Angus Maddison, *The world economy: a millennial perspective* (Paris: Development Centre of the Organization for Economic Co-operation and Development, 2001).
3. Ibid.; Population Reference Bureau, *2011 World Population Data Sheet* (Washington, D.C.: Population Reference Bureau, 2011).
4. United Nations, Departament of Economic and Social Affairs, Population Division, "Population", http://esa.un.org/wpp/unpp/panel_population.htm, acesso em 22 de junho de 2012.
5. Ibid.
6. Henning Steinfeld et al., *Livestock's long shadow* (Roma: Food and Agricultural Organization of the United Nations, 2006).
7. Water Footprint, "*Introduction: some facts and figures*", Water Footprint, Enschede, Holanda, www.waterfootprint.org, acesso em 22 de junho de 2012.
8. Comitê sobre Agricultura, Alimentação e Florestas do Congresso dos Estados Unidos, *Animal waste pollution in America: an emerging national problem*, 104º congresso, dezembro de 1997.
9. Steinfeld et al., *Livestock's long shadow*.
10. Ver T. Colin Campbell, *The China study: the most comprehensive study of nutrition ever conducted and the startling implications for diet, weight loss and long-term health* (Dallas: BenBella Books, 2005); Caldwell Esselstyn, *Prevent and reverse heart disease: the revolutionary, scientifically proven, nutrition-based cure* (Nova York: Avery, 2007); Joel Fuhrman, *Eat to live: the revolutionary formula for fast and sustained weight loss* (Boston: Little, Brown and Co., 2003); Neal Barnard, *Dr. Neal Barnard's program for reversing diabetes: the scientifically proven system for reversing diabetes without drugs* (Nova York: Rodale, 2007); John McDougall e Mary McDougall, *The starch solution: eat the foods you love, regain your health and lose the weight for good!* (Nova York: Rodale, 2012).
11. Ver http://animalrights.about.com/od/animalrights101/tp/How-Many-Animals-Are-Killed.htm.
12. Kenneth T. Frank et al., "Trophic cascades in a formerly cod-dominated ecosystem", *Science* 308, n. 5728 (2005): 1.621-1.623.
13. Jonathan Everett e Shahid Thaika; "3P: pollution prevention pays", estudo da Bentley University, Waltham, Mass., http://solutions.3m.com/wps/portal/3M/en_US/3M-Sustainability/Global/Environment/3P.
14. Geoff Colvin, "The UPS Green Team", *Fortune*, 27 de dezembro de 2010, 44-51.
15. Informação extraída da pesquisa sobre a Posco realizada pelo The Firms of Endearment Institute Korea e pelo Posco Research Institute, Seul, 31 de maio de 2011.
16. Edward Humes, *Force of nature: the unlikely story of Walmart's Green Revolution* (Nova York: Harper Business, 2011).
17. Michael Strong, *Be the solution: how entrepreneurs and conscious capitalists can solve all the world's problems* (Nova York: Wiley, 2009).
18. Richard A. Kerr, "Acid rain control: success on the cheap", *Science* 282, n. 5391 (novembro de 1998): 1.024.
19. Index of Leading Economic Indicators, 2003, publicado pelo American Enterprise Institute; Steve Raynor, "The international challenge of climate change", 24 de novembro de 2004, 12.

NOTAS

20. Jack Hollander, *The real environmental crisis: why poverty, not affluence, is the environment's number one enemy* (Berkeley: University of California, 2004).

Capítulo 11

1. Sam Walton, *Made in America* (Nova York: Bantam, 1993).
2. *Wikipedia*, "labor unions in the United States", última atualização em 8 de junho de 2012, http://en.wikipedia.org/wiki/Labor_unions_in_the_United_States; Morgan Reynolds, "A history of labor unions from colonial times to 2009", *Mises Daily* (Ludwig von Mises Institute), 17 de julho de 2009, http://mises.org/daily/3553#part12.
3. Ibid.
4. Steven Greenhut, *Plunder: how public employee unions are raiding treasuries, controlling our lives and bankrupting the nation* (Santa Ana, Calif.: Forum Press, 2009).
5. Impressões trocadas em um encontro ocorrido em Dallas, em 6 de outubro de 2011.
6. Agradecemos a Ed Freeman por essa observação.
7. James Gattuso, "Congress should rein in the regulators", *Washington Times*, 8 de dezembro de 2010, www.washingtontimes.com/news/2010/dec/8/gattusocongress-should-rein-in-the-regulators; Nicole V. Crain e W. Mark Crain, "The impact of regulatory costs on small firms", *Small Business Research Summary* (SBA Office of Advocacy) 371 (setembro de 2010), http://archive.sba.gov/advo/research/rs371.pdf.
8. Crain e Crain, "The impact of regulatory costs on small firms".
9. Esse fenômeno é conhecido como restrição regulatória. Segundo a *Wikipedia*, atingiu os seguintes organismos e setores norte-americanos: Bureau of Ocean Energy Management, Regulation and Enforcement; Commodity Futures Trading Commission; Environmental Protection Agency; Federal Aviation Administration; Federal Communications Commission; Federal Reserve Bank of Nova York; Food and Drug Administration; Interstate Commerce Commission; Nuclear Regulatory Commission; Office of the Comptroller of the Currency; e Securities and Exchange Commission. Para mais detalhes, ver *Wikipedia*, "regulatory capture", última alteração em 9 de junho de 2012, http://en.wikipedia.org/wiki/Regulatory_capture.

Capítulo 12

1. Bill George, entrevista por telefone com os autores, 13 de março 2012.
2. Ver os seguintes livros de Ken Wilber, publicados nos Estados Unidos pela Shambhala, Boston: *Uma teoria de tudo* (Cultrix, 2008); *Uma breve história do universo* (Nova Era, 2006); *Sex, ecology, spirituality* (2001); *Espiritualidade integral* (Aleph, 2007); *Psicologia integral* (Cultrix, 2002). Ver também Don Edward Beck e Christopher C. Cowan, *Spiral dynamics: mastering values, leadership and change* (Boston: Blackwell, 1996); Jenny Wade, *Changes in mind: a holonomic theory of the evolution of consciousness* (Nova York: SUNY Press, 1996).
3. Algumas experiências realizadas na década de 1960 demonstraram que as pessoas tendem a procurar confirmações para aquilo em que já acreditam. Outros estudos mostram que, quando testam uma ideia, as pessoas tendem a se concentrar em uma possibilidade e ignorar as alternativas, afetando o resultado. Esse viés foi atribuído ao pensamento influenciado pelo desejo e à incapacidade de processar grandes quantidades de dados. O processo reforça a confiança naquilo em que já creem, mesmo quando confrontadas com provas contrárias, e pode resultar em decisões equivocadas no universo corporativo, científico, militar e político, além de outras esferas. Para uma abordagem não tão técnica, ver Jason Zweig, "How to ignore the Yes-Man in your head", *Wall Street Journal*, 19 novembro de 2009.

NOTAS

4. R. Edward Freeman, Jeffrey S. Harrison e Andrew C. Wicks, *Managing for stakeholders: survival, reputation e success* (New Haven: Yale University Press, 2007).
5. Whole Foods Market, "Declaration of interdependence", www.wholefoodsmarket.com/company/declaration.php, acesso em 20 de junho de 2012.
6. A abordagem do Future Search foi criada por Marvin Weisbord. Ver Marvin Weisbord e Sandra Janoff, *Future search: getting the whole system in the room for vision, commitment and action*, 3. ed. (San Francisco: Berrett-Koehler Publishers, 2010).

Parte 3

1. Página da Pivot na internet, http://pivotleadership.com.
2. Kamal Sarma, apresentação sobre liderança no evento de lançamento do movimento do capitalismo consciente, em Sydney, Austrália, 30 de abril de 2012.
3. Stephanie Holland e She-conomy, "Marketing to women quick facts", *She-conomy*, n.d., www.she-conomy.com/report/marketing-towomen-quick-facts, acesso em 20 de junho de 2012.
4. Debashis Chatterjee, citado por Lan Liu, *Conversations on leadership: wisdom from global management gurus* (Nova York: Wiley, 2010).
5. John Kotter, citado por Liu, *Conversations on leadership*.

Capítulo 13

1. Bill George, citado por Lan Liu, *Conversations on leadership: wisdom from global management gurus* (Nova York: Wiley, 2010).
2. Ver Robert Kegan, *The evolving self* (Boston: Harvard University Press, 1982); Robert Kegan, *In over our heads* (Boston: Harvard University Press, 1998); *Wikipedia*, "Howard Gardner", última alteração em 12 de junho de 2012, http://en.wikipedia.org/wiki/Howard_Gardner; ver também Howard Gardner, *Inteligências múltiplas: a teoria na prática* (Artmed, 1995).
3. Daniel Goleman, *Inteligência emocional: a teoria revolucionária que redefiniu o que é ser inteligente* (Objetiva, 1996). O autor também escreveu outro livro excelente sobre o tema, *Social intelligence: the new science of human relationships* (Nova York: Bantam, 1996). Não separamos a inteligência social das inteligências emocional, espiritual e sistêmica porque consideramos uma característica das demais categorias.
4. Danah Zohar e Ian Marshall, *Spiritual capital: wealth we can live by* (San Francisco: Berrett-Koehler, 2004), 3.
5. John A. Byrne, *World changers: 25 entrepreneurs who changed business as we knew it* (Nova York: Portfolio/Penguin, 2011), 52.
6. Nossa primeira referência veio de Debashis Chatterjee.
7. Liu, *Conversations on leadership*.
8. Zohar e Marshall, *Spiritual capital*, 55.
9. *Wikipedia*, "Buckminster Fuller", última alteração em 18 de junho de 2012, http://en.wikipedia.org/wiki/Buckminister_Fuller.
10. O melhor livro que conhecemos sobre liderança servidora ainda é o que identificou o conceito: Robert K. Greenleaf, *Servant leadership: a journey into the nature of legitimate power and greatness* (Nova York: Paulist Press, 1977).
11. Robert C. Solomon, *A better way to think about business: how personal integrity leads to corporate success* (Nova York: Oxford University Press, 1999), 40-43.
12. Martin Luther King, "Para onde vamos?", discurso feito na 11ª Annual Southern Christian Leadership Convention, Atlanta, 16 de agosto de 1967, disponível em http://mlk-kpp01.

NOTAS

stanford.edu/index.php/encyclopedia/documentsentry/where_do_we_go_from_here_delivered_at_the_11th_annual_sclc_convention.

13. Howard Gardner, citado por Liu, *Conversations on leadership*.
14. Debashis Chatterjee, citado por Liu, *Conversations on leadership*.
15. Ibid.
16. Joseph Badaracco, citado por Liu, *Conversations on leadership*.
17. Ver T. Colin Campbell, *The China study: the most comprehensive study of nutrition ever conducted and the startling implications for diet, weight loss and long-term health* (Dallas: BenBella Books, 2005); e Caldwell Esselstyn, *Prevent and reverse heart disease: the revolutionary, scientifically proven, nutrition-based cure* (Nova York: Avery, 2007).
18. Ibid.
19. Fred Kofman, *Conscious business: how to build value through values* (Boulder, Colo.: Sounds True, 2006).

Capítulo 14

1. Frank Herbert, *Dune* (Filadélfia: Chilton Books, 1965).
2. Existem dezenas de importantes livros de autoajuda, mas entre os mais valiosos citamos: Viktor Frankl, *Um sentido para a vida* (Ideias e Letras, 2005); Joseph Campbell e Bill Moyers, *O poder do mito* (Palas-Atena, 2012); Deepak Chopra, *As sete leis espirituais do sucesso* (Best Seller, 2009); Stephen Covey, *Os sete hábitos das pessoas altamente eficazes* (Best Seller, 2005); Gerald Jampolsky, *Amar é libertar-se do medo* (Peirópolis, 1999); Mihaly Csikszentmihalyi, *A descoberta do fluxo* (Rocco, 1999); Daniel Goleman, *Inteligência emocional* (Objetiva, 1996); James Hillman, *The soul's code*; M. Scott Peck, *Além da trilha menos percorrida* (Nova Era, 2002); Anthony Robbins, *Desperte seu gigante interior* (Best Seller, 2011); Martin Seligman, *Aprenda a ser otimista* (Nova Era, 2002); Samuel Smiles, *Ajude-se: os grandes nomes do passado nos mostram exemplo* (Abnara, 2012); James Allen, *As a man thinketh*; Roberto Assagioli, *Psychosynthesis*; Abraham H. Maslow, *Motivation and personality*; Carl Rogers, *Tornar-se pessoa* (Martins Fontes, 2009); George S. Clason, *O homem mais rico da Babilônia* (Isis, 2013); Alice Schroeder, *Bola de neve: Warren Buffett e o negócio da vida* (Sextante, 2008); Benjamin Franklin, *The autobiography of Benjamin Franklin*; David Gershon e Gail Straub, *Empowerment; foundation for inner peace, a course in miracles*; Dan Millman, *O caminho do guerreiro pacífico* (Pensamento, 1995); Eckhart Tolle, *O poder do agora* (Sextante, 2002). Um *site* com boas indicações de centenas de livros de autoajuda é www.entheos.com/philosophersnotes/books.
3. Além do livro de Daniel Goleman, recomendamos as várias obras de Robert C. Solomon sobre as emoções, em especial *Paixão pelo saber* (Civilização Brasileira, 2001) e *True to our feelings* (Nova York: Oxford University Press, 2001).
4. Alguns títulos sobre o amor que recomendamos são Gerald Jampolsky, *Amar é libertar-se do medo* (Peirópolis, 1999); Stephen G. Post, *Unlimited love: altruism, compassion and service* (Filadélfia: Templeton Foundation Press, 2003); Pitirim Sorokin, *The ways and power of love: types, factors and techniques of moral transformation* (Filadélfia: Templeton Foundation Press, 2002).
5. Jean M. Twenge e W. Keith Campbell, *The narcissism epidemic: living in the age of entitlement* (Nova York: Free Press, 2009).
6. Jean Piaget e Barbel Inhelder, *A psicologia da criança* (Difel, 2003).
7. Recomendamos os seguintes livros de Abraham H. Maslow: *Motivation and personality* (Nova York: Harper Collins, 1987); *Toward a psychology of being* (Nova York: Wiley, 1968); *The farther reaches of human nature* (Nova York: Penguin/Arkana, 1993).
8. Don Edward Beck e Christopher C. Cowan, *Spiral dynamics: mastering values, leadership and change* (Boston: Blackwell, 1996); Ken Wilber, *Uma breve história do Universo* (Nova

NOTAS

Era, 2006); Steve McIntosh, *Integral consciousness and the future of evolution* (St. Paul, Minn.: Paragon House, 2007).

9. Ver Lawrence Kohlberg, *Ética e educação moral* (Moderna, 2006); e Carol Gilligan, *In a different voice* (Boston: Harvard University Press, 1993).

10. Jane Loevinger e Ruth Wessler, *Measuring ego development*, v. 1 (San Francisco: Jossey-Bass, 1970).

11. Exercício budista descrito em detalhe no livro de Roger Walsh, *Espiritualidade essencial* (QualityMark, 2001).

12. Trata-se de "uma prática que utiliza a respiração e outros elementos para permitir o acesso a estados incomuns, com fins de autoconhecimento". *Wikipedia*, "respiração holotrópica", última alteração em 2 de junho de 2012, http://en.wikipedia.org/wiki/Holotropic_Breathwork. Ver também Stanislav Grof e Christina Grof, *Respiração holotrópica* (Numina, 2011).

13. "68% of Americans found to be overweight as obesity becomes global epidemic", *International Business Times*, 4 de fevereiro de 2011.

14. Recomendamos os seguintes livros: T. Colin Campbell, *The China study: the most comprehensive study of nutrition ever conducted and the startling implications for diet, weight loss and long-term health* (Dallas: BenBella Books, 2005); Caldwell Esselstyn, *Prevent and reverse heart disease: the revolutionary, scientifically proven, nutrition-based cure* (Nova York: Avery, 2007); Joel Fuhrman, *Eat to live and super immunity: the revolutionary formula for fast and sustained weight loss* (Boston: Little, Brown and Co., 2003); e John McDougall, *The starch solution: eat the foods you love, regain your health and lose the weight for good!* (Nova York: Rodale, 2012).

15. Owen Bond, "Caffeine withdrawal and insomnia", *Livestrong.com*, 22 de abril de 2011, www.livestrong.com/article/426152-caffeine-withdrawal-insomnia.

16. Stephen S. Cherniske, *Caffeine Blues* (Nova York: Warner Books, 1998).

17. Ver John Abramson, *Overdosed America* (Nova York: Harper, 2004).

18. Existem vários livros sobre meditação. Uma boa introdução é o de Joseph Goldstein e Jack Kornfield, *Seeking the heart of wisdom: the path of insight meditation* (Shambhala, 2001).

19. Peter Koestenbaum, citado por Polly LaBarre, "Do we have the will to lead?", *Fast Company*, fevereiro de 2000, 222.

20. McIntosh, *Integral consciousness*, 146.

Capítulo 15

1. James Heskett, apresentação na 4ª International Conference on Conscious Capitalism, Bentley University, Waltham, 22 de maio de 2012.

2. Walter Robb, *e-mail* aos autores.

3. Francis Fukuyama, *Confiança: as virtudes sociais e a criação da prosperidade* (Rocco, 1996).

4. Doug Levy, CEO da MEplusYOU, *e-mail* aos autores;

5. Jeffrey Pfeffer, *What were they thinking? Unconventional wisdom about management* (Boston: Harvard Business School Press, 2007).

6. Marc Gafni, entrevista com os autores, Big Sur, Califórnia, 13 de março de 2012.

7. Jane Dutton, "Creating a caring economics: theory, research and practice", apresentação no Academy of Management Annual Meeting, Montreal, 6 de agosto de 2010.

8. Ver Mihaly Csikszentmihalyi, *A descoberta do fluxo* (Rocco, 1999). O autor define "fluxo" como a "operação de estado mental na qual uma pessoa encontra-se totalmente envolvida, concentrada e dedicada a promover o sucesso no cumprimento de uma atividade" (*Wikipedia*, "fluxo [psicologia]", última alteração em 14 de junho de 2012, http://en.wikipedia.org/wiki/Flow_%28psychology%29).

NOTAS

9. Howard Behar, "Ten principles of personal leadership", *It's not about the coffee: leadership principles from a life at Starbucks* (Nova York: Portfolio, 2007); lista dos dez princípios disponível em www.howardbehar.com/principle.shtml.

10. Wayne Dyer, *A força da intenção: aprendendo a criar o mundo do seu jeito* (Nova Era, 2006).

Capítulo 16

1. Brian Robertson, conversa por telefone com os autores, 19 de junho de 2012.
2. Daniel H. Pink, *Drive: the surprising truth about what motivates us* (Nova York: Penguin, 2011).
3. Douglas McGregor, *The human side of enterprise* (Nova York: McGraw Hill, 1960), 33-57.
4. John Kao, *Jamming: the art and discipline of business creativity* (Nova York: Harper Business, 1997), defende bem esse ponto de vista.
5. F. A. Hayek, "The use of knowledge in society", *American Economic Review* 35, n. 4. (setembro de 1945): 519-530. Ver também F. A. Hayek, *The constitution of liberty* (Chicago: University of Chicago Press, 1978); e F. A. Hayek, *Law, legislation and liberty* (Chicago: University of Chicago Press, 1978).
6. Por ironia, essa conhecida frase é uma citação equivocada da fala de Mao Tsé-tung "que cem flores desabrochem", *slogan* divulgado durante seis semanas no verão de 1957, quando os intelectuais chineses foram convidados a apresentar críticas ao regime. Mao disse que "deixar que cem flores desabrochem e cem escolas de pensamento se manifestem é nossa política para promover o progresso das artes, das ciências e de uma cultura socialista em nosso país". Depois, porém, ficou claro que não passava de uma tática para identificar os críticos do regime, pois muitos dos que expressaram opiniões contrárias a Mao foram executados. *The Phrase Finder*, "Let a thousand flowers bloom", www.phrases.org.uk/meanings/226950.html, acesso em 20 de junho de 2012.
7. Terri Kelly, entrevista por telefone com os autores, 23 de março de 2012.
8. Howard Behar, *It's not about the coffee: leadership principles from a life at Starbucks* (Nova York: Portfolio, 2007); citação disponível em www.howardbehar.com/principle.shtml.
9. Nos últimos anos, a empresa começou a adotar um manual mais detalhado com normas específicas e regulamentos legais, reflexo da cultura cada vez mais defensiva e belicosa que ganha força nos Estados Unidos.
10. Bill George, entrevista por telefone com os autores, 13 de março de 2012.
11. Geoff Manchester, apresentação sobre liderança no evento de lançamento do movimento do capitalismo consciente, em Sydney, Austrália, em 30 de abril de 2012.
12. Gary Hamel, *O que importa agora: como construir empresas à prova de fracasso* (Campus, 2012).

Capítulo 17

1. Na trama de *A origem*, filme de ficção científica dirigido por Christopher Nolan, lançado em 2010, as ideias são implantadas no subconsciente das pessoas.
2. Ver www.bizstone.com.
3. Dan Schawbel, "Biz Stone on his biggest challenges, influences and the future of social media", *Forbes*, 14 de junho de 2012, www.forbes.com/sites/danschawbel/2012/06/14/biz-stone--on-his-biggest-challenges-influences-and-the-futureof-social-media.
4. A organização que demos aos princípios não significa que chegamos a uma certeza definitiva. Provavelmente, nossa compreensão sobre as características essenciais das empresas cons-

NOTAS

cientes deve evoluir e se tornar mais rica, com base em novas experiências e pesquisas. Mas, à luz do que já aprendemos, acreditamos na consistência dos quatro princípios.

5. Desenvolvemos uma metodologia própria, que pode ser acessada por meio das firmas de consultoria autorizadas.

6. O processo foi baseado no sistema *future search*, desenvolvido por Marvin Weisbord (ver o livro *Future search: getting the whole system in the room for vision, commitment and action* [San Francisco: Berrett-Koehler, 2010]), e apresentou bons resultados no Whole Foods Market e em muitas outras organizações ao estabelecer uma agenda capaz de refletir as prioridades e paixões dos principais *stakeholders*. A descrição está no capítulo 12.

Capítulo 18

1. Neil Howe, William Strauss e R. J. Matson, *Millennials rising: the next great generation* (Nova York: Vintage, 2000).

2. Jeanne Meister e Karie Willyerd, "Mentoring millennials", *Harvard Business Review*, maio de 2010, 68-72.

3. Ver www.ushistory.org/paine/commonsense/sense1.htm.

4. Marc Gafni, entrevista por telefone com os autores, 13 de março de 2012.

5. Lynne Twist é autora de *The soul of money: transforming your relationship with money and life* (Nova York: Norton, 2003), além de fundadora do Soul of Money Institute.

Apêndice A

1. Rajendra Sisodia, David B. Wolfe e Jagdish N. Sheth, *Firms of endearment: how world-class companies profit from passion and purpose* (Upper Saddle River, N.J.: Pearson Prentice Hall, 2007).

2. As 18 empresas são: Amazon.com, BMW, CarMax, Caterpillar, Commerce Bank, Costco, eBay, Google, Harley-Davidson, Honda, JetBlue, Johnson & Johnson, Southwest Airlines, Starbucks, Timberland, Toyota, UPS e Whole Foods Market.

3. CNN Money, "100 best companies to work for: 2012", *CNN Money*, 6 de fevereiro de 2012, http://money.cnn.com/magazines/fortune/best-companies/2012/full_list.

4. Glassdoor, "Best places to work: employees' choice awards", *Glassdoor*, 2012, www.glassdoor.com/Best-Places-to-Work-LST_KQ0,19.htm.

5. Gallup Consulting, "Employee engagement: what's your engagement ratio?", 2010, www.gallup.com/consulting/121535/Employee-Engagement-Overview-Brochure.aspx.

6. Jennifer L. Mitchell e Ethisphere, "Ethisphere and the world's most ethical companies ring NYSE opening bell", *Ethisphere*, 30 de setembro de 2011, http://ethisphere.com/ethisphere-and-the-worlds-most-ethical-companies-ring-nyse-opening-bell.

7. John Kotter e James Heskett, *Corporate culture and performance* (Nova York: Free Press, 1992).

8. Mary Sully de Luque et al., "Unrequited profit: how stakeholder and economic values relate to subordinates' perceptions of leadership and firm performance", *Administrative Science Quarterly* 53 (2008): 626-654.

9. Jim Collins, *Empresas feitas para vencer: por que algumas empresas alcançam a excelência... e outras não* (HSM, 2013).

10. United Nations, "Tobacco could kill a billion people this century, UN health official warns", *UN News Centre*, 29 de abril de 2011, www.un.org/apps/news/story.asp?NewsID=38240&Cr=tobacco&Cr1; *Wikipedia*, "health effects of tobacco", última alteração em 6 de julho de 2012, http://en.wikipedia.org/wiki/Health_effects_of_tobacco.

11. Gregory David Roberts, *Shantaram* (Nova York: St. Martin's Press, 2004), 610.

NOTAS

12. Jeanne Bliss, "Wegmans food markets excels by throwing away the rule book", *Think Customers: The 1to1 Blog*, 14 de julho de 2011, www.1to1media.com/weblog/2011/07/customer_bliss_jeanne_bliss_we.html.

13. RetailSails, "Retail quick facts: 10 things about Costco you probably don't know", 27 de abril de 2011, http://retailsails.com/2011/04/27/retail-quick-facts-10-thingsabout-costco--you-probably-dont-know.

14. Michael Roberto, "Jordan's furniture: shoppertainment", *Professor Michael Roberto's Blog: musings about leadership, decision making and competitive strategy*, 27 de outubro de 2009, http://michael-roberto.blogspot.com/2009/10/jordans-furniture-shoppertainment.html.

15. Doug Rauch, entrevista por telefone com os autores, 22 de março de 2012.

16. Para obter detalhes sobre as tendências de gastos com marketing nas últimas cinco décadas, ver Jagdish N. Sheth e Rajendra S. Sisodia, "Feeling the heat: making marketing more productive", parte I, *Marketing Management* 4, n. 2 (outubro de 1995): 8-23.

17. Agradecemos a Doug Levy, CEO da MEplusYOU, pela sugestão.

18. Agradecemos a Doug Levy por esse exemplo.

Apêndice B

1. Paul Hawken, Amory B. Lovins e L. Hunter Lovins, *Capitalismo natural: criando a próxima Revolução Industrial* (Cultrix, 2000).

2. John Elkington, *Cannibals with forks: the triple bottom line of 21st century business* (Gabriola Island, B. C. e Stony Creek, Conn.: New Society Publishers, 1998).

3. Andrew W. Savitz, *A empresa sustentável: como a sustentabilidade pode ajudar sua empresa* (Campus, 2007).

4. Michael E. Porter e Mark R. Kramer, "Creating shared value: how to reinvent capitalism — and unleash a wave of innovation and growth", *Harvard Business Review*, janeiro-fevereiro de 2011, 2-17.

5. Bill Gates, "Making capitalism more creative", *Time*, 31 de julho de 2008, www.time.com/time/business/article/0,8599,1828069,00.html.

6. C. K. Prahalad disseminou essa teoria em seu livro *A riqueza na base da pirâmide: erradicando a pobreza com o lucro* (Bookman, 2009).

7. B Lab, "B Corps redefine success in business", relatório anual de 2012, www.bcorporation.net.

Apêndice C

1. Viktor E. Frankl, *Um sentido para a vida* (Ideias e Letras, 2005; publicado pela primeira vez em 1946, na Áustria, sob o título *Ein Psycholog erlebt das Konzentrationslager*).

2. Kevin Armata, apresentação na aula de Raj Sisodia sobre capitalismo consciente, Bentley University, Waltham, outono de 2010.

3. David Whitford, "Can compassionate capitalists really win? Interview with Raj Sisodia", *Fortune*, 30 de março de 2011, http://management.fortune.cnn.com/2011/03/30/cancompassionate-capitalists-really-win.

4. Ian Davis, "How to escape the short-rerm trap", *McKinsey Quarterly*, abril de 2005, www.mckinseyquarterly.com/Corporate_Finance/Performance/How_to_escape_the_short--term_trap_1611.

AGRADECIMENTOS

Escrever este livro foi uma tarefa repleta de satisfação e amor para nós, que contamos com a extraordinária inspiração e apoio de várias pessoas especiais. Agradecemos a Bill George pelas sábias palavras do prefácio. Bill é um dos líderes mais conscientes que já conhecemos e nos inspirou muito com suas ideias e exemplos. Devemos muito a Ed Freeman e sua inovadora teoria, presente em quase todas as páginas deste livro.

Gostaríamos de agradecer a Stacey Hayes pela ajuda na pesquisa e a Jo Ann Skousen pela edição dos originais. Somos gratos às sugestões feitas por Doug Levy, Rand Stagen, Ed Freeman, Alex Green, Jo Ann Skousen, Mark Skousen, Roy Spence, Doug Rauch, Michael Strong, Jay Ogilvy, Philip Sansone, Shubhro Sen e Glenda Flanagan. Um agradecimento especial para os colegas do conselho da organização Conscious Capitalism (www.consciouscapitalism.org), que nos deram apoio e estímulo, sobretudo a Doug Rauch, Kip Tindell, Jeff Klein, Phyllis Blees, Shubhro Sen, Rick Voirin, Roberta Lang, Susan Niederhoffer, Timothy Henry, Vidar Jorgensen, Raff Viton, Cheryl Rosner, Carrie Freeman-Parsons, Rand Stagen, Doug Levy e Michael Strong.

Temos uma dívida intelectual com diversos empreendedores, líderes empresariais e estudiosos e gostaríamos de agradecer principalmente a Peter Drucker, Peter Senge, Robert C. Solomon, Gary Hamel, C. K. Prahalad, Howard Schultz, Herb Kelleher, Colleen Barrett, Larry Page, Sergey Brin, Ratan Tata, Jeff Bezos, Steve Jobs, Bill Gates, Chip Conley, Ron Shaich, Sally Jewell, Terri Kelly, Tim Brown, Abraham Maslow, Ken Wilber, Don Beck, Clare Graves, Steve McIntosh, Jenny Wade, Linda Mason, George Zimmer, Casey Sheahan, Richard Barrett e Nikos Mourkogiannis.

AGRADECIMENTOS

Nossos agradecimentos também a Bud Sorenson, Debashish Chatterjee, Deepak Chopra, Michael Gelb, Fred Kofman, Rick Frazier, Scott Minerd, Peter Derby, Jeff Cherry, Judi Neal, Ron Pompei, Sam Yau, Ken Robinson, David e Tom Gardner, Mark Gafni, Howard Behar, Richard Leider, Srinivasan Pillay, Alan Webber e Youngsul Kwon, pelo apoio e ajuda.

Somos gratos a nosso agente Rafe Sagalyn e à maravilhosa equipe da HBRP: a editora Melinda Merino, Nina Nocciolino e Jen Waring. Foi muito bom trabalhar com todos. Agradecemos ainda a Kate Lowery e Mark Fortier pela tarefa de ajudar a divulgar este livro.

John Mackey: Quero agradecer a meus colegas executivos do Whole Foods que incentivaram este livro desde a ideia inicial, entre eles Walter Robb, Glenda Flanagan, A. C. Gallo, Jim Sud, Ken Meyer e David Lannon. Evening Galvin e Falesha Thrash ofereceram um apoio administrativo importante para a realização deste projeto. Agradeço a Glenda Flanagan e Jessica Agneessens, do Whole Foods, pela criação da Conscious Leadership Academy, voltada para a disseminação dos conceitos do capitalismo consciente (www.academyforconsciousleadership.com).

Raj Sisodia: Meu reconhecimento à imensa importância que meu amigo e coautor em outros títulos David Wolfe exerceu em meu trabalho e em minha vida. Também quero agradecer a Jag Sheth pela amizade e orientação nesses últimos vinte anos. Agradeço a minhas filhas maravilhosas, Priya e Maya, que ajudaram na transcrição e edição do material e tornaram-se adeptas das propostas do capitalismo consciente. Sou grato a minha esposa Shailini por compreender minhas inúmeras ausências do lar em nome do projeto do capitalismo consciente. Agradeço a Gloria Larson, Mike Page, Tony Buono, David Perry, Chip Wiggins, Alan Hoffman e Nada Nasr, da Bentley University, pelo apoio e estímulo. Muitas outras pessoas tiveram papel importante ao ajudar e apoiar essa ideia em todo o mundo, entre eles Abilio Diniz, Alan Webber, Amit Chatterjee, Amy Powell, Anand Mahindra, Andre Kaufman, Anil Nayar, Anil Sachdev, Ann Graham, Anton Musgrave, Anu Agha, Arsenio Rodriguez, Ashley Munday, Ashwini Malhotra, Betsy Sanders, David Cooperrider, Deborah Wallace, Dipak Jain, Bharat Singh, Ernie Cadotte, F. A. L. Caeldries, Gary Hirshberg, George Araneo, Glen Urban, Haley Rushing, Harsh Mariwala, Hildy Teegen, Indrajit Gupta, J. J. Irani, Jeffrey Sonnenfeld,

AGRADECIMENTOS

Jim Stengel, John Sterman, Karambir Singh Kang, Kate Walker, Kee Yup Lee, Ketan Mehta, Kevin Armata, Kiran Gulrajani, Mark Albion, Maurizio Zollo, Michael Jensen, Nancy Koehn, Nilima Bhat, Nitin Nohria, Phil Clothier, Phil Kotler, Phil Mirvis, Polly LaBarre, Poonam Ahluwalia, Pradeep Kashyap, Prasad Kaipa, R. Gopalakrishnan, Raghav Bahl, Richard Whiteley, Richi Gil, Rosabeth Moss Kanter, Sandra Waddock, Shereen Bhan, Srikumar Rao, Sudhakar Ram, Ted Malloch, Uday Kotak, Vijay Bhat, Vineet Nayar, Vineeta Salvi e Vinit Taneja.

SOBRE OS AUTORES

John Mackey, fundador e co-CEO do Whole Foods Market, comandou a transformação de sua loja de produtos naturais e orgânicos em uma empresa avaliada em US$ 11 bilhões, de acordo com a *Fortune*. Com mais de 340 lojas e 70 mil colaboradores na América do Norte e na Inglaterra, o Whole Foods foi indicado durante 15 anos como uma das "cem melhores empresas para trabalhar", segundo a mesma publicação.

Ao dedicar sua trajetória a ajudar as pessoas a satisfazer suas necessidades por meio do consumo de alimentos naturais e orgânicos de qualidade, Mackey também conseguiu desenvolver uma forma mais consciente de fazer negócios. Em uma decisão visionária, tem contribuído para várias iniciativas, entre elas: a Whole Planet Foundation, que atua na redução da pobreza em nações em desenvolvimento; o Local Producer Loan Program, que estimula a ampliação da atividade de pequenos produtores; a Global Animal Partnership, dedicada à promoção de tratamento digno aos animais; e ao projeto Health Starts Here, voltado para a promoção da saúde e do bem-estar.

Mackey figura entre os "empreendedores do ano" da Ernst & Young; os "melhores CEOs do ano nos Estados Unidos" da *Institutional Investor*; um dos "melhores CEOs do mundo" da *Barron*; "CEO do ano" da *Market Watch*; "empreendedor do ano", segundo a *Fortune*; e "CEO mais inspirador da América", segundo a *Esquire*.

Defensor convicto dos princípios do livre mercado, Mackey foi um dos fundadores do movimento do capitalismo consciente (www.consciouscapitalism.org). Tem como objetivo defender e redimensionar o capitalismo, incentivando a adoção de um modo de atuar baseado na consciência ética.

SOBRE OS AUTORES

Em 2006, Mackey reduziu seu salário para US$ 1 e continuou a trabalhar no Whole Foods, movido pela paixão de ver sua empresa atingir o potencial de um propósito mais elevado, pela satisfação de comandar uma grande empresa e para satisfazer à íntima demanda pela ação.

Um dos fundadores do movimento do capitalismo consciente, **Raj Sisodia** atua como professor de marketing na Bentley University e ajudou a fundar o Conscious Capitalism Institute. Tem MBA pelo Bajaj Institute of Management Studies, em Bombaim, e Ph.D. em marketing pela Columbia University. Em 2003, foi citado como um dos "50 principais estudiosos de marketing" e indicado para a Galeria dos Gurus pelo Chartered Institute of Marketing, na Inglaterra. A Bentley University conferiu a Sisodia o Award for Excellence in Scholarship em 2007 e o Innovation in Teaching Award em 2008. O estudioso também foi apontado como um dos "dez guias de mais destaque em 2010" pela Good Business International e um dos "cem maiores líderes do pensamento em negócios" pela Trust Across America em 2010 e 2011.

Raj é autor de sete livros e mais de cem artigos acadêmicos. Colaborou com publicações como *Wall Street Journal, New York Times, Fortune* e *Financial Times*. Seu livro *The rule of three: how competition shapes markets* foi finalista na premiação do melhor livro de marketing promovida pela American Marketing Association, enquanto *Firms of endearment: how world-class companies profit from passion and purpose* foi considerado um dos melhores livros de negócios em 2007 pela Amazon.com.

O especialista atuou como consultor e professor em inúmeros programas corporativos de empresas como AT&T, Nokia, LG, Deutsche Post DHL, Posco, Siemens, Sprint, Volvo, IBM, Walmart, Rabobank, McDonald's, Southern California Edison e Grupo Pão de Açúcar. Faz parte do conselho de administração da Mastek Ltd. e é um dos gestores da organização não governamental Conscious Capitalism.

CONHEÇA OUTROS LIVROS DA ALTA BOOKS!

Negócios - Nacionais - Comunicação - Guias de Viagem - Interesse Geral - Informática - Idiomas

Todas as imagens são meramente ilustrativas.

SEJA AUTOR DA ALTA BOOKS!

Envie a sua proposta para: autoria@altabooks.com.br

Visite também nosso site e nossas redes sociais para conhecer lançamentos e futuras publicações!
www.altabooks.com.br

/altabooks • /altabooks • /alta_books

ALTA BOOKS
E D I T O R A

Impressão e Acabamento | Gráfica Viena
Todo papel desta obra possui certificação FSC® do fabricante.
Produzido conforme melhores práticas de gestão ambiental (ISO 14001)
www.graficaviena.com.br